O EVANGELHO SEGUNDO A FILOSOFIA

AURÉLIO SCHOMMER

O EVANGELHO SEGUNDO A FILOSOFIA

1ª edição

EDITORA RECORD
RIO DE JANEIRO • SÃO PAULO
2016

CIP-BRASIL. CATALOGAÇÃO NA PUBLICAÇÃO
SINDICATO NACIONAL DOS EDITORES DE LIVROS, RJ

S391e

Schommer, Aurélio
O evangelho segundo a filosofia: do filósofo Jesus às ideias sobre Jesus / Aurélio Schommer. – 1ª ed. – Rio de Janeiro: Record, 2016.

ISBN 978-85-01-10703-9

1. Filosofia e religião. 2. Teologia. 3. Filosofia. I. Título.

15-28707

CDD: 210
CDU: 2-1

Copyright © Aurélio Schommer, 2016.

Todos os direitos reservados. Proibida a reprodução, armazenamento ou transmissão de partes deste livro, através de quaisquer meios, sem prévia autorização por escrito.

Texto revisado segundo o novo Acordo Ortográfico da Língua Portuguesa.

Direitos exclusivos desta edição reservados pela
EDITORA RECORD LTDA.
Rua Argentina, 171 – Rio de Janeiro, RJ – 20921-380 – Tel.: (21) 2585-2000.

Impresso no Brasil

ISBN 978-85-01-10703-9

Seja um leitor preferencial Record.
Cadastre-se e receba informações sobre nossos lançamentos e nossas promoções.

EDITORA AFILIADA

Atendimento e venda direta ao leitor:
mdireto@record.com.br ou (21) 2585-2002.

Sumário

1. No princípio, era o Verbo — 7
2. E o Verbo se fez carne — 31
3. A economia da salvação — 57
4. Jamais se viu tal coisa — 91
5. O livre-arbítrio — 115
6. A luz do mundo — 139
7. Perdoai-nos os nossos pecados — 169
8. O próximo como a si mesmo — 201
9. Não separe o homem o que Deus uniu — 237
10. A formosa moça — 273

Posfácio — 291

Notas — 295

Referências — 301

1
No princípio, era o Verbo

Perder o pai aos 6 anos poderia ter sido um choque para o pequeno Gottfried. Foi uma sorte, um mal que viria para o bem. Não temos como saber se o que parece mal é de fato um mal ou se reverterá num bem lá na frente. Essa seria a tese que o adulto Gottfried Leibniz apresentaria ao mundo tempos depois, justificando a onibenevolência divina e o fato de, graças a Deus, vivermos no melhor dos mundos possíveis.

Friedrich Leibniz, o pai, ao deixar a vida para trás, em 1652, atuava como professor de filosofia moral na Universidade de Leipzig. Em casa, cultivava uma vasta biblioteca. Gottfried poderia ter acesso a ela na ausência definitiva do pai, mas só conhecia o idioma materno, o alemão, e a maior parte dos livros estava impressa em latim. Sorte dele que toda criança se acha um pequeno deus, um senhor de suas vontades, para quem as circunstâncias não têm o direito de apresentar impedimentos. Aprendeu latim sozinho. Autodidata, tinha mais uma razão para se sentir um pequeno deus: a onisciência potencial sem depender de nada além dos livros. Logo elegeu suas leituras preferidas, como ele mesmo contaria anos depois:

> Antes que alcançasse a classe escolar na qual a Lógica me seria ensinada, estudei em profundidade os historiadores e poetas, encontrando grande prazer e facilidade em seus versos. Assim que comecei a aprender Lógica, fiquei muito animado com a divisão e a ordem dos pensamentos que percebi.[1]

Pela lógica — como Platão, Aristóteles e Santo Agostinho, três de seus ídolos de infância —, buscou Deus. Não Deus Providência — esse já tinha feito sua parte franqueando-lhe a biblioteca caseira —, mas Deus Existência, o responsável pela criação do Universo. Gottfried criaria um sistema próprio, em grande parte inaugural, para explicar Deus, a origem do Universo, e conciliar três elementos aparentemente distintos numa equação lógica, questão mal resolvida por esses três filósofos: o bem, o mal e a justiça divina.

Gottfried Leibniz talvez não tenha elaborado o melhor modelo sobre Deus, a melhor metáfora para o mais longevo e presente fenômeno do pensamento na história da filosofia. Porém seus feitos em vida parecem um excelente modelo de deus: um criador original e notável em física, mecânica aplicada, matemática, geologia, filosofia, direito, filologia, literatura e historiografia.

Como todo deus, tentou ser providencial a quem serviu e com quem se correspondia (mais de seiscentos correspondentes), mas se atrapalhou muitas vezes. Seus desígnios restaram, em algumas ocasiões, incompreendidos. As tentativas de orientar a ação conjunta de seu povo, o europeu ocidental, não foram bem absorvidas e, afinal, não deram certo. Como deus moralista, foi conselheiro de príncipes e princesas, censurou e tentou aconselhar Luís XIV, o Rei Sol, mas também nisso não se notabilizou: os homens seguiram suas próprias inclinações sem ligar para conselhos.

Ele tentou reunir a cristandade ocidental novamente sob uma só bandeira. Roma até recebeu bem a iniciativa: chegaram a lhe oferecer a custódia da Biblioteca do Vaticano em troca de sua conversão formal; mas aí foi ele que não se interessou, não queria tomar partido. Seu partido era a humanidade, sociedade humana enquanto vir a ser cosmopolita e tolerante. Foi inimigo e admirador de Espinosa. Um mal-entendido — por um azar, um dos tantos golpes da Providência sofridos na vida adulta — o indispôs com Newton, outro caso de relação nascida como admiração recíproca e terminada como incompreensão mútua.

Nunca se casou, não teve filhos, não consta ter tido amores sexualmente intencionados, recusou as ofertas para ser professor, dormia pouco e comia na mesa de trabalho. Como pequeno deus que era, não podia descansar na obra contínua de criação e providência. Os afazeres rotineiros de homem pareciam-lhe uma perda de tempo.

Antes de dizer sobre o Deus de Leibniz, o grande Arquiteto, ou sobre a relação entre Deus e filosofia, direi sobre minha experiência com Deus. Para tanto, bolei um sistema de distinção que imagino útil para o diálogo com o leitor. O sistema envolve três termos: dado empírico, sensação e ideia. Você também pode chamar os três de realidade, impressão e conceito, respectivamente, se preferir.

Para explicar esse tríplice sistema, que não é hierárquico, não há uma precedência a obedecer: definimos que dado empírico é o dado objetivo; sensação representa o ponto de vista subjetivo, ou seja, do sujeito e seus sentidos; enquanto ideia representa a tradução dos dois dados anteriores ou de um terceiro oriundo de outra ideia em intelecção, entendimento, raciocínio, por sua vez expresso em linguagem verbal ou outra.

Os cinco sentidos humanos (visão, tato, audição, paladar e olfato) são em geral apropriados, com ou sem a ajuda de instrumentos, para apurar dados empíricos, objetos concretos, a realidade captável pelos sentidos. Nosso sistema nervoso e nosso cérebro são hábeis em nos revelar sensações. Por fim, nossa capacidade de raciocinar, de pensar, nos fornece ideias, conceitos, e as armazena para correlações futuras.

Comecemos pelo caso de uma cadeira, supondo tratar-se de uma cadeira aparentemente de plástico. A visão já nos indica o material básico da cadeira, o plástico. Se houver ainda alguma dúvida, o tato pode nos ajudar e também podemos bater com as mãos na cadeira, observando pela audição o som resultante desse atrito. Se a cadeira for de fato de plástico, teremos confirmado a impressão (sensação) inicial sobre ela, sobre o fato de ser uma cadeira e ser inteiramente composta de plástico. A partir de nossos conceitos, de nossas ideias, sobre cadeira (utilidade, forma, valor) e sobre plástico, temos um conhecimento completo sobre o objeto dado — digo completo por envolver dado empírico, sensação e ideia.

Em frente à minha casa há uma praia oceânica. A imagem do mar e o barulho das ondas confirmam-me tal dado o tempo todo. Isso me desperta sensações subjetivas agradáveis, o que explica minha opção por morar em frente à praia. Também corresponde em mim às ideias abstratas de paz, serenidade e beleza. Quando adentro meu corpo no mar, somo a captação da realidade mar pelo tato e, adicionalmente, sinto frio. A água, captada pelo tato, é um dado empírico, ao mesmo tempo sensação de contato do corpo com a substância água. O frio, por sua vez, não é um dado empírico, ele é apenas sensação, como tal, subjetiva. O que sinto como frio outro pode não sentir. Cada um sente a água conforme seu condicionamento biológico e psicológico para aferir frio ou calor a partir dos receptores apropriados à medição de temperatura existentes na pele.

Se eu disser que sinto frio a alguém que ainda espera na areia para decidir se vale a pena entrar na água, a esse alguém não ocorrerá buscar um termômetro para medir a temperatura efetiva da água. Esse alguém pode confiar na minha informação e, não querendo sentir frio, optar por permanecer na areia, ou duvidar da informação, ou, ainda, me achar sensível demais ao frio e entrar ele mesmo na água para conferir. A sensação dele pode ser parecida com a minha, ou não. O conceito que ele tem de praia, de mar e de frio, a ideia sobre o conjunto de objetos naturais com os quais estamos interagindo certamente coincidirá com a minha em parte, não no todo.

O que quero demonstrar no exemplo do mar e do banho de mar é que há sensações universais — como a do contato com a água e de frio ou calor, ambas subjetivas — ligeiramente variáveis de indivíduo para indivíduo. E há conceitos e ideias igualmente subjetivos e individuais sobre qualquer experiência pessoal com dados empíricos e com sensações, como o frio, a presença do mar e sua balneabilidade.

Agora, em vez de cadeira de plástico e praia oceânica, vou falar de Universo. Eu e um amigo estamos assistindo a um documentário na televisão sobre estrelas, galáxias, Big Bang e a teoria da matéria escura. Vemos imagens captadas pelos mais potentes telescópios, entre elas uma visão do planeta Terra a partir dos confins do Sistema Solar, pequena esfera multicolorida focada no espaço aberto.

Eu e meu amigo confiamos na fidedignidade daquelas imagens e experimentamos ambos uma agradável sensação estética. Ao mesmo tempo, pensamos sobre as imagens sucessivas mostradas no documentário e elaboramos, revisamos ou nos lembramos de nossos conceitos, de nossas ideias sobre "Universo" e "planeta Terra". Então ele me fala:

— Que maravilha a obra de Deus, não é?

Imediatamente me lembro de ter ouvido daquele alguém da praia algo parecido, um elogio à natureza, obra do Criador, como ele falou, referindo-se à beleza e à grandiosidade do mar. Em seguida, recordando-me da experiência de verificar a composição da cadeira, penso, derrisoriamente: "Que bela obra do homem, que inventou o plástico e o design industrial." Não posso dizer o mesmo em relação ao mar ou ao Universo, mas, ao contrário do alguém e de meu amigo, não me ocorrem as ideias, os conceitos de Deus ou Criador quando contemplo essas realidades. Esses dados tão empíricos quanto a cadeira de plástico.

Não é questão de duvidar da existência de Deus nem de questionar a necessidade ou não de um Criador para a natureza, para o Universo. É que, compartilhando sensações semelhantes às do alguém da praia e a de meu amigo para mar e Universo, limito-me a conceituar essas realidades a partir de suas utilidades estéticas e sensoriais. Simplesmente não me é relevante determinar causas para tais realidades. Porém, para não deixar meu amigo falando sozinho sobre a "obra de Deus", comento com ele:

— Sim, o Universo é mesmo maravilhoso.

A diferença entre o meu comentário e o dele é que o meu se limita a traduzir uma sensação estética, expressa na palavra "maravilhoso", que é também um conceito, no meu caso restrito à utilidade. Já meu amigo une o conceito, a ideia, de maravilhoso ao de causa para a existência do Universo.

Não sou ateu. Se fosse, talvez dissesse a ele, como resposta provocativa:

— Que maravilha a obra do Acaso, não é?

Diante disso, eu não estaria necessariamente me opondo à observação de meu amigo, mas expressando um conceito alternativo e análogo à ideia de Deus Criador. Mais: meu raciocínio e o dele para chegar a "Acaso" e "Deus" teria percorrido o mesmíssimo caminho lógico. Apenas aparentemente, a partir de um arcabouço ideológico militante, as noções de Acaso e Deus expressas por nós seriam diferentes. Na verdade, seriam dois nomes próprios distintos para descrever o mesmo sujeito imaginário, o mesmo fenômeno deduzível por um exercício metafísico (busca da essência das coisas, das causas primárias). Tanto é assim que, para manter nossa amizade em alta, poderíamos optar ambos por um terceiro nome, o "Tao", uma alternativa ideologicamente a meio caminho entre as apaixonadas e extremadas posições expressas por "Deus" e "Acaso".

O que ocorreu, como já disse, enquanto víamos o documentário sobre o Universo, não foi nada disso. Apenas eu me limitei ao campo do sensível, enquanto meu amigo formulou, para usar uma expressão de Karl Popper, a propósito, uma conjectura.

Essa conjectura, pelo que podemos observar com nossos sentidos, mesmo contando com a ajuda de instrumentos como telescópios altamente potentes, não é, no atual estágio da ciência, uma "verdade falseável", usando outra expressão de Karl Popper, ou seja, não pode ser submetida a teste. Talvez um dia possamos encontrar esse sujeito além do tempo e da vastidão do Universo e perguntar a Ele se prefere ser chamado de Acaso ou de Deus, ou, não podendo perguntar por que ele não se expressa numa linguagem reconhecível por nós, concluirmos de comum acordo pela hipótese do Tao, ou seja, pelo ser incognoscível, embora logicamente existente, segundo o *Tao Te Ching*.

Desde menino, alimento viva curiosidade sobre verdades falseáveis, ponho-me a fazer conjecturas e imagino como testá-las. Admiro as conjecturas testadas e os objetos e avanços técnicos decorrentes de tais inventos. Ao mesmo tempo, meu interesse por conjecturas não falseáveis, como Deus, alma, amor, felicidade, é pequeno, pois me parece pouco promissor o que não pode se revelar. Minto em parte. Na verdade, cheguei a pensar sobre o Universo, mas fiquei tão apavorado com o pensamento que resolvi não o revisitar. Agora, para escrever este livro, fui obrigado a ficar frente a frente mais uma vez com aquele fantasma que me assustara.

Eu havia lido sobre a galáxia Via Láctea. Soube não ser a única. Havia muitas galáxias no Universo, cada uma delas gigantesca. Devia ter uns 10 anos de idade então. Até aí, não fiquei muito impressionado: haver uma ou mais galáxias não iria interferir decisivamente em minha vida ou em minhas ideias. Por influência de meu pai, eu era ateu, portanto não pensei em Deus quando me assaltou uma dúvida atroz: se há dezenas, centenas, bilhões de galáxias, o número não importa, o que há depois das galáxias? O vácuo, o vazio decerto.

Ocorreu-me então a existência de um espaço extracósmico, um além do Universo, comporte o Universo quantos "universos" comportar, pois, como intuíra Leibniz, pensando como físico e não necessariamente como metafísico, não há plural possível para "Universo", como não há plural para "todo". Esse espaço é finito ou infinito? Eterno ou em algum momento passou a existir? Se o tempo não existia, ou seja, se o limite de nosso pensamento é a dimensão espaço-tempo, como surgiu o tempo?

Hoje sei que a física e a astronomia não têm todas as respostas. O físico e ateu Stephen Hawking disse: "Muitas pessoas não gostam da ideia de o tempo ter um começo, provavelmente porque isso cheira muito a intervenção divina."[2] Santo Agostinho, teísta, disse: "Que é, pois, o tempo? Quem poderá explicá-lo clara e brevemente? Quem o poderá apreender, mesmo só com o pensamento, para depois nos traduzir com palavras seu conceito? [...] O que é, por conseguinte, o tempo? Se ninguém me perguntar, eu sei, se o quiser explicar a quem me fizer a pergunta, já não sei."[3] Sei eu que os mistérios do Universo, de onde surgiu a matéria, o tudo, o vazio, segundo os registros etnográficos, foram intuídos por povos e civilizações em muitos lugares e tempos como desafios aos limites do pensamento humano.

O mistério, o que não tem solução dentro do espaço-tempo pensável em termos lógicos, é apavorante, ou desafiante, se o leitor preferir. E a resposta possível, tão tranquilizadora quanto inexata, segue sendo Deus, em sua versão Tao ou conforme pensado por Platão, ou seja, como a representação verbal do conceito de incognoscível, insondável. Eu ainda prefiro não pensar no assunto, mas...

Para a filosofia, o teísmo ou o ateísmo não é uma postura essencial quando se diz de Deus, como Schopenhauer já o demonstrou e Nietzsche quis negar, mas acabou se traindo e o afirmando sem querer. De uma forma ou de outra, Deus será uma metáfora da Existência, do Universo. Pode-se até, por vieses ideológicos ou por inconformidade com um problema que sempre se apresenta e nunca apresenta uma solução plenamente satisfatória, recusar o nome "Deus" e se optar por um sinônimo, mas o mister da filosofia é explicar a Existência. Mesmo o físico, quando se põe a explicar o Universo em termos físicos, não tem como escapar da construção de metáforas, não pode não filosofar a respeito. Qualquer descrição que apresente do Universo, por mais que tente evitar as metáforas, não o poderá fazer sem utilizar a linguagem humana, e linguagem é filosofia. Está bem, há filósofos que acharão essa minha última definição para filosofia imprecisa. Dirão, como Schopenhauer, que filosofia é metafísica. Mas o que é metafísica? É, entre outras definições afins, a doutrina da essência das coisas, como o exemplo da essência da cadeira dado há pouco.

Descrever o Universo, por mais que se opte pela linguagem mais dura, menos poética, é falar da essência das coisas, de como tudo começou, de onde viemos, para onde vamos, quem somos. Para isso precisamos de Deus? Sem dúvida, porque a mera equivalência Existência = Deus só satisfez um único filósofo até hoje, Baruch Espinosa, que acabou se contradizendo e sendo tachado pelos demais, inclusive pelos ateus, de panteísta, ou seja, teísta; afinal, "Deus natureza" ainda é um deus. A fórmula básica de Espinosa equivale a dizer que a cadeira é só uma cadeira, tentando não pensar no conceito de cadeira ou sobre quem a projetou e como ela foi parar onde está. Os ateus têm razão ao dizer que o Universo não precisa de Deus, mas eles, os ateus, precisam, ou não seriam ateus, teístas na própria definição de sua identidade. E os agnósticos, que suspendem o juízo? Suspender o juízo, no caso, é dar as costas ao Universo e tentar não pensar no assunto, não é explicá-lo. Como filosofar sem falar de Deus? Só se esquecendo da missão fundamental da filosofia: explicar a Existência.

Antes de passarmos finalmente ao sistema de Gottfried Leibniz para Deus, um dos muitos já imaginados pela filosofia, dou a palavra a Voltaire sobre o tema: "Seu sistema [o do próprio Deus] forma um labirinto, no qual uma das veredas conduz ao sistema de Espinosa, outra ao estoicismo e a terceira ao caos."[4]

O sistema de Leibniz vem da escola filosófica estoica (estoicismo), da ideia de "Logos" (o mesmo "Verbo" presente no *Evangelho segundo João*) e de seu correlato "Uno", mas não é idêntica às ideias do estoicismo, pois, além de metafísico, ele, como físico-matemático, conhece mais ou menos bem o caos, sendo inclusive coautor da contribuição à matemática chamada "cálculo infinitesimal".

Cada um tem seu Deus, há uma versão de Deus para cada indivíduo, acredite ou não n'Ele, pois não creio haver nenhum adulto, em nenhuma época, que não tenha ouvido falar em Deus e d'Ele formado um conceito. O Deus de Leibniz não é bom nem mau, embora Leibniz, à sua imagem e semelhança, esforce-se para descrevê-Lo como bom. O Deus de Leibniz é um arquiteto preocupado em escolher o melhor projeto e desenvolvê-lo da melhor maneira possível, é um profissional exemplar. Movido por autointeresse e tendo, por falta de exemplo, imaginado a honra — objetivamente, a opinião dos outros sobre você; subjetivamente, o medo que você tem dessa opinião, conforme Schopenhauer — como a melhor forma de incentivo ao mérito, Deus caprichou em Sua tarefa, em Seu projeto de arquitetura do Universo. Estudou muitas possibilidades, optou por alguns esboços, testou-os e acabou se decidindo pelo melhor, que ainda seria aperfeiçoado. Ele tinha, literalmente, todo o tempo para fazê-lo, pois o relógio da Existência ainda estava parado.

Quando encontrou a forma final, Deus maravilhou-se com a própria obra. Não era o caso de sentir-se honrado, pois não havia ninguém para validá-la. Não havia outro ser pensante para dar glória a Ele pela excelência do projeto. Para que, afinal, tinha se esforçado tanto? Pensou nisso e entristeceu-se. Bilhões de estrelas, planetas, centenas de substâncias com propriedades diferentes, expansão e contração, maravilhas e mais maravilhas a se espalhar pela vastidão infinita e ninguém para contemplar, para parabenizar o arquiteto Deus pela beleza de Sua obra?

O Arquiteto decidiu-se então por um acréscimo, um pequeníssimo detalhe. Não iria implantá-lo de imediato, pois para isso teria de criar um projeto paralelo, com leis físicas diversas apenas para o acréscimo, o que seria contraditório. O detalhe teria de esperar sua vez na ordem de expansão do universo criado.

O tempo não era importante. O que são alguns bilhões de anos para quem é eterno? O importante era que entre os mundos componentes de sua obra, chamada Universo, formar-se-ia um planeta em princípio igual a todos os outros, um pequeno planeta diante das dimensões cósmicas. Ali, por uma série de fatores, não haveria apenas algo, haveria alguém, alguém como Ele, ser pensante, preocupado com sua honra, com reconhecimento, em se validar no outro. O pequeno acréscimo ao projeto original, como já foi dito, não poderia contrariar nenhuma disposição prévia dada ao conjunto da obra, teria de obedecer às leis físicas válidas para os outros planetas em todos os sistemas estelares e galáxias, pois só assim os seres contingentes daquele planeta poderiam chegar a conhecer a obra toda de Deus-Arquiteto e louvar Seu feito.

Deus criara o "melhor dos mundos possíveis", na expressão que daria fama póstuma a Leibniz, mas para se validar no outro era necessário planejar um homem que atendesse a dois requisitos:

1. Fosse predestinado pela ambição própria, utilizando sua inteligência para chegar à ciência necessária para que também pudesse agir como criador, transformando aquele pequeno planeta e, ao mesmo tempo, dotado de um senso de cooperação. Ambição egoísta, inteligência e predisposição a cooperar para alcançar melhores resultados. Eis o homem.
2. Fosse livre em suas escolhas, pois criar um homem comandado diretamente pela Mente Divina seria como criar robôs para dar glória a Deus: não faria sentido. A liberdade permitiria também o erro de julgamento humano e o homem só chegaria à ciência aprendendo com os próprios erros.

Uma ideia foi fundamental a Leibniz para chegar ao modelo divino de "melhor dos mundos possíveis": a contingência. Até então, pensava-se que a criação era necessária, um imperativo de Deus. Luís de Molina, um século antes, já expusera a proposta de que Deus escolhera entre projetos de mundo possíveis, optando, é claro, pelo melhor, mas não levou a hipótese de contingência à possibilidade de Deus simplesmente não ter criado coisa alguma. Para Leibniz, não só o Universo era contingente, como o planeta Terra, a vida e o homem. Tudo fora uma decisão divina que poderia não ter acontecido, como existir cada homem era também uma contingência, uma possibilidade realizada em detrimento de outras.

O Deus de Leibniz afirma que nada é necessário, tudo é contingente, e acreditar nisso é viver com leveza, é aceitar-se contingente, respeitando a contingência do outro. Se para Deus somos, individualmente, resultado de uma contingência e não resultado necessário da Criação, qualquer "vir a ser" é nosso, não d'Ele. Talvez gratos pela decisão de Ele criar o Universo e o Homem, mas não a nós individualmente.

É lógico imaginar que meu pai poderia ter optado por não ter filhos. Meu pai sendo contingente, poderia escolher a castidade, por exemplo. Se ele o tivesse feito, senhor de sua vontade nessa decisão, eu não estaria aqui. Isso se aplica à minha existência, mas se aplicaria à Existência como um todo, ao Universo?

A existência do Universo é necessária à minha existência e a tudo em volta. Deus, visto a partir dessa perspectiva, não é como meu pai. Ele, Deus, existe porque a Existência existe, correto? Ou, dito de outra forma, Deus só existe porque eu e você, leitor, existimos e podemos pensar n'Ele. Logo, Deus é uma decorrência da Existência, não o contrário. Todos pensavam assim, creio que a maioria ainda pensa assim. E se eu, como Leibniz, quiser equiparar Deus a meu pai, imaginar que a Existência é decorrência da vontade livre de Deus?

Ora, o designer industrial não existe porque existe a cadeira, pelo menos aquela cadeira específica projetada por ele. Se apresentarmos Deus como o projetista da Existência, a Existência não será mais um produto necessário da vontade de Deus, pois Deus existe antes de o Universo existir. De um ponto de vista ateu, "Deus" é um sinônimo para "o havido antes de haver o tempo". O Universo é um produto de sua vontade e potência de realizar tal vontade. Ele, Deus, poderia não ter criado nada, ou por não ter vontade, ou por não ter poder para tanto. Sabemos que Ele teve vontade e poder, mas a parte da vontade é uma contingência, não uma necessidade.

Ao fazer tal abstração, comparamos Deus ao homem, desligando-o em parte de uma relação primária, necessária, entre objeto e criador ou gestor, chamada em filosofia de "imanência", passamos a um Deus transcendente. Afirmar a vontade de Deus como soberana e tão contingente quanto qualquer decisão livre nossa é não apenas afirmar a "imagem e semelhança". É deixar de pensar em termos imanentes (imanência = inseparável do sujeito), o que nos dá, pelo menos teoricamente, mais liberdade para filosofar sobre a Existência, sobre as razões de cada fato da Existência.

Numa última comparação, em História o "se" não existe. Há os fatos, as impressões sobre os fatos, uma narrativa decorrente dos fatos. Mas o que me impede de ignorar esse mandamento da historiografia e especular sobre o que poderia ter sido e não o foi? "Tece, tecedor do vento", disse James Joyce a propósito desse meu propósito. E por que não tecer o vento, desde que se saiba tratar-se de vento? Leibniz era um cientista, tecia fatos concretos, sensações e ideias sobre fatos concretos, mas "tecer vento" não o ajudava a pensar? Voltando ao problema de Deus, há uma decorrência libertadora de pensar n'Ele como senhor de Sua vontade e no Universo como contingente, como há em pensarmos a história como uma sucessão de acidentes e ações decorrentes de escolhas, do embate imprevisto de vontades, questionando a lógica historicista, a ideia de história necessária, tão cara a Marx.

A contingência eliminava a necessidade ou mesmo a vontade de Deus de interferir no Universo ou na história humana. Se o projeto era o melhor, para que mexer? Deus, assim, não exerceria a função pela qual é conhecido popularmente: a Providência. O fato é que os filósofos, especialmente Santo Agostinho, nunca simpatizaram com a ideia de Deus Providência, um fantasminha camarada que ajuda o fiel a ter sorte no jogo de azar. Sete anos após a morte de Leibniz, nasceria outro filósofo na Alemanha que se tornaria extremamente popular por colocar um Deus Providência no altar máximo da filosofia: Immanuel Kant. Irei tratar desse deus da filosofia e do Deus por ele criado mais adiante.

Epicuro, filósofo grego do século III a.C., diante da defesa, já então popular entre os filósofos, de que Deus seria onibenevolente, onipotente e onisciente, bolara um modo de invalidar a possibilidade de os três atributos coexistirem no mesmo Deus:

- Se Deus é onisciente e onibenevolente, e permite o mal, então não é onipotente.
- Se Deus é onipotente e onibenevolente, e permite o mal, não é onisciente.
- Se Deus é onipotente e onisciente, o mal não existe.

Santo Agostinho simpatizava com a terceira alternativa, respondendo que o mal era ausência do bem e fundando, para fechar a equação, a teoria ortodoxa do livre-arbítrio, que conta com um capítulo próprio neste livro. O leitor não perde por esperar.

Leibniz foi mais longe e cravou sem medo a terceira opção dada por Epicuro. Deus era onisciente, pois eterno. Era onipotente, porque criou o Universo. Como quem pode o mais pode o menos, poderia logicamente intervir, mas isso contrariaria o fato de ter escolhido o melhor projeto. Não faria sentido o Ser mais inteligente consertar um possível erro de projeto. Então, o que aparentava ser um mal era um erro de nossa compreensão da mente divina, pois lá na frente esse mal se reverteria num bem. Como diz o povo, há males que vêm para o bem e Deus escreve certo por linhas tortas.

Voltaire, que completaria 22 anos de idade sete dias após a morte de Leibniz, avaliou como excesso de otimismo o sistema divino do "melhor dos mundos possíveis" e rebatizou seu autor como dr. Pangloss, personagem que acompanhava os muitos infortúnios do protagonista Cândido, um jovem ingênuo, perseguido pela Providência. A obra de ficção *Cândido*, publicada em 1759, um dos marcos da literatura universal, foi uma "homenagem" a Leibniz, tendo como motivação imediata a indignação de Voltaire com a maldade divina expressada pelo devastador terremoto de Lisboa, ocorrido em 1755, causando cerca de 10 mil mortes. Um diálogo da obra expressa o gênio irônico do filósofo francês. Em cena estão Pangloss (Leibniz), Cândido e Cacambo, simplório companheiro de viagem de ambos:

> Com que desânimo, a dada altura, Cândido lamenta:
> — Ó Pangloss! — exclamou Cândido. — Não tinhas imaginado esta abominação; não há remédio, acabo renegando o teu otimismo.
> — Que é otimismo? — perguntou Cacambo.
> — É a maneira de sustentar que tudo está bem quando tudo está mal — suspirou Cândido.[5]

O tempo acabaria, de certa forma, dando razão à tese de Leibniz no caso do terremoto de Lisboa. A cidade foi rapidamente reconstruída, com planejamento exemplar, substituindo a antiga organização urbana medieval, disfuncional e infecta. O primeiro-ministro de Portugal, o iluminista Marquês de Pombal, além da reconstrução ordenou um levantamento rigoroso dos dados do sismo, contribuindo deveras para o surgimento da ciência da sismologia.

Para o leitor familiarizado com o pensamento de Leibniz, eu não me esqueci de sua teoria das mônadas, um contraponto à filosofia de Espinosa e uma justificação e ao mesmo tempo limitação do extenso livre-arbítrio presente no sistema divino do matemático alemão. É uma teoria difícil de sintetizar e traduzir aqui. Além disso, está na hora de irmos ao Evangelho, obra que Leibniz dizia admirar. Antes disso, prefiro focar na disputa Espinosa × Leibniz, dois modelos de divindade ao mesmo tempo opostos e complementares, dois manifestos contra o Deus Providência, instrumento de manipulação política, baseado em crendices próprias da ignorância, uma ameaça mais do que uma promessa. No entanto, Leibniz, que visitara Espinosa em Haia, tornou-se o primeiro inimigo declarado do sistema de Deus do holandês de origem familiar portuguesa.

O modelo divino exposto por Espinosa já defini aqui resumidamente como Existência = Deus, ou seja, Deus está em todos os seres, em todas as coisas, na natureza. Evoca e amplia a proposta neoplatônica de Mestre Eckhart. Esse filósofo alemão foi julgado pela Inquisição no século XIV por propor que devemos buscar Deus no "outro", pois Ele está em cada um de nós. Em suas próprias palavras libertárias:

Quando, em nome da defesa da fé em Deus privamos alguém de sua dignidade, de sua liberdade ou de seus direitos, incorremos em uma autêntica idolatria de blasfêmia. Até o extremo de que, por defender a "deus", desprestigiamos ou ofendemos ao verdadeiro Deus, o Deus que está em cada ser humano.[6]

A lição de Eckhart deveria ter servido aos rabinos que expulsaram Espinosa da comunidade judaica de Amsterdam por ofensa ao "Deus de Abraão" ou ao bispo católico que propôs chicoteá-lo "porque era um homem do mal". Felizmente, a Inquisição não mais podia atuar nos Países Baixos no tempo de vida de Baruch Espinosa. Ele não foi preso nem chicoteado. Mas não significa que o sistema proposto por ele fosse coerente. Tanto Voltaire como Schopenhauer, que não podem ser acusados de simpatizar com o cristianismo, pelo contrário, classificaram as ideias de Espinosa como ateísmo mal disfarçado e mal elaborado. Antes tivesse sido claro nesse ponto, melhor do que chamar Deus de "coisa em si", como bem observou Nietzsche, numa de suas diatribes sobre a lenta agonia de Deus no mundo ocidental:

> Então, voltou a desfiar o mundo a partir de si – *sub specie Spinozae*. Transfigurou-se então em algo cada vez mais tênue, mais pálido, fez-se "ideal", "espírito puro", *"absolutum"*, "coisa em si"... A ruína de um Deus: Deus tornou-se "coisa em si".[7]

Tão tênue e pálido esse "deus coisa em si" que se tornaria o "deus" de eleição dos ateus espirituosos, como Einstein. Quando perguntado sobre crer em Deus, respondeu: "Eu acredito no Deus de Espinosa."

O filósofo americano Matthew Stewart lançou, em 2006, o livro *The Courtier and the Heretic: Leibniz, Spinoza, and the Fate of God in the Modern World*. Nesta obra, ele expõe a disputa pessoal e intelectual entre Leibniz e Espinosa, disputa que mudou a forma de o Ocidente pensar sobre Deus. Não foram poucas as implicações políticas de seus sistemas de representação da divindade, influenciando de John Locke, um dos pais do liberalismo, ao moderno conservadorismo de linhagem britânica, passando pelo deísmo dos pais fundadores da América, como Benjamim Franklin e Thomas Paine.

Ao concordar com Stewart, discordo de Nietzsche. Longe de provocarem a ruína de Deus, Espinosa e Leibniz avivaram, com suas metáforas divinas, a longa tradição ocidental de estar sempre reinventando Deus a partir da proposta de Logos de Heráclito, formulada há 2.500 anos e, felizmente, nunca deixada em paz pelos filósofos da "sociedade aberta", termo cunhado por Karl Popper para definir a essência contínua da civilização ocidental fundada na Grécia Antiga. Não é o "Deus de Abraão", como queria defender Pascal, em contradição com seu próprio exercício da filosofia sobre Deus. É o Deus do Ocidente, em constante mutação para melhorar nossa apreensão e compreensão do Universo, enquanto o Deus de Abraão, Alá e Tao tendem mais e mais a se fossilizar, vertidos em folclore. Podem estes falar mais de perto aos necessitados de Providência, mas se convertem em entrave para a exploração livre da filosofia quanto aos mistérios do Universo.

No século XI, o filósofo al-Ghazali, argumentando pelo ateísmo subjacente de Platão e Aristóteles, invalidou e interditou qualquer contribuição da filosofia grega ao islamismo e deu centralidade a *sharia* (legislação), integrada ao sufismo, como guia para o majoritário ramo sunita. A interdição por ele decretada à interferência do debate filosófico na religião foi obedecida e não parece coincidência que, desde então, o Islã não tenha produzido mais ciência, quando até então estava à frente do Ocidente no domínio do conhecimento natural. Para al-Ghazali, Deus (Alá) faz tudo acontecer o tempo todo.

— Então por que estamos aqui? Para dar glória a um condutor de marionetes? — perguntaria Leibniz a propósito.

De todas as representações de Deus produzidas no Ocidente, a melhor, a meu ver, não foi escrita, foi pintada por um exímio filósofo no manuseio de pincéis, no teto da Capela Sistina, no interior da sede da Igreja de Roma. Seu nome: Michelangelo. Quem não o conhece ou nunca vislumbrou a seção intitulada "A criação de Adão", gravada no teto da Capela onde são eleitos os papas? Procure rever a imagem, caro leitor, pensando em Deus como metáfora do Criador para encerrarmos com esse conceito pictórico o debate sobre Deus Existência, razão deste primeiro capítulo. Diga então se Deus não lhe parece ansioso para passar logo o comando do Universo a um homem desolado por representar a humanidade, um Adão bem-dotado de músculos e maldotado quanto ao apêndice que representa a potência masculina, pênis diminuto a representar nossa impotência.

Michelangelo não se inspirou no Arquiteto de Leibniz, até porque viveu bem antes do alemão. Seu Deus está abraçado a anjos e anjas aparentemente nada assexuados, como quisera fazer crer Jesus no Evangelho, em sua única menção própria aos anjos. Mas penso que se o Deus de Leibniz está lá nos confins do Universo, deve ter se honrado muito com tão sublime e derrisória representação de sua potência e sabedoria.

Depois de ler tantas metáforas escritas sobre o ser que representa o vazio assustador do além-confins do Universo, revi a pintura de Michelangelo e fiz as pazes com Deus, pois sinto que a potência divina está passada a cada um de nós e cabe somente a nós decidir o que faremos dela, cientes de que este é, sim, o melhor dos mundos possíveis, mas não custa nada, sem desfazer o muito que as gerações precedentes nos legaram, colaborar para que siga assim. Como constatou um severo crítico de Leibniz, Bertrand Russel, ao visitar a União Soviética, obrigando-se a rever seus conceitos, pelo menos quanto à utopia socialista: o mundo pode se tornar muito pior quando todos se convencem de que é um lugar muito ruim e resolvem dele expulsar Deus.

Quanto ao Universo, fico com a opinião do rei Afonso X de Castela, que governou no século XIII: "Se Deus me tivesse consultado por ocasião da criação do Universo, teria lhe recomendado um esquema mais simples."

Não devo mais discorrer sobre o que a filosofia já disse sobre Deus Existência, Deus como metáfora do Universo ou dos princípios do Universo. Daria uma enciclopédia teísta, com vários volumes. Como este livro trata do Evangelho, Deus Existência não deve ocupar muito espaço, pois ele está presente, a rigor, em apenas seis versículos num total de 3.779 do Evangelho (toda a Bíblia tem 31 mil).

Um cristão militante discordará dessa estatística, alegando que uma vez Jesus sendo apresentado por João como Deus Existência, Ele o será em toda a narração de Sua trajetória, nos 3.779 versículos, portanto. A argumentação do militante terá lógica, pois se o Verbo se fez carne, Jesus é o Verbo não apenas no Evangelho como pela eternidade. Porém, eu não estou negando a divindade de Jesus como Deus Existência. Pela revelação, livre-arbítrio da fé, Ele O é. Apenas afirmando que o Evangelho apresenta Deus Providência, é deste que Jesus fala na maior parte do tempo e age como tal; Deus tribal, o Deus de Israel; ou Deus moralizante ou conselheiro, mas que moraliza e aconselha em nome da lei de Israel ou como contrapartida à Providência. Por conseguinte, exceto pelos seis versículos de João, que não são palavras de Jesus, mas do próprio biógrafo de Jesus, o Deus do Evangelho que se apresenta à filosofia não é o Deus Existência, por mais que os filósofos cristãos, especialmente após Santo Agostinho, tenham-No colocado em posição central em seus escritos sobre Deus.

Enfim, uma relação entre Evangelho e filosofia fiel ao Evangelho não deve tratar de Deus como questão relativa às causas, necessidades e contingências do Universo como objeto central de análise. Até porque Deus Existência é assunto de interesse quase exclusivo dos filósofos mais militantes da filosofia, digamos assim. À maioria interessa sobretudo Deus Providência, que apresenta também um manual de instruções para a vida, ou seja, um código moral. Dito isto, não há incompatibilidade nem contradição em ser Deus de Israel, Deus Providência e Deus Existência o mesmo Deus, dado o dogma do povo eleito e tendo em vista o fato de o livro do Gênesis, um mito de criação sumério adaptado a um monoteísmo judaico tardio, apresentar indubitavelmente um Deus Existência. O foco do Evangelho, porém, não é a função de Deus como Criador do Universo. O Gênesis, além de pouco mencionado no Evangelho, o é apenas para fins morais, não metafísicos.

O velho Gottfried Leibniz morreu aos 70 anos sem conhecer a glória, um pequeno deus criador triste e solitário. A seu enterro compareceu apenas seu secretário pessoal. Uma testemunha ocular acompanhou a cena e a descreveu: "Ele foi enterrado mais como um ladrão do que o que ele realmente era: o ornamento de seu país." Se o Deus imaginado por ele existe, deve pensar: "Bobagem, a melhor maneira de homenageá-lo é repetindo, trezentos anos depois, algumas de suas palavras sobre Mim."

E é surpreendente que, pela exclusiva consideração das causas eficientes ou da matéria, não possam ser explicadas essas leis do movimento que têm sido descobertas em nossa época – algumas das quais descobertas por mim mesmo. Pois percebi que temos de recorrer às causas finais e que essas leis não dependem do princípio da necessidade [...] mas sim do princípio da conveniência, isto é, de escolhas da sabedoria. Para qualquer um que profundamente examine as coisas, essa é uma das mais eficazes e evidentes provas da existência de Deus.[8]

2

E o Verbo se fez carne

O que é a verdade? "É o Logos", responderia Heráclito.

Antes de explicar o que é o Logos, também chamado Verbo, convém contar quem foi Heráclito. Nascido na cidade grega de Éfeso, por volta de 535 a.C., nos primórdios da filosofia, quase nada se sabe sobre ele. Sua biografia é baseada nos fragmentos sobreviventes de seus textos, uma criação ficcional coerente com seu conhecido modo de pensar.

Heráclito era misantropo, ou seja, não gostava de conviver com gente; aliás, não gostava de quase nada que gente geralmente gosta. Foi assim o primeiro filósofo típico, pois nada mais típico num filósofo do que deplorar os hábitos, inclinações e gostos da maioria, do que descrer no homem, pelo menos no homem comum. Os efésios correspondiam ao sentimento daquele sábio esquisito: detestavam-no, apesar de admirarem sua inteligência. Não o compreendiam, como pouco o compreenderão as gerações subsequentes até nós. Heráclito era obscuro em seu pensamento.

Costuma-se opor Heráclito a um contemporâneo seu, Parmênides, o pai da epistemologia (teoria do conhecimento). O efésio teria defendido o *devir* (vir a ser) como um fluxo contínuo e única realidade, pois tudo é movimento, enquanto seu colega Parmênides veria no *ser*, em oposição ao *não ser*, a verdade possível. Confuso, não? Era essa mesma a intenção, mas na verdade os dois filósofos são complementares, não opostos, e as questões colocadas por eles permanecem em debate entre os pensadores de nosso tempo, tendo muito influenciado a filosofia ocidental. Heráclito, ao explicar o Cosmos, chegou ao Logos, uma instância reunidora, constante, abrigando o conflito, a convergência e a divergência.

O Logos, para Heráclito, só é acessível ao homem realmente investigador, não ao comum mortal, que dorme mesmo quando está acordado, simplesmente vive. "Viver, simplesmente viver, meu cachorro faz isso muito bem", dizia o também filósofo e poeta brasileiro Alberto da Cunha Melo, decidido a pensar, não apenas passar pelo fluxo contínuo da vida.

Para Parmênides, a vida só tem graça se for possível se admirar com o conhecimento antes velado, agora revelado ao filósofo. É a busca da revelação. Como também era poeta, ele vê as moças, filhas do Sol, guiando o carro até a morada da deusa reveladora da verdade. No único caminho, os véus vão saindo da frente de seus rostos, revelando o Ser, pois só há ser, o não ser não é, o não ser não há. Se fosse, ele seria. O não ser é, portanto, uma ilusão, em oposição à verdade do Ser. E qual é essa verdade? Bem, Parmênides é que acompanhou as moças até a deusa, não eu, portanto não sei, ou melhor, dependeria de uma Revelação.

Estou simplificando muito o pensamento de Parmênides e Heráclito. Para os fins deste livro, porém, basta saber que a oposição entre o "vir a ser" do segundo e o "ser" do primeiro é apenas aparente. A possibilidade de conciliar as duas posições ficará clara quando o Verbo (Logos) se fizer carne uns quinhentos anos depois: Jesus, o Ser que anuncia o vir a ser.

Até ir parar no Evangelho, pelas mãos de João, como definição da Revelação, Jesus Cristo, o Logos terá percorrido um caminho promissor, sendo aperfeiçoado por Platão e pela seita filosófica estoica, que o define como o Verbo do Uno, o pensamento de Deus, pois Deus pensa, não passa a vida dormindo. Por isso, Jesus anuncia: "Eu sou o caminho, a verdade e a vida; ninguém vem ao Pai senão por mim." (João, 14:6)

O centro da pregação de Jesus é o caminho para o Reino dos Céus, o que, na definição de Heráclito, "transmutando-se, repousa". Na vida eterna, decerto. O vir a ser anunciado por Jesus corresponde à Salvação, à qual muitos serão chamados, poucos os escolhidos, porque não compreendem o Verbo de Deus, como se pode constatar na parábola do semeador.

Como Heráclito, Jesus utiliza metáforas e outros artifícios retóricos e literários para revelar a verdade, a essência do Ser, do Pai que tudo governa. Não um Criador, pois Ele, Jesus, não o nomina assim, embora possa estar subentendido ao não negar valor de revelação às Escrituras judaicas, que, tal como os mitos de criação religiosos gregos, delimitam um ato divino de criação do mundo. Para Heráclito, não há Criador, tudo sempre existiu, está em transformação e sempre existirá. As pouco esclarecedoras referências ao Gênesis judaico por Jesus combinadas com o título de Verbo encarnado e a farta utilização de parábolas com linguagem obscura à compreensão imediata irão logo provocar confusão, a primeira delas de grande importância atendendo pelo nome de Marcião.

Antes de falar de Marcião, convém traçar outro paralelo entre Heráclito e Jesus. Assim como os efésios não gostavam de seu filósofo, mal sabendo eles que um dia ele seria muito famoso, também os povos de Israel (judeus e galileus, basicamente, no século I) não deram muita atenção a Jesus, não podendo adivinhar a fama futura do Nazareno. Não, não foram eles que o mataram, fique claro. A crucificação é obra exclusiva de Pilatos, o governador da Judeia (Herodes Antipas governava a Galileia), e de Caifás, sumo sacerdote e uma espécie de prefeito de Jerusalém. A menção no Evangelho a uma claque popular apoiando a condenação de Jesus confirma a impopularidade do Nazareno entre os judeus, mas esse apoio não implica responsabilidade objetiva, restrita àquelas duas autoridades.

Igualmente convém esclarecer que não entrarei na polêmica sobre a existência ou não do Jesus histórico. Nunca se saberá ao certo, mas a maioria dos historiadores tem sua historicidade como provável. Ainda se assim não fosse, quando há ideologia ou religião envolvidas, cada um se convence do que quer ser convencido, não mudaria nada. Terreno a ser evitado ainda é a história do cristianismo no século I. O livro *Atos dos Apóstolos* e as cartas de São Paulo convencem muito menos que o Evangelho como documentos históricos, apresentando problemas quanto à confiabilidade dos relatos. De mais a mais, meu compromisso com você, leitor, é tratar o Evangelho segundo a filosofia, não o Novo Testamento todo, muito menos a Bíblia completa, embora haja necessidade de me referir a ela aqui ou ali.

A menção do historiador Públio Cornélio Tácito a uma perseguição de Nero aos cristãos no ano 64 de minha parte merece pouco crédito. Assim como se demonstrou ser forjada a menção do historiador judaico Flávio Josefo a Jesus, parece-me que se quer forçar a história para provar uma sucessão apostólica ininterrupta do bispado de Roma (papado) a partir da designação de Jesus a São Pedro como líder de uma igreja nascente cristã. Tácito teve a intenção de colar em Nero todos os defeitos imagináveis. Criou uma lenda do mal, muito mais lenda do que verdade, pois Nero não colocou fogo em Roma nem deu mostras maiores de crueldade ou demência em relação a outros imperadores. Governou com cálculo político e foi bastante popular. De resto, é improvável que o cristianismo já estivesse difundido na capital do império durante seu governo.

Acredite quem quiser, portanto, na legenda de Nero perseguidor de cristãos, não me importa se aconteceu ou não, pois nada mudaria no texto do Evangelho, composto entre os anos 60 e 110, segundo a maior parte dos historiadores, nem na história do cristianismo, que só adquire relevância para o Ocidente em meados do século II. Se Jesus Cristo é um fenômeno do século I, o cristianismo começa para valer no século II. Antes fora uma tentativa tênue e malsucedida de convencer os adeptos da religião judaica de que Jesus era o messias previsto nas Escrituras do povo de Israel.

A rigor, a ortodoxia cristã — fundada numa igreja apostólica, ou seja, representante direta por sucessão do comando delegado pelo próprio Jesus — e católica (universal) só será estabelecida no primeiro concílio, em Niceia, em 325, assembleia reunida sob os olhos e ouvidos do mais ilustre cristão de seu tempo: o imperador do império unificado do Ocidente e do Oriente, Constantino. Estavam presentes pelo menos três centenas de bispos, representantes de igrejas da Hispânia à Síria.

Niceia definiu, por ampla maioria, que Jesus era o Logos de Deus, sendo também a segunda pessoa da Trindade (Pai, Filho e Espírito Santo). Sobre a Trindade, conto um diálogo rápido, ocorrido enquanto eu pesquisava para este livro e me encontrei com um amigo presbiteriano, Marcos, estudioso de dogmas cristãos de longa data, num restaurante:

— Finalmente, entendi a Trindade — disse eu.

— Quem foi que lhe explicou? — perguntou ele.

— C. S. Lewis — respondi.

— Então ele mentiu, pois até hoje não encontrei ninguém que entendesse a Trindade. A Trindade foi uma fórmula para combater heresias, desnecessária para a fé cristã em si. Que Jesus fosse Deus, está no Evangelho. Que o Espírito Santo fosse espírito de Deus, ou seja, uma manifestação de Deus, também está no Evangelho. Que Deus é Deus...

— Sim, mas que Deus? O de Abraão ou o dos estoicos? — interrompi.

Tal qual Pascal, ele respondeu, altivo: "O de Abraão, é claro." Claro para ele, pois para um próspero comerciante e bom filósofo e líder religioso da cidade de Sinop, então um movimentado porto da costa do Mar Negro, não estava nada claro quem era o Deus mencionado por Jesus no Evangelho e por São Paulo em suas cartas. O nome do comerciante filósofo era Marcião. Seu pai teria sido bispo de uma comunidade cristã etnicamente grega.

Marcião era rico, poderoso e influente na Igreja de Roma, para onde viajara a fim de se reunir com o bispo local (papa) e outras autoridades eclesiásticas entre 142 e 144. Até aquela data, o cristianismo não tinha um cânone. Conta-se que o Evangelho era lido nas assembleias das cidades gregas, mas nenhuma cópia dessa época sobreviveu para comprovar tal alegação. A propósito, a contagem mais recente de evangelhos (2002), feita por Charles W. Hedrick, dá conta de um total de 34 evangelhos antes de Niceia, sendo oito completos: dos quais quatro seriam descartados como apócrifos, sete fragmentários, quatro supostamente completos, mas conhecidos apenas por menções em fontes antigas, dois hipotéticos (fontes-base para a escrita dos Evangelhos) e treze apenas mencionados vagamente na Antiguidade. Desses, é certo que Marcião leu o de Lucas.

Da leitura do Evangelho e de algumas cartas atribuídas a São Paulo, Marcião concluiu algo mais ou menos óbvio: "mal" e "mundo" são sinônimos na pregação de Jesus Cristo. Como Jesus representa o Deus do bem, e o Deus de Abraão é antropomórfico demais, ou seja, apresenta defeitos e qualidades, à imagem e semelhança do homem. O Deus a que Jesus se referia só podia ser outro: o Uno dos estoicos, uma inteligência universal absoluta, perfeita e sinônima de tudo que se poderia chamar de bem, Ser Supremo, em oposição ao mal. Enquanto o Deus de Israel, Criador do céu, da terra e do homem, esse malvado imperfeito, só podia ser o demiurgo (deus inferior) mencionado por Platão.

Marcião odeia o mundo, e o faz de uma perspectiva infantil, dualista. Para ele, a passagem do profeta Isaías não precisa de interpretação, é reveladora por si: Deus é do mal. Não se sabe o que fez Marcião odiar tanto a vida como ela é, além da natural inclinação de filósofo para tal. Aliás, não se sabe quase nada sobre ele, pois seus escritos não foram preservados. Sabe-se dele por seus inimigos, os inimigos que iriam esboçar a primeira ortodoxia filosófica da igreja cristã, como Santo Ireneu de Lyon, movidos justamente pela necessidade de combater o marcionismo.

Uma forma de dualismo é colocar bem e mal em campos opostos, como o joio e o trigo do Evangelho. A propósito, Jesus ora é dualista, ora é monista, e caberá à Igreja, no futuro, optar pelo monismo, mas sem muita convicção, pois o fiel comum será sempre dualista, é universalmente a forma de pensamento mais simples, mais fácil de compreender, daí os extremo-orientais serem fãs do yin-yang, e o budismo apresentar como sinônimos perfeitos "desejo" e "mal".

O chamado gnosticismo cristão englobou muitas correntes dualistas. A inspiração tanto podia vir do zoroastrismo, uma religião dualista iraniana, quanto dos diálogos de Platão (*gnostikós*

= intelectual; *gnôsis* = conhecimento). A filosofia de Platão não é assim tão rasa, mas dá margem a essas interpretações populares. Aliás, nem sempre populares. Kant é um dualista erudito. Marcião é contado pela ortodoxia cristã como um dos muitos líderes gnósticos que proliferaram nos primórdios do cristianismo, mas Joseph Hoffmann, historiador contemporâneo, discorda, enxergando no marcionismo algo mais: uma negação do que se transformaria na tradição judaico-cristã, negação que segue em curso em nossos dias (Schopenhauer teve a mesma opinião, alinhando-se a Marcião). Ou seja, o marcionismo não apenas teria sobrevivido, como ganhado força em tempos recentes com a idealização de um Jesus humanista, Logos do amor, somente do amor, desvinculado de uma tradição baseada no temor a um Deus severo.

Na segunda metade do século II, estabelecida a separação entre a Igreja de Roma e a igreja de Marcião, a vitória de uma ou de outra não estava garantida. O sucesso do marcionismo foi instantâneo. O grego de Sinop estabeleceu como cânon o Evangelho de Lucas com várias passagens cortadas e algumas cartas de São Paulo reescritas, com destaque para Gálatas, em que o apóstolo parece romper com a Lei judaica. Marcião poderia ter fundado uma grande religião não fosse por uma esquisitice: todos os fiéis deveriam preservar o celibato, nada de sexo, nem para a reprodução, muito menos para o prazer. Era uma negação radical ao "Crescei e multiplicai-vos" ditado pelo demiurgo (Deus inferior) no livro do Gênesis. Para agradar a Deus, era necessário desagradar ao demiurgo. Se este mandava procriar, não procriemos. Sem filhos, sem continuadores da nova religião.

Não tinha como ter futuro uma negação tão radical do mundo e do homem. Mesmo assim, o marcionismo sobreviverá como igreja até o século IV nos confins da Síria. Enquanto isso, colocada no campo oposto, a Igreja de Roma escolhe o que colocar no cânon (lista oficial) do Novo Testamento, mantendo o Antigo e o cristianizando através de citações, pelo menos 350 delas. Nos Evangelhos canônicos, há um evidente exagero nessa tentativa de conciliação. Jesus por vezes parece um ator de um roteiro escrito por profetas judaicos. Monta num jumentinho porque assim fora profetizado. Na cruz, diz ter sede não porque quisesse água, mas para "se cumprir a Escritura", e lhe dão vinagre, pois assim estava escrito no Velho Testamento.

Por que colocar o Velho Testamento, judaico, em pé de igualdade com o Novo Testamento, cristão, se os judeus representavam menos de 10% da população do Império Romano e já no século II a esmagadora maioria do rebanho cristão fosse etnicamente grega ou italiana? Adicionalmente, os filósofos que emprestariam prestígio à seita cristã vinham das seitas estoica e neoplatônica, não do judaísmo.

Em primeiro lugar, não dava para violentar tanto o personagem Jesus. Ele não se intitula salvador da humanidade, mas messias judaico, anunciado nas Escrituras e esperado como o líder que conduziria as tribos de Israel ao Reino de Deus, uma espécie de estado terreno de felicidade geral, paz e prosperidade. Se Lhe dissessem que Ele seria o Verbo de Deus de uma religião universal, com sede em Roma, Jesus ficaria surpreso. As noções de Logos, livre-arbítrio e pecado original não estão em seu discurso.

No século XX, Jesus seria reinterpretado por filósofos e acadêmicos não cristãos de diversas maneiras, a partir de descobertas sobre o povo a quem se dirigiu e as terras por onde caminhou no século I. Quase todos concordam com o fundamentalismo judaico do personagem histórico. A mais audaciosa iniciativa, e a meu ver um tanto delirante, foi o Jesus Seminar, que reuniu inicialmente trinta acadêmicos, em 1985, para determinar o que Jesus disse e o que não disse. Hector Avalos ridiculariza o grupo, pois "simplesmente selecionou os versículos que concordam com o que o Jesus Seminar pensa que Jesus pensou".

John Dominic Crossan, um dos mais destacados expoentes do Jesus Seminar, acabou reconhecendo o caos instalado pelas tentativas de adivinhar qual a mensagem principal do Filho de Deus:

> Há um Jesus retratado como revolucionário político por S. G. F. Brandon (1967), como ilusionista por Morton Smith (1978), como um galileu carismático por Geza Vermes (1981, 1984), como um rabino galileu por Bruce Chilton (1984), como um hilelita ou protofariseu por Harvey Falk (1985), e como um profeta escatológico por E. P. Sanders (1985)... Mas essa variedade atordoante é um constrangimento acadêmico. É impossível evitar a suspeita de que a pesquisa pelo Jesus histórico é um local bastante seguro a partir do qual se pode fazer teologia e chamá-la de história para fazer uma autobiografia e chamá-la de biografia.[1]

É quase certo que os primeiros líderes judeus do "movimento Jesus" não tinham ideia das implicações de associar o messias judaico com a alta filosofia grega, com a sofisticação dos conceitos de Logos e Uno de estoicos e neoplatônicos. O "erudito" São Paulo, mesmo que tenha existido e escrito todas as cartas a ele atribuídas, era um erudito para padrões judaicos e, mesmo entre os judeus, muito aquém de Fílon de Alexandria, filósofo contemporâneo de Jesus. São Paulo não seria capaz de sustentar um debate com Plotino ou Galeno sobre Logos, Cosmos ou Uno, embora tenha mencionado o primeiro desses conceitos em suas cartas. Diante deles, São Paulo pareceria um judeu crédulo e supersticioso, pelo menos tão crédulo e supersticioso quanto os adoradores de Diana ou Mercúrio.

A mitologia grega, absorvida pelo mundo helênico, incluindo a Itália romana, a Gália e o Egito, transformara-se em religião popular havia alguns séculos, mas as principais seitas filosóficas, como estoicismo, neoplatonismo e epicurismo, contrapunham às crenças inocentes e politeístas dessa fé a ideia de um deus criador ou regente do Universo, às vezes único, às vezes dualista (Deus × demiurgo). Nenhum filósofo ousava atacar diretamente as crenças do vulgo. Questionar os deuses do panteão greco-romano seria negar a base da cultura do império, porém a vanguarda do pensamento buscava o monoteísmo racional, algo que pudesse corresponder ao Logos, ao Uno ou ao *Noûs* de Platão.

Deus de Abraão, chamado Javé, a quem Jesus chama simplesmente Pai ou Deus, pois o Evangelho foi todo escrito originalmente em grego, era um modelo bastante imperfeito de monoteísmo aos olhos dos filósofos greco-romanos. Um tipo ciumento, irascível, mais passional do que Zeus ou Apolo. Para piorar, as Escrituras judaicas vinham numa linguagem prosaica, popularesca, impregnada de um dualismo primário. O escrito mais antigo do Velho Testamento é o Cântico de Débora (Juízes, 5), escrito entre 1100 e 1000 a.C. Nele, a israelita Débora exalta o "Senhor", Deus de Israel, e fala de combates militares e divisão de despojos de guerra, conflito pelo velho e repetitivo motivo para as guerras entre todos os povos primitivos: saque, roubo, confisco.

De seu lado, o judaísmo, a partir do advento do helenismo, implantado por Alexandre, o Grande, no século IV a.C., tornara-se proselitista, queria converter gregos, egípcios, etíopes, romanos e siríacos para o Deus único, Criador do céu e da terra (a ideia de Cosmos ou Universo lhes era estranha). Não deu muito certo, mas os romanos acabaram por respeitar as crenças dos israelitas e muitos imperadores fariam decretos para garantir a liberdade de culto dessa gente devota e simples. Eis talvez a palavra-chave: "simples".

Ora, ao lado dos filósofos-senadores, de um Sêneca ou Galeno, eruditos de vastas relações aristocráticas, havia centenas ou milhares de filósofos andarilhos de barba por fazer, sujos e malvestidos, pregando o "coração simples" ao povão e às classes médias. Os judeus, por sua vez, não tinham filósofos entre eles, a não ser que queiramos chamar de filósofos os cerca de 6 mil fariseus, estudiosos das Escrituras, mas será preciso muito boa vontade para equipará-los aos andarilhos greco-romanos, versados em Platão, Epicuro, nos sofistas e nos cínicos, seguidores do lendário filósofo-pobre coitado Diógenes de Sinop, a mesma cidade de Marcião, só que vivendo cinco séculos antes e tendo se mudado para Atenas. Os judeus não tinham filósofos até surgir Jesus, que pregava o quê? O "coração simples", ora. E, de quebra, revogando a parte mais chata do Deus de Israel — as leis cerimoniais, complicadíssimas, que incluíam severas restrições alimentares e queimar um dia de trabalho na semana: o sábado (os romanos nesse tempo não tinham folga semanal, elas se davam apenas nos feriados cívicos e religiosos).

Jesus validava os dez mandamentos da Lei recebida de Deus por Moisés, exceto o sábado. O ditado divino basicamente continha normas negativas e elementares: não roubar, não matar, não arrumar confusão com o vizinho por causa da mulher dele, não mentir, não cultuar muitos deuses, só um. Tudo que um "coração simples" precisava. Dava para conciliar bem com os ideais dos filósofos do Ocidente, não dava?

Não foi só isso, não apostemos demais em narrativas encadeadas. Jesus deu sorte. A igreja contou com a sorte, pois tanto os gregos do povo andavam atrás de religiões de mistérios, vindas do Oriente, como os filósofos e os imperadores andavam endurecendo as leis quanto à moral sexual, ponto de honra para os cristãos desde o início. O fato de os judeus escolherem outro messias (Simão bar Kokhba), de este levantar armas contra os romanos e de os cristãos terem ficado ao lado do Império só engrandeceu esses últimos aos olhos dos chamados gentios (não judeus, da perspectiva judia).

O cristianismo pouco a pouco se tornou uma religião de classe média, de gente bem-comportada, e ganhou a simpatia dos filósofos, tanto dos eruditos entre eles como dos maltrapilhos, e dos pobres comuns, mantidos por um fluxo de esmolas constante graças ao mandamento cristão da caridade, colocado efetivamente em prática pelos fiéis, entre os quais se contavam muitas viúvas ricas. Houve perseguições dirigidas a eles ou terá sido o tão propagandeado martírio dos cristãos outro mito associado à igreja primitiva? A questão merece um longo parêntese.

O direito romano não impunha crenças religiosas e o sincretismo com religiões orientais estava em alta. Alguns cristãos procuraram o martírio voluntariamente com objetivos de propaganda, mas a maior parte dos relatos é lenda. A perseguição não faz sentido do ponto de vista do paganismo, sistema religioso pouco dogmático, fragmentário e sem hierarquia pastoral. Faz menos sentido ainda do ponto de vista do Estado.

Os judeus foram perseguidos? Não por exercer o judaísmo, mas porque a província da Judeia sublevou-se, porém a perseguição restringiu-se aos insurretos. O livro *O mito da perseguição*, de Candida Moss, evidencia que os cristãos nunca foram vítimas de perseguição sustentada e dirigida, mas toda vez que um cristão era executado, e se executavam muitos, até por pequenos delitos, era contado como mártir.

Alguns poucos grupos cristãos eram subversivos. As autoridades os viram como perigosos pela subversão em si, não por suas práticas religiosas. O livro de Candida Moss é parcial, pois sua intenção, um tanto forçada, é atingir a direita cristã americana, mas de fato o que a historiografia sabe não corrobora uma ampla perseguição direcionada aos cristãos, até porque esses não tinham razões para a sedição política.

Quanto aos judeus perseguindo cristãos no século I, muitas seitas competiam entre si, e, em Antioquia, muito tempo depois, São João Crisóstomo teria a concorrência vigorosa de rabinos e outros líderes. Matavam-se por isso? Bem, não era um tempo pacífico como o nosso, não era preciso muito para uma discussão acabar em morte, mas também nada sistemático, arquitetado por alguma "cúpula" judaica, tem registro histórico ou mesmo plausibilidade. A propósito, a história de São Paulo como perseguidor de cristãos a serviço dos fariseus ou do Sinédrio é muito bem refutada por Hyam Maccoby, renomado historiador judeu do século XX.

Minha tese favorita para justificar os casos documentados de martírio é o caráter milenarista (escatológico, que espera o "fim do mundo") de certas comunidades cristãs, mal geridas pelos bispos e divididas em seitas amalucadas. Os milenaristas querem se fazer ouvir e não raramente são guiados por personagens paranoicos, que procuram conflitos, alguns para pôr à prova sua crença de que o combate será a senha para a vinda do salvador sobrenatural.

O dito de São Jorge ("Crede em Cristo e eu matarei o vosso perseguidor") não era ainda associado ao santo da Capadócia nos tempos do império, mas sua elaboração posterior dá conta em retrospectiva do espírito de alguns cristãos do século III, período que registra eventuais perseguições, seguramente por coincidir com a grande expansão do culto cristão. Tertuliano, entre outros, insistiu que não havia outro meio de alcançar a salvação exceto pelo derramamento do próprio sangue cristão. A propósito, esta é a opinião do antropólogo Jack David Eller:

> Com efeito, as novíssimas (aspirantes a) tradições possuem problemas de autenticidade colossais e por conseguinte frequentemente chegam a extremos radicais para dissimular seu caráter de novidade e para se vincularem a alguma história venerável.[2]

O que fez os cristãos chegarem a 10% da população do império no início do século IV foi a propaganda do "coração simples". A moral sexual rígida, embora com justa razão os estoicos tardios a reivindiquem como invenção sua, também era mais observada entre os cristãos.

Era uma arma de propaganda, baseada num princípio que Nietzsche identificaria como "a crença segundo a qual uma pessoa que constitui uma exceção nesse ponto igualmente constituirá uma exceção em outros aspectos". Haveria sempre muitos celibatários a orgulhar a comunidade cristã por esse comportamento. Como se sabe, nada melhor para um coração "simples" ou "puro" do que evitar sexo; não apenas os filósofos acham isso.

Em todo o império, os gregos foram os que mais aderiram ao culto cristão. Não por acaso, como explica o especialista português em cultura grega Delfim Ferreira Leão:

> Daqui resulta a vertente marcadamente ritual e legalista da religião grega e até, de alguma forma, o seu pendor contratual: ao cumprir os preceitos, o crente espera obter a correspondente proteção divina. O maior representante do legalismo era o oráculo de Apolo em Delfos, cuja importância ultrapassava a ação das

diferentes divindades próprias de cada polis e dos cultos locais, afirmando-se assim como uma das mais expressivas manifestações de pan-helenismo já desde as épocas arcaica e clássica. No entanto, a Grécia conhecia ainda, no plano geral, outra grande tendência religiosa, que pressupunha uma iniciação e, por conseguinte, um maior envolvimento pessoal: as correntes mistéricas.[9]

Tanto o "legalismo" como as "correntes mistéricas" encontram correspondência nas práticas cristãs, regulares, constantes, repletas de mistérios, como a Eucaristia, por exemplo.

Se estava dando certo, a conversão do imperador Constantino, em 312, após um sonho revelador, será a sorte definitiva com que sonhavam os cristãos. Os pagãos nunca assumiram uma atitude hostil frente à ortodoxia cristã. Nunca houve uma turba de adoradores de Mercúrio depredando uma igreja ou destruindo uma imagem sacra cristã. Se o Estado passava a apoiar a fé em Jesus Salvador, o único perigo restante para a ortodoxia era os que brigavam para se tornar eles próprios a ortodoxia. E no século IV o sonho de dez entre dez filósofos e líderes religiosos era liderar a nova religião triunfante, era poder representar a ortodoxia da fé do imperador. Como registra Paul Veyne, em 312 a religião tolerada era o cristianismo. Em 324, tolerava-se o paganismo. Não por muito tempo, pois não seria preciso, a adesão seria voluntária e relativamente rápida. Quanto aos cristãos entre si, conto só um episódio. Em 366, o lusitano Dâmaso fez-se papa numa briga de verdade contra Ursino, também pretendente ao trono de São Pedro. Contaram-se 137 mortos nos confrontos entre os partidários de um e de outro.

O Deus de Abraão pegou carona nesse sucesso todo, mas não lhe neguemos qualidades. Quem melhor do que um deus ciumento, mas zeloso pela sorte de seus filhos, especialmente dos pobres entre eles, para substituir os deuses do panteão popular, para passar a cuidar da Providência particular necessária ao sujeito que dorme? Sim, hoje há muita contestação ao caráter do Deus de Israel por conta de seu militarismo nada politicamente correto. Li dezenas de tentativas de conciliação entre o Jesus de amor e disposições rigorosas ou beligerantes do Antigo Testamento feitas por apologistas cristãos, de Ulrico Zuínglio a William Lane Craig, de Gino Iafrancesco, que escreveu um livro só para tratar do tema, a Bento XVI. Todas são explicações muito boas, mas a mim basta constatar a atual situação do Estado de Israel para dar razão ao Deus de Moisés e Abraão.

Com o Hamas de um lado, o Hezbollah de outro, o Irã e a Turquia logo adiante, o ideal é contar mesmo com um deus armado até os dentes e disposto a disparar. Se alguém (curdo, xiita, cristão ou judeu) tivesse a chance de penetrar um acampamento do grupo terrorista Estado Islâmico, estando apoiado por Deus, talvez não "deixasse vivo nada que respirasse", como ordena Javé no livro Deuteronômio (20:16). Antes que algum sunita radical reclame, é bom consultar o Alcorão, a propósito. Como disse Jesus: "Tira primeiro a trave do teu olho e, então, verás claramente para tirar o argueiro do olho do teu irmão." (Mateus, 7:5) Antigamente era assim, a espada era a melhor arma de convencimento religioso. Ainda é desse jeito para boa parte dos muçulmanos.

A meu ver, a descrição de Deus de Israel pelo filósofo da religião Jaco Gericke sintetiza bem a questão da bondade ou maldade divina no judaísmo:

> O problema do mal é um pseudoproblema em vários textos do Antigo Testamento, em que Javé não era nem onipotente nem onibenevolente. Além disso, a capacidade de fazer o mal no sentido de

ser destrutivo era de fato uma propriedade enaltecedora no teísmo antigo. Javé é poderoso exatamente porque ele pode fazer o mal quando deseja, seja ele natural, moral ou metafísico (veja Êxodo, 4:11; Lamentações, 3:38; Isaías, 45:7; Amós, 3:6; Eclesiastes, 7:13-14 etc.). Os crentes de antigamente não eram tão mimados como os de hoje que acreditam que um deus tem que ser perfeitamente bom (leia-se "com uma interface amigável para o usuário") para ser digno de adoração. O que tornava um deus divino era seu grande poder (o que não é o mesmo que onipotência), não sua prestação de serviços focada no cliente, seus valores familiares ou sua consideração pelos direitos humanos.[4]

Antes de Gericke, Nietzsche também ironizava a passagem do forte Javé do Velho Testamento para o Deus bonzinho do Novo, situando bem as circunstâncias históricas:

> Sem dúvida, quando um povo entra em colapso; quando sente esvair-se para sempre a fé no futuro, a sua esperança na liberdade; quando a submissão se lhe afigura de primeira utilidade e as virtudes dos servos se insinuam na consciência como condições de sobrevivência, então há também que mudar o seu Deus. Torna-se agora sonso, medroso, humilde, aconselha a "paz de alma", a ausência do ódio, a indulgência, até o "amor" aos amigos e aos inimigos. Moraliza constantemente, rasteja para a caverna de cada virtude privada, faz-se o Deus de toda a gente, torna-se simples particular, cosmopolita... Outrora, representava um povo, a força de um povo, tudo o que de agressivo e sedento de poder existe na alma de um povo: agora é simplesmente o Deus bom...[5]

Não que Deus de Israel não pudesse evoluir, e aí regressamos ao tema do cristianismo triunfante, como relata Paul Veyne:

O gigantismo do deus judeu permitirá que ele um dia assuma a função de fundamento e de autor da ordem cósmica e do Bem, função desempenhada pelo deus supremo no pálido deísmo dos filósofos gregos. Tendo dois ou três objetos de amor sobrenatural, Deus, o Cristo e mais tarde a Virgem, a religião cristã, se usarmos de rigor, é politeísta, mas que importa? Essas figuras divinas nada têm em comum com os deuses antigos, ainda que sejam figuras pessoais (e até mesmo corporais, até Santo Agostinho). [...] O cristianismo é um politeísmo monista.[6]

O cristianismo, em sua evolução, estará pronto para ordenar e doutrinar a totalidade da Europa e, partir do século XV, o planeta todo. Porque é uma filosofia, a mais bem-dotada de pensadores de todos os tempos, e porque é todo o resto, menos o poder temporal, mas este, aliado, representa o Deus do cristianismo, lapidado por Santo Agostinho a partir do Deus do Antigo Testamento e também dos conceitos filosóficos greco-romanos sobre o Criador. É um ser gigantesco, superior ao mundo que Ele criou. "Ator de um drama cósmico em que a humanidade põe em jogo sua salvação", como observa Paul Veyne.

Aos filósofos, a moral dos filósofos, os dogmas de difícil compreensão, como a Trindade. Aos crentes comuns, a adesão por inércia e a manutenção do "toma lá, dá cá", apenas substituindo os velhos deuses pelos novos santos ou mesmo por um deus muito humano, o de Israel vertido em criador e gestor universal.

Importa que tudo o que está no Evangelho guarda coerência. Se há ambiguidades, não há contradições insolúveis, e as próprias ambiguidades são sinal de coerência, pois uma coerência absoluta é sinal de história fantástica, perde em verossimilhança um relato minucioso e rigorosamente encadeado. O Evangelho, em assim não o sendo, ganha em credibilidade. Mas isso não elimina a possibilidade de uma invenção.

Jesus seria personagem de ficção de uma peça dirigida pelo Deus de Israel a partir do roteiro previamente elaborado pelos profetas da nação? Que mal haveria se O fosse? De modo nenhum isso exclui a revelação, ela não precisa de "carne e osso", a não ser como uma boa historinha auxiliar. Deus seria mais inteligente e mais prático se revelasse os ensinamentos de Seu Logos a alguém como São Paulo, como o próprio São Paulo alega, através de uma voz vinda do céu, perto de Damasco, do que esperando trinta anos desde a concepção numa virgem de um homem completo para só então revelar a verdade a uma plateia aleatória espalhada em torno do Mar Morto e do rio Jordão.

Assim, se fosse possível me provarem que Jesus não existiu como indivíduo de "carne e osso", isso me tornaria mais propenso a acreditar numa revelação, não menos. Pelo princípio da economicidade, Deus não precisava ter tanto trabalho, intervir em suas próprias leis físicas tantas vezes, desde o deslocamento de uma estrela para guiar magos do Oriente até interferir no livre-arbítrio de um sujeito chamado Judas Iscariotes para passar Sua mensagem.

Caso a revelação seja um mito, como propôs Ernst Renan, estarei, como bem constatou C. S. Lewis, diante de um charlatão, de um mágico capaz de simular truques que se fazem passar por milagres extraordinários, aproveitando para estabelecer regras morais, usando o santo nome de Deus indevidamente. Devo também reconhecer, nesse caso, que a desconfiança dos fariseus em relação a ele era mais do que justa, diria até sábia ou, pelo menos, fundamentada num bom senso inquestionável. Corresponderia, afinal, à imagem que tanto Fílon de Alexandria quanto Flávio Josefo, fontes judaicas bastante confiáveis e históricas, tinham dos fariseus, uma espécie de partido de oposição intelectual ao *status quo* do período. Deles descenderá a admirável tradição rabínica, capaz de enfrentar ódios e oposições terríveis por 2 mil anos até poder voltar o povo judeu à terra prometida pelo Deus de Israel a seus filhos.

Todas essas suposições, embora eu as esteja traduzindo em linguagem própria, não estou inventando do nada, pois cada uma delas e outras tantas mais foram aventadas no período que vai de meados do século I ao final do século IV, algo que podemos chamar "era das heresias". E o que é heresia? É um conceito cunhado pelas escolas filosóficas greco-romanas para indicar desvios indevidos do reto caminho a ser percorrido por aquela filosofia específica, visando sobretudo a não invalidar seus pressupostos bem estabelecidos e não ir tão distante a ponto de atravessar a porteira de uma escola filosófica rival, perdendo com isso a própria identidade.

A identidade do "movimento Jesus", por estar baseada num mestre que pouco impacto causou na Israel de seu tempo e indecisa entre a filosofia e as gentes gregas e a filosofia e as gentes judias, era um grande problema. Daí talvez terem surgido tantas heresias e, na direção contrária, ter-se empreendido tão grande esforço para estabelecer uma ortodoxia — portanto, uma "verdade" que pudesse servir de base a uma nova filosofia e a uma nova fé. Convencer não os gregos e troianos, pois àquelas alturas os troianos não existiam mais, mas os gregos e os judeus, e fazer isso ao mesmo tempo só complicava o que já não era fácil. Nisso eles acabariam cedendo em prol dos gregos e dos romanos, mas não ainda quando escrevem o Evangelho, pois ali estão falando mais aos judeus do que aos gregos. Paradoxalmente, agradarão com a série biográfica de Jesus mais estes do que aqueles.

As religiões vencem não porque são mais lógicas, mais afeitas às ideias dos filósofos de vanguarda, assim como os pretendentes não conquistam os corações das moças porque são capazes de resolver complicados teoremas. Saber escrever bons poemas tem seu valor, mas não resolve a parada. As religiões vencem porque seduzem e, uma vez que coloquem sua aliança no dedo dos fiéis, são capazes de equilibrar o exercício da autoridade com uma resposta adequada e recíproca às manifestações de ternura.

O cristianismo não venceu nem se impôs porque era a crença moldada pelos estoicos e neoplatônicos a partir de alta metafísica e do Logos original de Heráclito; não triunfou porque soube transformar um filósofo pobre, nascido entre os bárbaros (do ponto de vista greco-romano, os judeus eram "bárbaros"), na revelação viva do Uno através de Seu Logos. Isso lhe deu uma autoridade que pode e deve ter influenciado a adesão da efetiva autoridade política. Mas não lhe garantia sucesso duradouro e o deixava à mercê dos humores dos príncipes deste mundo. Era preciso se tornar uma religião popular, chegar ao namoro, ao amor e ao casamento com os fiéis. Quem nos socorre com a fórmula é mais uma vez Paul Veyne:

> Ora, diante do gosto popular em matéria de música, de literatura e de arte, a atitude erudita é frequentemente um desdém farisaico e irônico. O mesmo se dá em relação à religião popular. Diante das multidões que via em seu tempo se acotovelar nas igrejas, Joseph de Maistre perguntava: "Quantos aqui realmente rezam?" Transformado em religião de todos, o cristianismo perdeu na multidão seu fervor elitista e retomou o ritmo que tinha sido o do paganismo: o de uma crença tranquila que tinha momentos mais piedosos ao sabor do calendário ritual, e não mais o ritmo de uma piedade que ama e da qual se sente permanentemente o calor no coração. À paixão amorosa sucedeu a ligação conjugal.[7]

— O que é a verdade? — perguntou Pilatos a Jesus.

— Eu sou (João, 14:6) — respondera de véspera o Logos do Cosmos, Heráclito a confirmar Parmênides.

Jesus é o caminho, a verdade e a vida.

É a verdade porque Ele É, o mundo inteiro conta o tempo a partir de seu nascimento. Se Pilatos não sabia, deveria ter perguntado a Parmênides, pois Parmênides testemunhou os véus das filhas do Sol caírem no caminho para a morada da deusa verdade. Teriam elas revelado Jesus? Pelo menos os descendentes de Parmênides, os gregos fundadores e mantenedores da sociedade aberta, acreditaram na Revelação do Evangelho.

Jesus é o caminho, pois se transformou no devir, no vir a ser do mundo, na marca mais notável dessa exceção histórica fantástica chamada Ocidente, e hoje tudo é Ocidente, e amanhã continuará sendo, pois marcas assim não se apagam. A trilha segue aberta, abrigando o conflito, a convergência e a divergência, como previra Heráclito.

Mas e a vida? E esse terceiro componente da equação Jesus não previsto por Heráclito nem por Parmênides?

A vida é o homem e o homem dorme, eventualmente pensa, busca a verdade e, ao buscá-la, acaba na misantropia, acaba descrendo do Homem. Atente o leitor para estas passagens do Evangelho, ditos de Jesus:

> João, 2:23. Enquanto Jesus celebrava em Jerusalém a festa da Páscoa, muitos creram no seu nome, à vista dos milagres que fazia. 24. Mas Jesus mesmo não se fiava neles, porque os conhecia a todos. 25. Ele não necessitava que alguém desse testemunho de nenhum homem, pois Ele bem sabia o que havia no homem.

João, 3:19. Ora, este é o julgamento: a luz veio ao mundo, mas os homens amaram mais as trevas do que a luz, pois as suas obras eram más.

João, 7:7. O mundo não vos pode odiar, mas odeia-me, porque eu testemunho contra ele que as suas obras são más.

Para Schopenhauer, talvez baseado numa leitura apressada dessas passagens, na coincidência entre "mundo" e "mal" no Evangelho, nos Vedas e no Tipitaka, o paganismo greco-romano foi uma fé otimista, enquanto o budismo, o hinduísmo e o cristianismo traziam o pessimismo inerentemente a seus sistemas de crenças. Vê nisso uma diferença fundamental.

Logo Schopenhauer, compartilhar da vertigem dualista de Marcião? Engano. Descrer no homem é a mais refinada forma de otimismo. É acreditar que tudo está por fazer, que pode ser feito, que pode alcançar o Logos enquanto ciência natural. Era isso que buscavam Heráclito e Parmênides, não uma religião popular, que desprezavam.

Descrer no homem é acreditar na história. A história é feita dessa manifestação do homem intuída pelos romanos chamada persona (máscara), ideia aproximada da crença védica em avatares (para eles, Jesus é um avatar de Deus), são as ilusões que nos fazem interagir e agir no vir a ser infinito, como intuíra Heráclito.

Se descremos no homem é porque constatamos que é difícil reconhecer nele o ser, a essência no interior da persona, a verdade de cada um, pois ela está em movimento, é vir a ser. Heráclito não disse exatamente que não se entra duas vezes no mesmo rio. O rio é o mesmo, as águas é que nunca são as mesmas. Jesus não está interessado no "ser" do homem, mas no vir a ser por Ele anunciado. Por isso, o ama. Amar é dar atenção a, é acreditar no vir a ser, não no ser, pois este somente a deusa verdade conhece, e Jesus não a representa. Quem a representa é o homem, esse eterno caminhante ao encontro da deusa verdade.

Há quem, também numa leitura apressada, enxergue dualismo no sistema de oposições de Heráclito ou na alternância ser × não ser de Parmênides. Engano. Eles podiam ser obscuros, mas não eram mimados como os politicamente corretos de hoje, descritos neste capítulo por Jaco Gericke. O fato de haver movimento, para Heráclito, não desfaz outra de suas conclusões: "Todas as coisas são um." O Ser é um. Seu oposto é ilusão.

A verdade eu não sei o que é, mas sei o que é a ilusão, e é adorável. Não há como amar a verdade, pois o que se ama é o movimento das águas, que nunca são as mesmas. O que fascina no homem são suas possibilidades, seu vir a ser.

Heráclito, em sua misantropia militante, foi às montanhas para se isolar, alimentando-se apenas de plantas. Jesus foi levado ao deserto, onde jejuou, teve fome, o tentador Lhe sugeriu transformar pedras em pães, e Ele disse: "Nem só de pão vive o homem, mas da Palavra..." De ideias, de sondar os mistérios do Logos.

Heráclito não teve fome. Teve crises de hidropisia. Na época, os médicos não sabiam que hidropisia é sintoma e não uma doença em si. Heráclito pediu que eles transformassem uma inundação (hidropisia é inchaço por retenção de líquido) em seca, mas eles não sabiam como fazer. Como os doentes da Judeia e da Galileia, recorreu a um curandeiro, que, não conhecendo o método de Jesus de expulsar demônios, recomendou que o filósofo se enfiasse numa poça de estrume, pois o calor poderia fazer evaporar os líquidos retidos. Conta um historiador que Heráclito morreu sufocado em esterco de vaca. Iria ressuscitar na forma de ideias, essas pedras no caminho humano que são o vir a ser dos que, como Jesus, semeiam o Verbo, a Palavra.

3

A economia da salvação

Quando as certezas são constantemente assoladas pelo infortúnio, resta-nos seguir apostando. O jogo transforma-se então em vício. Joga melhor quem de tudo duvida, quanto mais se às razões subjetivas para duvidar somam-se dramáticas razões objetivas.

Nascer no final da primavera, aparentemente saudável, de uma mãe dedicada e gentil, assistido por um pai ao mesmo tempo amoroso e lúcido, intelectual e sensível, um pai de família no melhor sentido da expressão, em casa próspera, nobre, era uma combinação de dados a partir da qual se poderiam prever os melhores resultados. Assim será, apesar do desmoronamento sucessivo dos elementos iniciais da equação, a começar pela perda da mãe, aos três anos de idade.

Em apostas sucessivas, Blaise Pascal, alma de gênio, corpo miserável (enxaquecas, paralisias, problemas renais e, cá entre nós, a julgar pelos retratos, feiura), aprenderia a perder e a sofrer, a ponto de dizer aos médicos que a "doença é o estado natural do cristão". Cristão? Ele acreditava nisso? Pascal não acreditava em nada, nem na matemática nem no que via como inúteis demonstrações da existência de Deus, como as de Santo Agostinho, Santo Anselmo de Cantuária, São Tomás de Aquino e de seu contemporâneo e amigo René Descartes.

Por não acreditar, por de tudo duvidar, esse incrível filósofo, matemático, físico e inventor, notável polímata, passará sua curta vida a apostar, a tentar crer sobretudo na redenção, na salvação, pelo passar do sofrimento terreno ao gozo celestial. Acreditava nisso? Eis uma dúvida que me assalta depois de ler e reler seus pensamentos, anotações que fez para um futuro livro de apologia cristã, focadas no drama da salvação, da redenção do homem caído pela expiação de Jesus Cristo na cruz. Certezas veementes vindas de um descrente, de um apostador calculista, levantam dúvidas.

Em se tratando de vida após a morte, Pascal apostou na existência de Deus, o de Abraão, revelado por seu Logos Jesus Cristo no Evangelho, o modelo mais completo de vida eterna já imaginado, como se verá. Deus haveria de provê-la aos eleitos. Quem aposta, não tem certeza. Eu não tenho certeza quanto a isso. Você, leitor, tem? Bem-vindo ao drama da morte — antônimo perfeito da vida ou sua transformação? Qual sua aposta?

No caminho entre o nascimento e a descoberta do resultado de sua famosa aposta na vida eterna, Blaise Pascal apostou na ciência. Estudou os conceitos de pressão e vácuo, chegando a conclusões originais e válidas. Deixou importantes contribuições em mecânica dos fluidos e em geometria. Inventou uma máquina de calcular e um modelo de veículo. Há quem lamente que tivesse "perdido tempo" com questões metafísicas, teológicas. Algumas de suas descobertas, como o Teorema de Pascal, seguem atuais. Há quem aposte que se tivesse vivido mais, cuidado melhor da própria saúde e se dedicado apenas à ciência, sua contribuição ao conhecimento prático teria sido ainda mais importante. Talvez, mas é bom termos em conta que a maneira como colocou suas dúvidas sobre vida eterna segue atualíssima, ninguém é indiferente às questões por ele colocadas. Não dá para ser indiferente diante da morte. A personalidade trágica de Pascal, descrente e ao mesmo tempo clamando por redenção, repetir-se-ia tal e qual em Schopenhauer dois séculos depois. Embora o francês tenha passado à história como apologista ortodoxo cristão, enquanto o alemão notabilizar-se-ia como antiapologista, os pressupostos de ambos sobre a natureza da existência individual são quase idênticos. Os resultados são possíveis; as perguntas deixadas, também. Antes de esmiuçarmos as reflexões desses dois gênios da filosofia, vamos passear um pouco pela filosofia da morte, começando por um longo parágrafo do contemporâneo e amigo português Gonçalo M. Tavares:

> O que existia era, sim, a manifestação de uma eficácia impressionante por parte daquele mecanismo a que chamamos enterro. Cada pessoa que chorava, e algumas tinham sido vistas a baixar a cabeça, chorava não pelo morto, mas pelo ruído que as rodas daquele mecanismo libertavam. Havia, tanto nas palavras religiosas quanto nos gestos quase universais dos soldados a baixarem o caixão em direção à terra, a fixação num ponto que era comum e não já individual. Esse ponto que unia a comunidade dos presentes era a sensação de que cada um deles poderia, no dia seguinte, ser o morto que os outros homens respeitam. Chorava-se em conjunto pelo fracasso da cidade: ainda não se encontrara antídoto para aquele ruído que parecia ser libertado em cada enterro. Cada homem reivindicava que a morte — e o seu sistema de funcionamento — terminasse antes de chegar a si. E em cada funeral a despedida do morto era também o relembrar de um fracasso comum, de um fracasso, inclusive, da mais alta referência dos humanos: a sua cultura, a sua forma de raciocinar que construíra um novo mundo

e que quase tornara o perigo, em tempo de paz, uma energia não normal, extraordinária mesmo. De fato, nas cidades sem guerra, o perigo tornara-se raro, mas a morte, essa, continuava abundante; parecia impossível ao homem dominar o seu preço: este continuava baixo, acessível, igual ao de qualquer produto insignificante. A morte, cada morte individual, manifestava o fracasso econômico, técnico e cultural das cidades.[1]

Agora, um pouco do pessimismo de Schopenhauer e de Pascal. Começo pelo alemão:

Quem permaneceria na vida, como ela é, se a morte fosse menos aterrorizante? E quem poderia sequer suportar o pensamento da morte se a vida fosse um júbilo! Mas ela tem ainda o lado bom de ser o fim da vida, e nós nos consolamos dos sofrimentos da vida com a morte, e da morte com os sofrimentos da vida.[2]

E o francês:

Ao ver a cegueira e a miséria do homem, ao olhar todo o universo mudo e o homem sem luz, abandonado a si mesmo, e como perdido neste recanto do universo sem saber quem aqui o colocou, o que veio fazer aqui, o que se tornará quando morrer, incapaz de qualquer conhecimento, fico apavorado tal qual um homem a quem se levasse adormecido para uma ilha deserta e pavorosa, que acordasse sem a reconhecer e sem meios de sair dela. E sobre isso admiro como não se entra em desespero diante de tão miserável estado.[3]

Diante de diagnósticos tão sombrios, como não buscar a salvação? Pascal e Schopenhauer a buscariam por caminhos diversos, não a partir da fé, mas do conhecimento. Pascal chegaria ao Deus de

Abraão, a partir do enredo ensaiado por São Paulo e completado por Santo Agostinho (a teoria da salvação cristã não está no Evangelho em forma completa), o pecado de Adão perdoado pelo sacrifício de Jesus Cristo, simbolizado pela ressurreição, como a solução mais lógica, pois somente a graça de Deus, absolutamente insondável e misteriosa, de razões inalcançáveis à razão humana, poderia nos redimir do fato de estarmos perdidos num tempo minúsculo de vida, em meio a duas eternidades. Caminho bastante apropriado a um gênio com dificuldades para crer, porém tomado por uma imensa vontade de adquirir a fé que lhe faltava.

Schopenhauer, movido por seu anticristianismo, quer afastar a fé. Acaba cedendo a outras vertentes de fé, talvez por desespero em meio a tanto pessimismo. Apega-se a crenças rudimentares, à metempsicose em especial, de inspiração oriental, mais conhecida como reencarnação ou transmigração das almas. Pela metempsicose, as almas abandonariam os defuntos para buscar adiante fetos. Seriam novas oportunidades de viver, o que incluiria fetos extraterrestres, como queria o francês Allan Kardec, fundador do espiritismo. Ao endossar tal teoria, por sinal adotada entre os judeus pelos fariseus do tempo de Jesus, ainda que sem nenhuma base nas Escrituras judaicas, não ficou claro se Schopenhauer se dava conta de que metempsicose equivale a sucessivos aniquilamentos de vidas, pois esse "sopro" (alma) de vida passa de um morto a outro vivo sem levar a memória consigo. De nada vale ter sua alma reencarnada se ela é apossada por outro ser, sem levar consigo a consciência do ser e sua memória, o que nos faz nos sentir vivos. Metempsicose, portanto, é morrer tendo utilizado uma alma emprestada para sustentar nossa vida por algumas décadas. Ao fim, ela nos é tirada e dada a outro.

Como Schopenhauer chegou à metempsicose pela razão é um mistério. Talvez tenha se inspirado em seus antepassados germânicos.

Apesar da rudeza desses bárbaros da Alta Idade Média, a versão deles para a reencarnação era mais lógica e literalmente familiar.

Nas tribos germânicas, tudo fazia referência à terra, à mãe terra. Na terra estava a morada dos mortos, a reserva das almas à espera de reencarnação, fenômeno que aconteceria dos avós para os netos (o neto é o avô reencarnado — caso a conta não fechasse, poderia ser nos bisnetos, trinetos...). O hábito de dar o nome dos avós aos netos era corrente. Tudo evocava um ciclo vital ligado à terra. O mundo era pleno de vivos e mortos, sempre em igual número, uma vida eterna no círculo familiar. Acreditavam nisso a ponto de desprezar a exposição a perigo de morte? Acreditar na inexistência da vida eterna ou da reencarnação faz o homem arriscar menos a própria vida ou se dá o contrário, pois viver trinta, cinquenta ou oitenta anos, diante da eternidade, tanto faz? A vida faz sentido se única? A crença germânica de sucessão de reencarnações dentro do mesmo clã ou família estendida, na opinião de Jacques Gélis, faz o corpo pertencer à linhagem, o corpo é um invólucro que recebe alternadamente as almas do grupo. Ele não envergonha o indivíduo, pois de certa forma não o pertence, senão provisoriamente. Importa apenas que seja fértil, mantendo a linhagem pela reprodução.

A morte é um fato natural, não é um fato moral, a não ser que seja provocada: o homicídio. Jesus, a propósito, referenda no Evangelho a lei mosaica. Não matarás. É verdade que no Antigo Testamento esse artigo da lei comportasse tantas exceções que não era o caso de levá-lo muito a sério, mas o espírito do Novo Testamento requer uma observação mais restrita da regra. De fato, o cristianismo zelará por isso, mas como mentalidade geral não irá triunfar contra o costume, contra uma regra geral não escrita que só considera moralmente errado interromper uma vida quando há laços afetivos bem estabelecidos entre o potencial assassino e a potencial vítima.

Talvez haja em nós algo da mitologia germânica sobre a morte. Somente os de nossa linhagem contam para a economia da vida e da morte. Somos tribais antes de sermos cristãos.

O gosto pela morte alheia não revela um desprezo pela própria vida. Sobreviver ao duelo é vitória, por mais provisória que seja essa vitória. A moral pública só intervém, só clama por justiça, após julgar as qualidades do morto e do homicida ou, eventualmente, os meios empregados. Estamos diante de uma imperfeição moral evidente e radical. Será causada pelo fundo agonístico de nos sabermos mortais ou, como querem Pascal e Schopenhauer, por não sabermos quem somos, de onde viemos e para onde vamos ou evitarmos pensar sobre essas perguntas?

É poético imaginar um "eu" que só se valida em Jesus, não liga para a validação pelos outros, pensando em recompensa no além. Poético porque fictício. O "dar a outra face" não se aplica; seguir estritamente os mandamentos morais do Evangelho, como o "não matarás", também não. Os senhores da guerra, assumindo-se portadores dos desígnios divinos, dirão: "Vá, dê a vida pela pátria e ganhe a vida eterna." Os islâmicos, adicionalmente, terão quarenta virgens para deflorar; elas os amarão no caso de o soldado não se satisfazer com o amor da pátria. Nessas horas não nos reportamos a Deus, mas aos outros homens. Quem vai à guerra não quer morrer. Quer matar, saquear, vencer, ser glorificado, talvez glorificado na morte, mas glorificado, validado enquanto ser terreno, carnal, nominado. Somos um nome antes de sermos um corpo, ou seria o contrário? Afinal, diante da morte, quem somos?

Minha resposta para "quem somos" é muito simples: somos seres biologicamente perfeitos (aos 17 anos) e moralmente imperfeitos. A primeira condição não dura o tempo suficiente para consertar a segunda. De modo que a inclinação para buscar o bem e a verdade, identificada por Pascal nos homens num momento de otimismo, fraqueja diante da realidade da progressiva e rápida decrepitude em nós e da perspectiva aterradora da morte, e nos acomodamos à primeira ilusão que nos apareça, apartados de nossa vontade inicial de conhecer a verdade.

Pascal, que só valoriza o que se pode provar, e ainda assim com valor relativo, pois a prova cabal de hoje pode não ser tão definitiva amanhã, acaba opondo a graça, o infinito mistério divino, à impossibilidade de atingirmos a verdade pela razão. Concordo com Pascal *ipsis verbis*, integralmente, porém, se fosse possível travar o mecanismo biológico que nos empurra para a morte, impedir a tendência da perfeição biológica à imperfeição e à final inviabilização do funcionamento da máquina humana (é isso que entendo como "durar o tempo suficiente"), então, como Adão antes da queda, seríamos capazes de distinguir nitidamente o bem e a verdade.

Pascal afirma, com base na Bíblia, que Adão gozava dessa imortalidade, dessa juventude (perfeição biológica) eterna. Assim, gozando do atributo divino da eternidade, da infinitude, gozava igualmente da onisciência quanto à verdade. Qual verdade via Adão antes da queda? A infinitude de tudo, da matéria, do Universo. Não uma infinitude fossilizada, parada no tempo, uma realidade congelada, mas uma infinitude em devir, em vir a ser, como hoje sabemos que o Universo está em constante movimento, a matéria em transformação. Se não nos é dado constatar tal verdade é porque, em oposição à verdade, à infinitude, somos finitos, estamos espremidos entre duas eternidades, a que passou e a que virá quando já não existirmos.

O indivíduo mortal é um ser que vaga entre dois abismos, como constatava Pascal. Apostar na possibilidade de vida eterna, portanto, não é crer, pois crer pela razão é impossível. Apostar em Deus como provedor, pela graça, da vida eterna, como revelador da verdade ("Conhecereis a verdade, e a verdade vos libertará" [João, 8:32]), é uma aposta em encontrar uma verdade possível. Como em toda aposta honesta, porém, sabemos no que apostamos, não temos como saber se venceremos a aposta. O resultado depende do apostado, não do apostador, como já constatara João Calvino. Se você será salvo ou não, é arbítrio divino, predestinação, não depende de agir de uma forma ou de outra, embora tal salvação implique por si mudanças comportamentais.

A falácia da aposta de Pascal está na interpretação apressada dos pressupostos da aposta. Apostar em Deus e na vida eterna levaria a agir de acordo com a graça, em conformidade com a aposta, mas isso já é uma segunda aposta, sem ligação necessária com a primeira. Há quase um consenso nos meios cristãos, como parece emergir do Evangelho, de que essa segunda aposta, dada a queda, é impossível. Ou seja, agir de acordo com a graça seria uma vida terrena santa, o que ao homem, inclinado ao pecado, às ilusões, à personalidade (máscara), é impraticável.

Quando Pascal propõe viver de acordo com a graça, como propusera Calvino e, antes de Calvino, Santo Agostinho, não está acreditando nessa possibilidade senão como inclinação. Seria blasfêmia acreditar nela, pois seria acreditar no homem, na capacidade humana de perfeita santidade. É um chamado apologético, uma exortação ao desprendimento possível em relação às ilusões, à matéria simbolizada como tal, um desprezo ao mundo, à vida esmagada entre dois abismos. Concluo que o pai da verdade, a verdade tal como se nos apresenta no Ocidente, a partir do cristianismo, filho legítimo dessa verdade, é Heráclito, ao afirmar que a verdade é o devir eterno. Se nosso devir é vir a ser eterno, como afirma Jesus, é uma aposta, é a nossa aposta. Como em toda aposta, queremos estar certos, queremos ganhar.

Portanto, o chamado de Pascal a uma renúncia às ilusões, às paixões, aos devires corriqueiros e sociais é quase inútil, pelo menos para a grande maioria. Se Deus irá chamar apenas eremitas e ascetas, como dá a entender Schopenhauer, não estará Ele levando em consideração as tendências naturais, redimidas na Cruz, dos seres que Seu Filho, Jesus, tanto ama. Tememos a morte, sim, mas temos também outros medos.

Assumo como principais em mim dois medos. Medo da capacidade, diria melhor, da predisposição dos homens a frustrar minhas mais caras ilusões, e medo da morte, que me aniquila e me impede de fabricar ilusões novas, de alimentar esperanças.

Meu medo deveria ser aplacado por alimentar em mim uma ilusão específica relacionada à morte. Deveria poder pensar que ela não existe. Dado meu velho hábito de, diante da constatação de um problema, ir primeiro ao médico, depois ao padre ou ao curandeiro, consultei os cientistas ateus sobre a morte. Que decepção. Eram capazes de desvendar cada metro quadrado do Universo, descrever as propriedades da matéria escura, criar uma conexão de internet que não cai, mas, quando eu lhes apresentava a palavra "aniquilação", davam de ombros, encabulados, e só diziam "Pois é". Fizeram-me lembrar de um cancerologista citado por Gérard Vincent:

> Nunca ouvi um moribundo pronunciar uma frase histórica; em 1.500 leucêmicos mortalmente atingidos, entre eles vários médicos, encontrei apenas um que ousou enfrentar a morte.[*]

Inútil o médico, fui ao padre. No caminho, consultei um imã. Que bela proposta a de Maomé: a morte não existe. Melhor: há virgens no paraíso que não envelhecem, não são chatas e dispõem da eternidade para lhe servir. Essa foi a notícia boa, embora um tanto politicamente incorreta, mas, se Alá era misógino e sexista, quem era eu para discordar? A ruim, o imã deixou para me dar depois: teria eu que frustrar todas as minhas caras ilusões, além de me curvar cinco vezes por dia na direção nordeste. Caso eu viajasse a Londres, deveria mudar a direção para sudeste, mantendo as cinco curvaturas. Era a parte fácil. Como concluí que já estabelecera laços afetivos com minhas caras ilusões — a propósito, efetivamente caras, tinham me custado quase todas as economias de uma vida de trabalho —, segui caminho para um lugar seguro e familiar: a igreja. O padre haveria de me dar algo melhor do que me ofereceram o médico e o imã.

Ele começou me falando do Antigo Testamento, vasta literatura, mais de mil páginas (em letra miúda) versando sobre a existência, sobre a vida, sobre a moral. Pois é, às vezes um texto curto tem mais serventia do que um prolixo. Entre um versículo e outro, explicou-me que havia várias interpretações: os saduceus pensavam como os cientistas ateus; os essênios tinham uma versão que inspiraria Maomé, menos populista, mas quase tão exigente quanto a destruir o que tão caro custara; os fariseus eu já contei como pensavam. Tão díspares opiniões por conta de tão pouco esclarecimento dos livros da religião de Moisés sobre o além.

Explicou-me que Jesus, sucinto, embora tenha avançado muito se comparado a Moisés, não fora suficientemente claro na elaboração dos pormenores da Redenção. São Paulo e os apóstolos Tiago e João, em suas cartas, elucidaram algumas dúvidas, bem interpretando o sentido de uma passagem do Evangelho que poderia colocar a perder todo apelo da salvação (Mateus, 22:23-32):

> Naquele mesmo dia, os saduceus, que negavam a ressurreição, interrogaram-no: "Mestre, Moisés disse: 'Se um homem morrer sem filhos, seu irmão case-se com a sua viúva e dê-lhe assim uma posteridade (Deuteronômio, 25:5).'" Ora, havia entre nós sete irmãos. O primeiro casou-se e morreu. Como não tinha filhos, deixou sua mulher ao seu irmão. O mesmo sucedeu ao segundo, depois ao terceiro, até o sétimo. Por sua vez, depois deles todos, morreu também a mulher. Na ressurreição, de qual dos sete será a mulher, uma vez que todos a tiveram? Respondeu-lhes Jesus: "Errais, não compreendendo as Escrituras nem o poder de Deus." Na ressurreição, os homens não terão mulheres nem as mulheres, maridos; mas serão como os anjos de Deus no céu. Quanto à ressurreição dos mortos, não lestes o que Deus vos disse: "Eu sou o Deus de Abraão, o Deus de Isaac e o Deus de Jacó (Êxodo, 3:6)?" Ora, ele não é Deus dos mortos, mas Deus dos vivos.

Convenha o leitor, a alusão a "anjos do Céu" é difícil de aceitar como uma boa promessa se tivermos em conta a definição do Velho Testamento para os corpos dos anjos como "de luz e fogo". Dá até para aceitar uma consciência sem corpo no tempo de espera no purgatório ou no céu até a ressurreição (após a Segunda Vinda e o "Juízo Final"), mas isso não é o mesmo que "vivo". Michelangelo, como já vimos no primeiro capítulo, trataria de tranquilizar a todos quanto ao sexo dos anjos, demonstrando que não apenas eram sexuados como bem-dispostos. Nada como um Novo Testamento para atualizar o Velho. Todas as denominações cristãs que vingariam assumiriam o "Deus dos vivos" como estabelecendo nova e mais alvissareira condição para os "anjos de Deus".

Entre a composição do Evangelho e Michelangelo, o céu e a ressurreição ficaram no mesmo lugar. Mas logo depois viriam Lutero, Calvino e Armínio, mudando ligeiramente a interpretação do conjunto da "economia da Salvação", expressão utilizada pelos historiadores para narrar as nuanças na abordagem do tema ao longo do tempo. Os chamados "protestantes", que protestavam contra a venda de indulgências, espécies de vistos de entrada para o céu, pela Igreja de Roma, forma literal de "economia da Salvação", trataram de invalidar a fé católica no purgatório e restabelecer a narrativa evangélica do inferno (a *geena*, lugar do "choro e ranger de dentes", nas palavras de Jesus) como única alternativa à graça. A propósito, Schopenhauer diria:

> São apenas os protestantes, com sua crença obstinada na Bíblia, que não conseguem ser induzidos a abrir mão da punição eterna no inferno. Se alguém fosse rancoroso, poderia dizer "que isso lhes faça muito bem", mas é consolador pensar que não acreditam realmente na doutrina — deixam-na em paz, pensando, em seus corações: "Não pode ser tão mal assim."[5]

De fato, todo fiel acaba achando que o inferno é para os outros. Se não estiver muito seguro, uma conversão *in extremis* pode dar jeito. La Fontaine, grande libertino depois que deixou o seminário sem se ordenar, passou os dois últimos anos de sua vida orando para obter o perdão de seus pecados. Na Idade Média, era comum cavaleiros e nobres tomarem o hábito de São Bento às portas da morte para garantir seu lugar junto a Deus, primeiro no purgatório, depois no primeiro céu, depois, finalmente, na ressurreição *in integrum*, conforme a doutrina, que aliás nesse último ponto não mudou para as novas correntes do cristianismo.

Todos igualmente seguiam de acordo que a decisão final sobre as moradas do crente no além cabia apenas ao Todo-poderoso. Porém, os fatores que levariam a essa decisão e a uma possível participação do crente nela, coisa tida como certa até o início do século XVI, seriam objeto de acirrados debates, dividindo o cristianismo ocidental em quatro grandes correntes: catolicismo, luteranismo, calvinismo e arminianismo. Luteranos e católicos recentemente se entenderam, com a fórmula: "Só a fé salva, e a verdadeira fé produzirá boas obras." Após minha conversa com o padre e algumas pesquisas entre autores das diversas correntes, estou em condições de relatar uma breve noção dos diferentes dramas de Salvação oferecidos aos fiéis respectivos. Inicialmente, cumpre esclarecer que o arminianismo (relativo ao neerlandês Jacó Armínio) nasceu de uma dissidência do calvinismo.

Jesus Cristo também não deixa clara no Evangelho a questão da eleição: quem irá para a *geena* (inferno) ou para o paraíso, e quem será ressuscitado no último dia. Há que se interpretar. Há objeções à interpretação calvinista no Novo Testamento. À interpretação católica original há objeções no próprio Evangelho, como também ali se pode apontar a necessidade de uma ação humana correspondente à eleição.

A exegese calvinista é compatível com o modelo de Leibniz quanto a Deus ou, numa segunda opção, pelo modelo oferecido pelo próprio Pascal. No de Leibniz, não faria sentido para Deus aguardar as contingências do comportamento humano para definir, a posteriori, os eleitos. Aliás, não faria sentido sequer o próprio Deus condicionar a eleição ao comportamento. Seria muito mesquinho Deus como Leibniz desenhou, todo sapiente e incapaz de fazer ou mesmo conceber o mal, adotar um sistema de eleição baseado em critérios subjetivos e variáveis, caso a caso.

Optando pelo modelo de Deus de Pascal, Deus de Abraão, modelo mais fiel ao Gênesis e tendo Adão como pressuposto da necessidade de Salvação, narrativa que não está completa no Evangelho, mas no conjunto da Bíblia tal como interpretado por Santo Agostinho, sim, então a alternativa mais lógica é a calvinista. Embora católico, Pascal presume a graça irresistível e a eleição incondicionada porque a isso o leva a razão. Se aplicarmos um princípio de economicidade ao sistema de vida eterna proposto no Evangelho, o esmiuçar do modelo por Calvino salta aos olhos como melhor hermenêutica a partir do conjunto do texto das Escrituras em relação aos modelos arminiano ou católico, ambos admitindo uma participação humana na eleição para a vida eterna, a partir de um caso a caso não apenas subjetivo, como sujeito a variações no tempo.

Nos limites do Evangelho, abarcando ainda o restante do Novo Testamento e o Gênesis tal como nos apresenta o Deus de Abraão, os modelos de Leibniz e Pascal me parecem muito bons, mas, como não são os únicos possíveis, podemos pensar até em modelos não previstos pelo catecismo romano, por Armínio ou Calvino. Decerto, há uma eleição, há um chamado à fé e há outro chamado, aí interpretativo, a boas obras ou a "agir de acordo com a graça", o que até pode dar no mesmo como resultado prático — daí Pascal poder se manter como católico apesar do discurso eminentemente calvinista (a propósito, foi acusado de calvinismo pelos jesuítas, seus adversários).

Os independentes adventistas do Sétimo Dia e testemunhas de Jeová, contra a corrente majoritária no cristianismo, admitem a aniquilação dos não eleitos, portanto a morte absoluta, a morte tal qual se apresentou até hoje à humanidade, ainda que não para todos. Quanto aos eleitos, não faz sentido que uma "substância" que não o cérebro ou todo o corpo tenha de trocar de dimensão no momento da morte terrena para estar disponível a Deus em caso de julgamento favorável à ressurreição. Deus, se onipotente e onisciente, certamente armazena em Si a memória de cada ser vivente, não necessitaria de uma "alma", substância residente em cada ser durante sua existência primeira, para prover inteligência ao mortal ou vida eterna *in integrum*. "Alma", no sentido dualista alma-corpo, em oposição, é um resquício de crenças primitivas ou orientais em metempsicose. Alguns calvinistas reconhecem a impertinência de "alma" no contexto cristão.

A propósito, já no século XVIII, Voltaire questionava veementemente o conceito de "alma", incompatível com o cristianismo por limitar os poderes divinos, e atacava os teólogos que insistiam em tal limitação:

> Em resumo: pensamos o mesmo que vós sobre a imortalidade que a fé nos anuncia; porém, somos demasiadamente ignorantes para poder afirmar que Deus não tenha poder para conceder a faculdade de pensar ao ser que Ele queira. Limitais o poder do Criador, que é sem limites, e nós o estendemos até onde alcança sua existência. Perdoe-nos que o cremos onipotente, e nós os perdoaremos que restrinjais seu poder.[6]

Espinosa estava errado ao definir Deus como o asilo da ignorância. O asilo da ignorância é nosso conceito vago de alma ou de espírito, no sentido de um fantasma ou de um sopro vital. Deus é o asilo de nossa esperança. E a esperança não se origina de nossa ignorância do que quer que seja. Origina-se de coisas bem concretas e conhecidas às quais temos apego.

O dogma cristão da Salvação depende de Revelação, portanto está fora da alçada da filosofia enquanto crença. Voltaire, no mesmo tratado sobre a "alma", afirma que a Revelação, se comprovada, vale mais que toda filosofia reunida. Se não comprovada, cada um é livre para crer no que quiser, desde que, como se dava na Roma Antiga, respeite as crenças divergentes. Isso não nos impede de, a partir de uma visão exterior hermenêutica (filosófica) e não exegética (teológica), opinar sobre o processo de formação dos diversos dogmas, tendo como pano de fundo seus resultados práticos e a relação entre religião e fiel, admitindo a priori a função de tranquilização exercida pela religião (também pela filosofia) para o indivíduo.

Ora, desde a Reforma, no século XVI, a parcela dos cristãos que adotou o calvinismo na versão monergista (graça sem participação do crente) tem se destacado comparativamente às parcelas rivais em termos de prosperidade material e de sucesso na implantação de sistemas morais mais efetivos e cosmopolitas. Não é o caso de repetir a teoria de Max Weber de ética protestante como base para o liberalismo, devidamente desacreditada na atualidade nos meios acadêmicos. Também porque, a meu ver, o termo "protestantismo", à luz das diferenças entre arminianos, luteranos e calvinistas, para ficarmos nas principais correntes, não tem nem nunca teve um sentido unificador em oposição à Igreja de Roma, tanto mais se tivermos em conta as diversas correntes do catolicismo, notadamente o jansenismo, ao qual se filiava Pascal.

No calvinismo puro e simples, monergista, há um devir terreno, guiado pela graça como uma predestinação, mas vivido como complexas relações de reciprocidade e cooperação, a comunidade dos eleitos, portanto seguros quanto ao problema do além. Há um devir eterno, um "sono", um descanso, "a alma descansa da competição da vida, do trabalho pesado, de se entristecer, da dor, de sua angústia mental e especialmente de seu pecado", nas palavras do calvinista William Hendriksen.

A partir desse sistema, que o devir da vida ou do sono venha a ser agitado por uma Segunda Vinda, por um Juízo Final, torna-se uma ameaça, não uma esperança, senão aos muitos infelizes, portanto desgraçados, não eleitos, ameaça presente como tal no próprio Evangelho (Marcos, 13:32-37). Os eleitos estão livres para ansiar pelo Juízo Final, mas renunciando a qualquer tentação milenarista ou gnóstica (milenarismo e gnose andam juntos).

No calvinismo, a vida e a vida eterna estão resolvidas, pois se Jesus não voltou até agora é natural esperar que se ausente por mais tempo e nos deixe levar a vida. Assim como a aposta de Pascal, o modelo de graça irresistível por eleição inescrutável do calvinismo parte da descrença em exercícios metafísicos inúteis para chegar à crença possível e benfazeja, pois só nos cobra uma moral leve (com responsabilidade, não nominalista), negativa como deve ser toda boa moral, pois a moral positiva é um convite à tragédia, à discórdia entre os homens.

O arminianismo, ao optar por um pequeno desvio a partir do calvinismo, acaba reencontrando o catolicismo numa teologia do terror, que pouco promete e muito ameaça, mas aos fiéis a que se destina talvez não pudesse ser diferente, ou até poderia, se nos ativermos ao modelo de vida eterna dos fiéis testemunhas de Jeová ou adventistas do Sétimo Dia, aniquilacionista, que funciona bem num público menos interessado em metafísica e mais em revestir de sagrado benfazejos laços comunitários, reforçando-os pela sacralização.

Enquanto isso, o luteranismo praticamente morreu, diluído num nominalismo ridículo e numa teologia liberal pronta a abraçar utopias (o nazismo lhes caiu como uma luva); morreu merecidamente, aliás, por seu vínculo com o Estado e pelos equívocos de seu fundador, odioso de tudo. Acabou deixando ao crente racional o calvinismo como um caminho sensato, filosófico, coerente e não laxista. Ou seja, no calvinismo subsiste a responsabilidade pessoal, exclui-se por definição a complacência.

Assim, vejo no calvinismo a síntese de diversos aspectos próprios da civilização ocidental moderna: ética negativa, com exclusão do livre-arbítrio; teologia negativa, com negação prática do sobrenatural mágico ou pelo menos de qualquer crendice miúda ou folclórica; e uma sociologia voltada para a responsabilização do indivíduo nas relações de reciprocidade.

Isso tudo é cristianismo? Eu diria uma forma depurada de cristianismo. Se Jesus e São Paulo empreendem uma primeira libertação do espírito humano, livrando o mundo das leis cerimoniais, judaicas ou pagãs, Calvino liberta o homem da utopia, resquício de interpretações rancorosas da mensagem evangélica, de paródias indevidas de Jesus como um revolucionário deste mundo, messias judaico ao estilo Simão Bar Kokhba.

Por último, um aspecto essencial para quem pensa em termos místicos: o calvinismo exalta um modelo de Deus extremamente engrandecido, justo e sábio, o grande Arquiteto em que o homem reto e voltado à ciência física pode não se espelhar, mas se sentir herdeiro, servidor e cúmplice. Digo não se espelhar, pois querer se igualar a Deus é um tolo projeto, seja do ponto de vista religioso, seja do ponto de vista filosófico. Do ponto de vista político, é uma tragédia.

O cristianismo como um todo se quer uma religião de salvação. Isso todas as crenças o são, encantadas ou desencantadas, com foco místico ou político. Vendem promessas de redenção, pois quem não quer ser resgatado diante de um problema insolúvel? Nada mais insolúvel do que a morte. Vida e morte requerem salvações, que virão também de filosofias sem além-túmulo individual, como nos lembra André Dumas:

> Hegel pelo conhecimento e Marx pela transformação social se situam ambos nessa celebração da morte individual em vista do surgimento de uma humanidade genérica. Há de se notar que aqui tudo se inverteu. Já não se trata, num plano religioso ou mítico, de conciliar os antepassados, mas, num plano profano e histórico, de constituir os parteiros de uma humanidade vindoura.[7]

A esse plano eu prefiro a segurança do cristianismo. Não é questão de apostar, como Pascal, mas de aderir, mantendo o pressuposto da aposta: uma descrença piedosa. Para Richard Dawkins, em sua crítica à Aposta de Pascal, trata-se de uma crença fingida, desonesta. Como diria Schopenhauer, quanto aborrecimento. Dawkins acredita em coisas demais para quem se afirma descrente. Como cientista, talvez se ocupasse melhor em desmistificar as igrejas ditas "científicas" a proliferar em nossos dias, como a "Igreja do Aquecimento Global dos Créditos de Carbono dos Últimos Dias", milenarista e disposta a impor suas crenças aos não crentes por bem ou por mal.

Não levo muita fé nas crenças humanas. Elas estão longe de ser firmes ou "honestas" no sentido fundamentalista que quer Dawkins, ou seja, uma combinação de fé e certeza na "verdade". Penso que, se Deus existe, Ele deve estar com Voltaire a seu lado no Céu, pois o genial francês, que lutou para combater os que Lhe queriam limitar os poderes, d'Ele tudo esperou sem condicionantes prévias, baseadas em superstições terrenas.

Os extremos não se tocam, mas se identificam, seja pela consciência otimista, historicista, de Hegel e Marx, seja pela consciência trágica, de Pascal e Schopenhauer. Não posso afirmar que a verdade, tal como o homem, esteja espremida em algum ponto central entre essas duas eternidades ideológicas, mas convém explorar possibilidades intermediárias, até para poder entender o que embasa psicologicamente o drama cristão da Salvação, o mais importante dogma do Evangelho e do cristianismo. A questão central para a filosofia não é se você acredita em vida após a morte. A questão é por que acredita.

Pascal e Schopenhauer tendiam a desconfiar das verdades estabelecidas de véspera, notadamente das verdades populares, da "vidinha" nossa de cada dia. Para eles, grossa e estúpida coleção de ilusões. Mas o homem não é uma criação divina? Não deveria refletir a perfeição do Criador? Pascal aponta a queda de Adão como a melhor resposta a essas perguntas. É uma boa explicação, criativa, embora um tanto complicada, até porque não era para Jesus ter anulado o pecado original pela propiciação (que subentende a expiação)? Bem, os platônicos tinham uma solução mais simples para o paradoxo. Um tanto ridícula, é verdade, quanto mais se assim contada por Voltaire:

> Os platônicos não acreditavam que Deus se tivesse dignado a criar o homem por si mesmo; diziam que havia confiado esse encargo aos gênios, que ao desempenhar sua tarefa cometeram muitas bobagens. O Deus dos platônicos era um obreiro sem defeitos, porém empregou para criar o homem discípulos muito incompetentes.[8]

Os trágicos Pascal e Schopenhauer apontam talvez defeitos e tristezas demais nessa obra dos tais "gênios", projetando suas próprias angústias no homem comum e concluindo, como Freud também concluiria mais adiante, pela condenação inevitável do homem à infelicidade, estado final do fracasso das ilusões. A inconformidade com a própria morte seria uma forma de sentir esse fracasso.

Toda ilusão popular é, de fato, imperfeita, mas o caminho lógico, racional, que leva da ilusão imperfeita à frustração necessária parte de dados ligeiramente equivocados para chegar a um equívoco caro aos filósofos, mas não aplicável a todos os homens senão por uma generalização enganosa. A questão não é simples, pelo menos para mim, que também filósofo sou. Por isso peço a paciência do leitor para expô-la em detalhes.

São premissas iniciais válidas de nossos filósofos trágicos que ao homem não é dado se conhecer, estar ciente de toda a mecânica de sua essência; não é dado conhecer seu destino, nesta vida ou quando a perder; e não é dado conhecer se as ilusões que abraça, os empreendimentos a que se lança em busca de algo, chegarão a bom termo em algum momento, se valem o esforço empregado. A partir dessas constatações, mais ou menos comuns a ambos, ousam afirmar que essa condição inicial hipotética, soma dessas três premissas, é insuportável ao homem, e que tais incertezas o levam a eleger vontades cegas, crer em ilusões e a elas se lançar contra a razão.

Ora, em primeiro lugar, esse estar consigo mesmo num quarto escuro, para usar o simbolismo de Pascal, como um ponto suspenso no tempo é inexato, pois o homem é devir permanente. Portanto, esse foco único na soma de todas as angústias e ansiedades possíveis de assaltar o homem num momento de reflexão existencial jamais será puro ou pleno. Mas os filósofos podem estar certos se situarem esse momento como a fotografia de momentos distintos, abstraídas tais indagações das circunstâncias que a condicionem ou modifiquem. Então vamos a cada momento.

Ora, é justo supor que todo homem tema a morte por desconhecer sua natureza, por mais que adote uma crença na imortalidade ou algo que o valha. A postura do homem perante a morte, em todas as culturas observadas, demonstra cabalmente que há dúvida sobre esse devir pós-vida ou que qualquer afirmação de certeza trai a dúvida. O que de modo algum é certo é que necessariamente pare para pensar nisso ou, como queria Freud, o "inconsciente", essa "alma encantada" da psicanálise, torne a angústia de morte ou a pulsão de morte um dado permanente do ser a lhe influenciar pensamentos e ações.

A adoção pelo homem comum de uma crença redentora quanto ao além, embora não possa remover nele a dúvida, pode ser suficientemente efetiva a ponto de afastar dele o mal-estar quanto a sua própria finitude. Constatar a ineficácia de qualquer crença no além para aplacar a dúvida existencial inevitável quanto à morte não permite invalidar sua eficácia relativa, ou pelo menos não há como provar que tal eficácia relativa não se dê em nenhum caso.

Pode-se objetar à minha tese que o homem tem consciência de seu horizonte temporal, da transitoriedade de sua condição. Sim, concordo, pelo menos quanto ao homem em seu juízo normal médio. Mas isso não condiciona necessariamente todas as suas ideias e atos. Ele pode fugir do problema finitude. Para sempre? Decerto, não. A morte de alguém muito próximo ou a proximidade da própria morte o obrigará a encarar sua essência mortal, como o demonstrou Gonçalo M. Tavares lá no início do capítulo, mas nenhuma das duas coisas ocorre necessariamente durante sua vida, ele próprio podendo morrer num estado de inconsciência (coma). Resta que a maioria sem dúvida pensa na morte, enfrenta o problema finitude e, ao enfrentá-lo, não terá como sustentar certezas, por mais que as afirme, e experimentará variados graus de desespero, buscando para aplacá-lo tranquilizações diversas, incluindo a busca de argumentos para reforçar sua crença tranquilizadora inicial.

Não poderá o homem aceitar a própria finitude? Aí já não sei. Eu tentei, não consegui. Nunca conheci pessoalmente quem tenha me manifestado tal aceitação. Os médicos me garantem que também estão em busca de tal sujeito em vão. Conheço muitos que afirmam a inevitabilidade da morte e duvidam sinceramente de qualquer modelo de vida eterna, mas isso passa longe de aceitar serenamente tal dado. Enfim, à primeira vista, a morte parece inaceitável a todos, embora não possamos eliminar a possibilidade de alguém sentir de modo diverso ou conseguir fugir de modo plenamente eficaz do problema causado por tal não aceitação. A maioria procura meios mais ou menos eficazes de fuga e consegue relativo sucesso em tomar distância do tema, isso até Pascal e Schopenhauer acabam reconhecendo, nem que seja pela fórmula, também típica de um filósofo, de David Hume:

> Os homens não ousam confessar, nem mesmo a seus corações, as dúvidas que têm a respeito desses assuntos. Eles valorizam a fé implícita; e disfarçam para si mesmos a sua real descrença, por meio das afirmações mais convictas e do fanatismo mais positivo.[9]

Agora vamos ao problema do se conhecer, de conhecer a mecânica de sua essência. Ora, o fato de Parmênides e Heráclito terem se lançado a questões ontológicas e de praticamente todos os filósofos renomados terem pelo menos passeado pela ontologia, encarar o problema do ser está longe de se constituir uma necessidade humana incontornável. Sim, a consciência de si já é ontologia, mas disso não se adivinhe uma angústia necessária, provocada pelo exercício filosófico mais profundo ou por uma condição de explícita miséria existencial.

A prova de que tal angústia não se apresenta a todos é o eremita ou o indivíduo que se sente melhor sozinho, isolado. A misantropia pode corresponder a um sentimento genuíno e não necessariamente negativo, embora em si a misantropia seja derrisória. Se é verdade que derrisão e melancolia andam juntas, ou seja, quanto mais o sujeito conta piadas ou ri das piadas dos outros, mais melancólico costuma ser e vice-versa, da misantropia não resta excluído um "nirvana" por aceitação das coisas como se nos apresentam ou de nós mesmos como nos apresentamos. Não aceitar a morte é um dado. Não aceitar a vida é outro. O primeiro fato não obriga o segundo. É lógico que atrapalha, mas gostar de si não me parece impossível ou pode ser parcialmente possível a ponto de evocar sensações agradáveis no exercício de autocontemplação.

Ilusão? Pode ser, mas foge ao conceito clássico de ilusão, apropriado à relação com o outro e com o próprio devir. O amor a si mesmo é uma ilusão que não sofre a ameaça da deslealdade, portanto pode comportar alguma serenidade, sim. No geral, contudo, Pascal e Schopenhauer acertam também nesse ponto. A relação "eu com eu" frequentemente leva a angústias mal trabalhadas pelo sujeito, que se projeta para o exterior para evitar tais angústias. Mas tanto o campo das exceções como o das nuanças são aqui mais abertos que no caso do saber-se mortal.

Vamos, afinal, ao terceiro caso, o mais relevante para fins práticos, o caso das vontades eleitas. Ponhamos logo de lado o grau de liberdade dessas eleições. O homem deve ser responsabilizado por suas vontades e ações delas decorrentes ou caímos num abismo niilista e negamos validade a todo e qualquer sistema moral. De resto, que importa o quanto há de indução de terceiros ou de simbolizações a partir de crenças e aprendizados na vontade? O fim da vontade não precisa perguntar por suas causas para se realizar. Aliás, a rigor, nem deve fazer tal indagação, será exasperante e inconclusivo.

Ao cerne do problema: o caráter ilusório da vontade e, como querem nossos filósofos trágicos, a necessária frustração, seja pela conquista, seja pela não conquista do almejado. Há um axioma relativamente popular cujo autor primeiro se perdeu: "Pior do que não conseguir o que se quer é conseguir o que se quer." E uma advertência análoga: "Cuidado com o que desejares." Há alguma verdade em tais ditos, mas há falácias também, como irei demonstrar. Antes, preciso me diferenciar de Pascal e Schopenhauer num ponto essencial: eu não acredito em alma. Mais: o conceito dualista de alma se apresenta a mim como uma estupidez anticientífica. Talvez se conhecessem as descobertas atuais da psicologia experimental e da neurociência eles mudassem de ideia. Talvez, pois mesmo em nossos tempos há quem siga acreditando fervorosamente na existência da alma, incluindo alguns neurocientistas em evidência. Schopenhauer não acreditava em alma em sua versão como crendice popular, mas suas concessões ao dualismo gnóstico evidenciam sua crença numa versão bastante radical de alma.

Registrada a diferença, a decorrência lógica de não acreditar em alma é não crer na existência de problemas d'alma. Se alguém sente "problemas d'alma" ou "dores d'alma" está enganado. A essência do problema é tão prosaica quanto a causa da fome e da sede: escassez. Como escassez é um conceito associado à ciência econômica, especialmente caro à Escola de Chicago, que merece de mim grande apreço por seus princípios filosóficos, pode-se estranhar sua presença aqui num debate sobre vida eterna. Chego lá.

Thomas Sowell disse: "A primeira lei da economia é a escassez; a primeira lei da política é esquecer a primeira lei da economia." Até aí estamos no campo da batata, do trigo, do algodão e do petróleo, certo? Errado. Toda e qualquer vontade humana está abarcada na ciência econômica. Não estou sendo materialista, como Marx, pelo contrário. Poucos filósofos me são tão antagônicos quanto Marx. É que nós, como seres políticos que somos, como projetos éticos para fins morais que gostamos de nos imaginar, resistimos a colocar amor e gasolina no mesmo saco, esquecendo-nos de que "amor" é como "alma", conceito que se não delimitado por outras definições é um "não sei quê" equivalente a "não sei nada" (Voltaire).

Estou falando de amor de propósito para propor duas delimitações bastante populares ao conceito de amor. Amor é dar atenção a? Amor é sexo, desejo sexualmente intencionado? Que duas carências (escassezes) gritam mais a nossa "alma"? Quanto você está disposto a pagar por atenção ou sexo? Ah, eu não pago por essas coisas, você me diz, com base numa ilusão de ética ou ilusão de ótica, dá na mesma. Acredito em você. Se alguém lhe pedir 100 euros por duas horas de sexo ou de atenção, isso ofenderá sua autoatribuída honra, seus princípios óticos, quer dizer, éticos. Mas não me diga que sexo e atenção, afeto, carinho de outro não estão no campo de suas vontades, de suas ilusões redentoras. E também não venha me afirmar que não está disposto a dar nenhum passo, não empreender nenhum movimento, para obter sexo ou atenção. Pode lhe custar muito mais do que 100 euros, até porque o que você deseja é mais do que um acompanhante ou do que uma prostituta. Você deseja alguém que queira sexo com você tanto quanto você e deseje atenção recíproca. Como alguém assim é mais raro do que uma prostituta ou acompanhante, é também mais caro, exigirá de você muito mais do que 100 euros ou o equivalente para que possa encontrar e realizar seus desejos. Ou você não dá valor a seu tempo e seus esforços?

Não nos estendamos em questões econômicas monetárias ou monetizáveis em tese. Não concluo necessariamente que a vontade corresponde a uma carência, algo sentido como escassez, ou estaria equiparando minhas conclusões às de Pascal e Schopenhauer. Não estreitarei tanto o caminho, isso porque respeito um axioma de Zurique, próprio do campo da ciência econômica, que representa muito bem a objeção por princípio a qualquer conclusão dualista: "Cuidado com as correlações." Se estabeleço que todo desejo corresponde a uma carência, a algo sentido como escassez, que estaria, portanto, na posição de causa primária de toda e qualquer vontade, por que estarei equiparando minhas conclusões às de Pascal e Schopenhauer, ainda que excluindo a alma da equação?

Se tudo é escassez, do suprimento farto do antes escasso decorre a abundância e tudo que é abundante tende a perder valor. Minha fome não é a mesma antes (escassez) do que depois de uma pródiga refeição (abundância de comida em meu estômago). Fiquemos no exemplo da refeição por ora para invalidarmos a tese de Schopenhauer (Pascal tem uma tese análoga) de que à realização de um desejo, da consecução plena de uma vontade, sucede-se o aborrecimento.

Para um gourmet, a vida é o tedioso espaço entre as refeições (definição emprestada de Luis Fernando Verissimo). Schopenhauer parece ignorar algo que Pascal pelo menos intuiu: o vício é nosso truque ontológico para validar o resultado das vontades, mantendo a mecânica do desejo sempre em bom estado, capaz de nos proporcionar uma felicidade sentida como permanente, pois felicidade, ao contrário do erro estúpido de Epicuro, de certo modo validado por Schopenhauer e corretamente atacado por Nietzsche, é alívio de uma tensão sentida como devir intermediário da vontade.

A ausência da dor, como queria Epicuro para causa única da felicidade, é na verdade a morte. A dor, na forma propriamente de dor ou de tensão (fome é dor ou tensão? — ambas), é indispensável ao alívio, sentido como felicidade. Se algumas vontades, por sua natureza, frustram as expectativas quando completam o ciclo vontade-consecução, isso é a exceção, e não a regra de nossos hábitos (vícios), como sexo, álcool, fome, sede, frequência à missa dominical.

Nossas ilusões mais caras não correspondem a uma carência (escassez) brutal, a exigir um esforço demorado, alto investimento, para atingir o ponto de satisfação. Nossas ilusões mais caras são truques que provocam a escassez mesmo na abundância. Se nosso parceiro sexual está sempre disposto a corresponder e presente, isso não necessariamente diminui nosso sentimento de escassez de com ele fazer sexo, às vezes pelo contrário, pois estamos com ele justamente porque sabemos que é bom e será bom na próxima vez, como quem fuma sabe que cada tragada é um gozo garantido de antemão, por mais que se tenha um estoque de cigarros à mão. Se a água potável é abundante em volta de nós, certamente nossa escassez não corresponde à de um andarilho do deserto na miserável contingência de estar com o cantil vazio; mas cada pequena sensação de sede em nós corresponderá a uma escassez momentânea e o próximo copo d'água será recebido como alívio.

Assim, a abundância não é a frustração da vontade, mas antes e na maior parte do tempo um apelo a sua renovação. Por isso, sociedades de abundância, abundância gerada pelo livre-comércio (inclusive de sexo e de afetos), são de fato mais felizes ou pelo menos assim se sentem, conforme várias pesquisas já realizadas e publicadas a respeito. Portanto, não há nenhum "mal d'alma" que não seja passível de ser curado pelo suprimento da escassez, pela satisfação da vontade.

E o mal-estar com a morte? E o mal-estar ontológico? É aqui que vamos ligar os pontos e dar uma visão monista ao problema da finitude. Pascal constata bem que o objetivo do caçador de lebres não é a lebre, mas a caça. Só faltou acrescentar que é assim porque o vício da caça provém da sensação de abater lebres, portanto é preciso que sigam existindo lebres, fim lógico da caça. Nossas vontades nascem basicamente de expectativas — continuadas, frequentes — e vícios; na juventude, mais de expectativas; na velhice, por conhecer mais as sensações e preferir o conhecido ao desconhecido, o certo ao incerto, mais de vícios. Ambos nos são caros, e a morte nada mais é que a aterradora perspectiva da interrupção abrupta do ciclo de expectativas e vícios, de nos tirar do jogo da economia da vida.

A morte nega o copo d'água a nossa sede, tira o prato de comida quando sentamos para a refeição, separa-nos de nosso parceiro preferencial, que além de atenção nos dá sexo. A morte é a impossibilidade de qualquer expectativa; ela não apenas mata nosso corpo; ela mata nosso devir, nosso vir a ser. Como o caminho para a morte é o envelhecimento, a progressiva decrepitude de nosso corpo, sofremos com a limitação a nossos vícios e expectativas. Isso nos faz olhar para a ampulheta do tempo de nossa existência e constatar quão poucos grãos de areia restam na taça de vidro superior.

O erro de Schopenhauer e da aposta de Pascal é imaginar que a salvação nos redime das misérias próprias de nossa vida ou de nossas indagações metafísicas baseadas na essência da alma. Esses são problemas de filósofos, apenas incidentalmente de homens comuns. Se desejamos uma salvação é da própria morte, e o modelo oferecido naquela passagem do Evangelho, se interpretada na tradição judaica, não satisfaz por si, pois ninguém quer viver como anjo, como um corpo de luz e fogo.

É o conjunto da Bíblia, como Maomé no Alcorão, que acenará com a ressurreição carnal, ainda que precedida do Juízo Final, daí a força do símbolo da ressurreição de Jesus, equivalente melhorado do popular esquema da metempsicose (reencarnação). O céu, para nós, é uma geografia completa, com clima, sociedade, relações de reciprocidade e satisfações da carne e do "espírito", se assim quisermos apelidar nossos desejos por bens imateriais, ou melhor, secundariamente materiais, pois nenhum conceito nosso corresponde a algo rigorosamente imaterial.

Deixei para o final o aspecto da morte que mais me toca, e por mais me tocar acaba comprovando a tese que acabei de expor: a morte de quem nos é caro, de quem é essencial à consecução de nossas vontades. Para isso, o Evangelho tem uma frase de Jesus que vale pelo cristianismo todo, tal seu poder redentor, reparador. Após a ressurreição, o discípulo Tomé resolve tocar o corpo de Jesus antes de acreditar naquela "aparição". Toca e constata ser a ressurreição de "carne e osso" (a única que nos serve, diga-se). Ao que Jesus comenta: "Creste porque me viste. Felizes os que creem sem ver." (João, 20:29) Cada vez que perco alguém querido, consola-me imensamente a crença de que aquele alguém está em algum lugar onde possa me ver e constatar o fervor de minhas orações por ele. Isso é amor no sentido delimitado pelo apego, que, ao contrário do que afirmam os mal-amados, é a mais forte, perene e, quiçá, sublime forma de amor, pois quem ama quer estar com o amado. Para a vida eterna.

Se a crença num devir no além é mais ou menos firme, importa o legado que deixamos a partir de nosso devir terreno. Isso também nos consola pela perda de nossos queridos parceiros de ilusões e jornadas terrenas, de nossos ídolos próximos ou distantes. Se o falecido deixa um epitáfio, como tinham por hábito legar os romanos, tanto melhor.

Os epitáfios romanos (mais de 100 mil deles encontrados por arqueólogos) não costumavam conter mensagens religiosas. Eram declarações ditadas em vida para chamar atenção dos passantes para as qualidades e desventuras dos defuntos. Por alguma razão, a sociedade cristã não manterá o hábito. Os túmulos voltarão a ganhar em fausto na Renascença, mas o tema dos antigos epitáfios não retornará. A nova moda será a das biografias, sucessoras das hagiografias (biografias de santos).

Diz o epitáfio de um romano abastado:

> Vivi avaramente o tanto que me foi dado viver, por isso vos aconselho a gozar mais os prazeres do que eu. Assim é a vida: chegamos aqui, e não mais longe. Amar, beber, ir aos banhos, essa é a verdadeira vida: depois não há mais nada. Nunca segui os conselhos de um filósofo. Desconfiai dos médicos, foram eles que me mataram.[10]

Descrente em relação ao além e aos filósofos. Quantos cristãos não teriam dito o mesmo se escrevessem epitáfios sinceros em outros tempos? Talvez substituíssem apenas "filósofos" por "padres" ou "pastores". Quanto à queixa aos médicos, era comum se queixar: muitos xingavam parentes e "amigos". Em Pompeia, um epitáfio entrega um amigo ingrato à ira dos deuses do céu e dos infernos. Os temas piedosos nem sempre estavam ausentes, como neste, de um imigrante grego pagão, não cristão: "Aqui jazem encerrados os ossos de um homem bom, um homem de misericórdia, um apaixonado pelo pobre."

Madame de Maintenon, esposa-amante de Luís XIV, ao morrer, aos 83 anos, legou este epitáfio: "Ao largo da experiência que tenho acumulado, pude comprovar que a verdade existe somente em Deus, o resto é só uma questão de pontos de vista." Ela retomava o tema de Sócrates, que, quando condenado à morte, tomou cicuta (um veneno) e, antes de partir, disse a seus algozes: "E agora chegou a hora de nós irmos, eu para morrer, vós para viver; quem de nós fica com a melhor parte ninguém sabe, exceto Deus."

Blaise Pascal morreu aos 39 anos, após passar por sofrimentos físicos atrozes, além de "dores d'alma", causadas talvez pela escassez de afeto, não encontrado por ele nos homens ou nas mulheres na medida de suas ocultas e negligenciadas vontades. Seu epitáfio foi escrito em terceira pessoa, como homenagem, e menciona sua querida irmã, Gilberte Pascal, que viria a ser sua biógrafa. Se ganhou sua proverbial aposta, "a verdade [o resultado da aposta] existe somente em Deus, o resto é uma questão de pontos de vista", já dizia Madame de Maintenon.

4

Jamais se viu tal coisa

Ele tinha 36 anos; ela, 18. A profissão dele era ordinária, auxiliar-geral num velho moinho de trigo. Pelo menos tinham onde se abrigar: um cômodo no próprio moinho. Mal se casaram, na igreja, em Lourdes, ela ficou grávida. O que lhes faltava em prosperidade sobrava-lhes no mais genuíno amor, desses capazes do testemunho íntimo e da lealdade natural, inquebrantável. Louise Casterot e François Soubirous, que Deus uniu, ninguém iria separar, nem a miséria, nem os infortúnios extras que o destino estava por lhes revelar.

A pequena Bernadette (Maria-Bernada Sobirós, em occitano, língua dos pais) nasceu saudável, no cômodo do moinho, naquele 7 de janeiro de 1844, pleno inverno, gelado nos Altos Pirineus franceses. Seria um dos quatro filhos do casal a sobreviver à infância. Outros cinco herdeiros de Louise e François não teriam a mesma sorte.

Quando a primogênita contava 10 anos, uma rápida sucessão de tragédias abateu-se sobre a família. François perdeu um olho num acidente no moinho. Foi acusado por um padeiro de lhe roubar dois sacos de farinha de trigo. Ficou uma semana no cárcere.

Bernadette passaria a ser vista então como a "filha do ladrão". Para que a alcunha se tornasse definitiva, o moinho fechou, a família não tinha mais renda nem moradia. Um primo de François empresta-lhe um cômodo na cidade, 16 m², no que fora a antiga prisão local, abandonada por conta da umidade excessiva. O "ladrão" foi morar na "cadeia", de favor. A família passava fome.

Bernadette havia contraído cólera na epidemia que ceifou 38 vidas em Lourdes. Sobreviveu, apesar das crises de asma. O maior desejo da menina era fazer a primeira comunhão, mas nunca fora à escola, era difícil decorar o catecismo sem saber ler. Para piorar, na igreja só se podia falar em francês, língua que a pequena não dominava.

Aos 13 anos, os pais lhe conseguiram emprego de doméstica, trabalho em troca de comida, num vilarejo próximo. Ela não ficou muito tempo lá, quis voltar para aprender a ler e comungar, sentia como uma necessidade imperiosa a Eucaristia, o corpo de Cristo.

A atual Lourdes tem bons hotéis e uma economia sólida. É uma das cidades mais famosas da França e a que recebe mais turistas depois de Paris. Tudo que Lourdes tem hoje deve à "filha do ladrão", Santa Bernadette Soubirous. Os detalhes de como aquela menina iletrada e doente se tornou a mais importante santa da Igreja católica dos últimos tempos, vista com grande respeito também por calvinistas e anglicanos, estão relacionados a milagres, muitos milagres, manifestações do sobrenatural no âmbito do cristianismo.

Em 11 de fevereiro de 1858, Bernadette estava com uma irmã e uma amiga em busca de lenha nos arredores de Lourdes. Sentiu uma repentina rajada de vento e voltou seus olhos para a gruta de Massabielle. Então ela teve uma visão:

— Vi uma senhora de branco; um vestido branco, um véu também branco, um cinturão azul e uma rosa amarela em cada pé.

Uma semana depois, na terceira aparição, a senhora fala a Bernadette:

— Não prometo te fazer feliz neste mundo, mas sim no outro. Quer me fazer o favor de vir aqui durante 15 dias?

Em 25 de fevereiro, a aparição manda a adolescente ir beber de uma fonte na gruta. Bernadette encontra apenas um barro úmido. Cava com as mãos e descobre água límpida e corrente. Centenas de moradores locais passam a acompanhar as idas da "filha do ladrão" à gruta. Elas não veem nada, apenas acompanham as expressões de piedade e êxtase da eleita pela aparição. No dia 28, o juiz local a chama na casa dele e a ameaça com prisão por charlatanismo. Era um domingo. Na noite de segunda-feira, Catalina Latapie, uma mulher de 38 anos, de Lourdes, toca o braço deslocado desde a infância na água da fonte da gruta. Imediatamente, seu braço e sua mão retomam a forma normal e a plenitude de movimentos. É o primeiro milagre. Em 25 de março, a aparição revela seu nome:

— Levantou os olhos ao céu, juntando em sinal de oração as mãos que tinha abertas e me disse: "Sou a Imaculada Conceição."

O dogma da Imaculada Conceição havia sido promulgado pelo papa quatro anos antes da aparição, que o confirmava. Restava à hierarquia eclesiástica ver se Bernadette não estava inventando aquela história toda. Era preciso investigá-la, averiguar se não cairia em contradição. Em 7 de abril, um milagre presenciado por milhares de peregrinos ocorre com Bernadette. Um médico segura uma vela acesa logo abaixo das mãos dela por quinze minutos, enquanto ela está conversando com a santa. A adolescente não se queixa de dor nem a pele de suas mãos se queima. Após o êxtase, a vela é aproximada novamente. Ela reclama imediatamente de queimadura.

Em 16 de julho daquele mesmo ano ocorre a última aparição. Bernadette torna-se rapidamente famosa. Os milagres com peregrinos que acorrem à gruta se multiplicam. Ela é tentada a ir a Paris e aproveitar a reputação para enriquecer. Recusa-se e se recolhe a um convento, em que trabalhará como enfermeira. Não avoca a si nenhum dos milagres da gruta de Lourdes.

Há em Lourdes, desde 1883, um comitê médico encarregado de atestar curas não explicáveis pela medicina. Até o momento em que escrevo, são 69 listadas como tais, entre 7 mil investigadas e um número bem mais expressivo de não submetidas ao comitê. O Nobel de Medicina Luc Montagnier, descobridor do vírus da Aids, está entre os não religiosos que, embora se neguem a reconhecer as curas de Lourdes como milagrosas, admitem não haver explicação para muitos fatos extraordinários ali ocorridos.

Testou-se em diversas ocasiões a água da fonte descoberta por Santa Bernadette. É água comum. A propósito, algumas curas atestadas ocorreram em pacientes que não tiveram contato com tal água e em outros que sequer professavam a fé cristã quando estiveram em Lourdes. Longe de ser apenas um fenômeno católico, Lourdes segue à espera de uma explicação natural ou da constatação da existência do sobrenatural. Até aqui, a presença de evidências não significa a evidência da presença de Santa Bernadette ou da Virgem Maria nos fenômenos. Ou melhor, será uma evidência a quem relacionar os fatos médicos às singelas alegações da filha de Louise Casterot.

O Evangelho está impregnado de sobrenatural. Mesmo a moral pregada por Jesus deriva de sua condição de messias ou Logos de Deus, enviado divino, de outro mundo, dessa sobrenatureza que nunca foi vista ou comprovada, mas se imagina existir. A propósito, toda pregação evangélica só adquire o caráter de verdade, de Revelação, por sua origem sobrenatural. Jesus cura, é sua atividade mais extensamente registrada no Evangelho. Além disso, adivinha, profetiza, ensina a orar para pedir a Deus, traz a Providência na forma de pães e peixes.

Nas curas do Evangelho, nem sempre a alegação de Jesus quanto a usar poderes vindos do Pai para expulsar demônios é aceita. "Pelo maioral dos demônios é que expele os demônios" (Mateus, 9:34), murmuram os fariseus após a manifestação popular: "Jamais se viu tal coisa em Israel" (Mateus, 9:33), por conta da cura por Jesus de um "mudo endemoniado".

O sobrenatural adere ao raciocínio em todas as culturas, em todos os tempos. Ele é o símbolo da verdade, negada aos limitados poderes humanos para fazer previsões, influenciar comportamentos, prover a cura de doenças, a justiça, a Providência. O homem pode pouco. O sobrenatural tudo pode.

No Ocidente dos tempos de Jesus, tudo se pedia ao sobrenatural. Judeus, gregos e romanos se igualavam na fé em Deus, deuses ou demônios, esses últimos de origem grega, mas reconhecidos com outros nomes em outras culturas, mensageiros divinos, agindo por conta própria ou a serviço de forças do mal.

O crente pagão romano frequentemente fazia comércio com os deuses: "Cura-me e receberás uma oferenda."[1] Em tendo a mercadoria cura a oferecer, o deus recebe um ex-voto como pagamento, quitando do crente a dívida. No cristianismo, essa saudável relação seguirá existindo. Há museus de ex-votos espalhados por toda a cristandade. Os mais devotos, tanto no paganismo quanto no cristianismo, pensam que os deuses preferem um coração puro a pedir misericórdia ou um favor supostamente desinteressado. Dedicam-lhe um bolo caseiro (paganismo) ou lhe acendem uma vela (cristianismo). Sentir-se protegido, acompanhado, de deuses, santos, Deus ou de anjos da guarda: "Livrai-nos do mal."

Em caso de falha divina, há reclamações: "Essa é toda tua boa-fé, Júpiter?" E ameaças prévias de submeter o deus ao escrutínio da opinião pública; ameaças graves, pois aquele deus compete com muitos outros pela devoção do povo, ganhando quem mais demonstra poder sobrenatural: "Se me deixar morrer, vão falar mal de ti."[2] São expressões que podem ser vistas como derrisórias, mas traduzem uma fé sincera.

Quem nos conta mais da fé greco-romana, recebendo já a influência cristã, é Paul Veyne:

> Geralmente estava-se convencido de que este mundo vive atormentado por poderes demoníacos enganadores contra os quais a Verdade traz a salvação. Acreditava-se neles como se acredita na existência dos micróbios e dos vírus; as convulsões dos bebês, assim como os motins da plebe urbana, eram obra dos demônios; podia-se estar possuído por um demônio, assim como por toda uma legião desses seres. Ora, o Novo Testamento está cheio de narrativas e de milagres em que o Senhor expulsa os demônios (é o tema favorito do Evangelho de Marcos). Os cristãos tinham entre os pagãos a fama de ser hábeis exorcistas, e o exorcismo foi um meio muito importante de missão e de propaganda.[3]

Os eruditos da filosofia greco-romana e os primeiros médicos não compartilhavam as ideias populares. Era o caso de Hipócrates, que já no século V a.C. observava:

> Os homens pensam que a epilepsia é divina meramente porque não a compreendem. Se eles denominassem divina qualquer coisa que não compreendem, não haveria fim para as coisas divinas.[4]

O EVANGELHO SEGUNDO A FILOSOFIA

Os imperadores consultavam para predições diversas as pitonisas (sacerdotisas de Apolo) do Oráculo de Delfos, os eremitas com fama de bons profetas e, quando um prédio público era atingido por um raio, os harúspices, funcionários públicos especialistas em interpretar os sinais celestes. Eles não olhavam para o céu em tal tarefa, mas para as entranhas de um animal sacrificado. Havia outros harúspices para o caso de o raio cair sobre um imóvel privado. Eram pagos por seus proprietários, que tinham ainda o custo do animal abatido.

Em Bizâncio, a Igreja não será muito severa no combate às tradições pagãs gregas, talvez porque os locais logo aderissem ao sincretismo, com Jesus no papel de majestade, Santa Maria como chefe dos exércitos e São Miguel representando um guerreiro. Os antigos deuses gregos são classificados como demônios, melhor forma de manter o culto a eles ativo, pois na capital do Império Romano do Oriente há quem não acredite em Deus, mas não se encontrava um só a duvidar da existência de demônios. Dionísio, antigo deus da festa (Nietzsche o amava por isso), segue com a mesma função e comanda, entre outras festas, o carnaval. Este perseguido pela Igreja, pois, ao contrário das versões ocidentais, será popular e não um divertimento da elite. Dionísio, como os demais demônios, ri, inspirando sensualidade e deboche, atitudes vistas como anticristãs.[5]

Os demônios tratam da Providência particular, o tradicional se curar disso ou daquilo, prover prosperidade ou influenciar pensamentos e atos dos outros, sem questionar o crente quanto a questões de moralidade envolvidas no pedido. Cada demônio tem sua própria competência, sua especialidade. Astrologia, magia e alquimia estão a serviço das profecias, contando com a ajuda dos demônios eslavos, igualmente especializados, no caso em prever o futuro. As práticas incluíam os eruditos e houve escritores notáveis, como Miguel Pselo, a defender os queridos demônios em suas obras.[6]

O pobre representa "o estado do pecador" que necessita do perdão de Deus. Baseia-se tal ponto de vista na linguagem dos salmos, mais utilizada que a do Evangelho nos primeiros tempos. Daí se vai ao pensamento de que miserável é a condição da humanidade, pois pecadora. A esmola de Deus repara o pecado, é a graça, de graça. Os gemidos dos mendigos na porta da basílica inspiram as devoções. São João Crisóstomo diz:

> Quando estiveres cansado de rezar e não receber, pensa no número de vezes em que escutaste um pobre pedir e não lhe deste ouvido. Não é erguendo as mãos que serás ouvido. Estende a mão não para o céu, mas para o pobre.[7]

Trata-se de um sermão baseado numa bela passagem do Evangelho, em que Jesus prega a caridade como contrapartida da graça divina, e a falta dela como grave ameaça:

> Voltar-se-á em seguida para os da sua esquerda e lhes dirá: "Retirai-vos de mim, malditos! Ide para o fogo eterno destinado ao demônio e aos seus anjos. Porque tive fome e não me destes de comer; tive sede e não me destes de beber; era peregrino e não me acolhestes; nu e não me vestistes; enfermo e na prisão e não me visitastes." Também estes Lhe perguntarão: "Senhor, quando foi que Te vimos com fome, com sede, peregrino, nu, enfermo ou na prisão e não Te socorremos?" E Ele responderá: "Em verdade eu vos declaro: todas as vezes que deixastes de fazer isso a um desses pequeninos, foi a mim que o deixastes de fazer. E esses irão para o castigo eterno, e os justos, para a vida eterna." (Mateus, 25:41-46)

O EVANGELHO SEGUNDO A FILOSOFIA 99

Como a concorrência entre os pobres pelas esmolas dos cristãos fosse grande em Bizâncio, alguns deles faziam votos e se transformavam em monges, "pobres cerimoniais". Ganhavam mais dos doadores piedosos, pois se acreditava que poderiam retribuir com orações eficazes, além de defender a causa geral dos pobres genéricos, companheiros de condição.

No Ocidente, o cristianismo torna-se religião oficial de Estado em 392. Os crentes pagãos aderem, mas a sua maneira. A troca de oferendas e favores, para o bem ou para o mal, passa a se dar com santos, anjos, Jesus, Maria, Deus; a hierarquia mal é percebida. Apenas aos três últimos listados se evitará pedir o mal de terceiro por motivos fúteis, embora às vezes se peça justiça. Jesus a prometera no Evangelho em diversas ocasiões: "Ai de vós." Os templos pagãos logo desaparecem da paisagem. Os últimos são registrados no século VIII. Em privado, o culto aos velhos deuses permanece. As descobertas arqueológicas nas casas romanas tardias revelam decorações religiosas pagãs e cristãs sobrepostas, mas também lado a lado.

O paganismo germânico é mais vulgar, mais mágico. Para reforçar a mensagem cristã, nada como recorrer aos textos do Antigo Testamento, em que a feitiçaria de uns provoca o castigo divino a todo o povo. Era uma língua mais fácil de entender que a do Deus onibenevolente dos estoicos e de Santo Agostinho, ideal dos filósofos, incompatível com os sofrimentos agudos, como o provocado pela peste inguinal, que devastou a Gália nos séculos VI e VII e matou até metade do povo espanhol.

Os sermões dos tempos de desespero geral enfatizavam, a título de consolo, a importância da vida eterna: "Não se inquietem demais aqueles que hão de morrer. Que importa? No fim das contas, se não nos mata a peste inguinal, não faltam tantas outras classes de morte que nos fazem igualmente migrar dessa vida?" É um exemplo de homilia resgatado pelo historiador espanhol José Orlandis Rovira. Medo, resignação, mas também esperança, pedem bispos e padres, ensinando a rezar: "Aparta [Deus] já a calamidade de nossas terras. Que o flagelo inumano da peste se alivie naqueles que o padecem e, graças a Teu favor, não chegue a nós." Os desígnios da Providência, porém, seguiam insondáveis: "Nada morre antes que chegue a hora assinalada para seu fim", completava o sacerdote cristão. Consolador ou desconsolador? Os mistérios são ambos e ambos são formas de tranquilização.

O terror tomava conta das populações durante um eclipse lunar. A crença pagã levava a rituais destinados a ajudar a Lua a sair das trevas. Essas cerimônias, chamadas *vince luna*, foram condenadas pelo Concílio de Leptines, em 743.[8] O clero contava com a sabedoria de Santo Isidoro de Sevilha, o último grande acadêmico da Antiguidade, cujo texto *De natura rerum* explicava os eclipses lunares. Apesar de manter o geocentrismo, muitas de suas observações eram exatas. A Igreja investiria em ciência para combater a superstição, mas só daria passos decisivos nessa direção no século XII, ao fundar as universidades.

As cidades destruídas pelo fogo (Bourges, em 584; Paris, em 585; Orléans, em 580) ou foram vítimas do demônio ou estavam sendo destruídas por seus pecados, ideia bíblica quanto a Sodoma e Gomorra, reforçada pelo mandamento de sacudir a poeira dos pés ao deixar cidade que não quisera ouvir a palavra, contido no Evangelho (opinião dos galo-romanos).

Quando um incêndio tomou Bordeaux, a casa do sírio Euphrôn nada sofreu, pois ele havia colocado no alto de um muro uma relíquia, um osso do dedo de São Sérgio, conta-nos São Gregório de Tours, botando fé nos amuletos. Ora, amuletos são a forma mais comum de expressar crença em quase todas as sociedades. Emprestar algo concreto a uma relação de causa e efeito reforça a correlação.[9]

Os germânicos não concordam com os galo-romanos quanto à origem do fogo. O fogo é uma arma, portanto recurso disponível ao guerreiro viril, ao assassino, que será punido, sim, mas dentro dos limites das penas, brandas, para o homicídio.

O uso de peles como vestimenta, abominado no passado pelos romanos, tinha caráter sagrado imanente para os germânicos. Buscava-se adquirir as qualidades do animal que a fornecera. Um detalhe: a pele é usada invertida, o pelo para dentro, pois não se devia parecer demais com ele, rebaixar-se a seu nível.[10]

Evocam-se os mortos, os médiuns não nasceram com o espiritismo. A maior parte deles é mulher. As velhas crenças célticas, mais antigas do que as romanas ou germânicas, sobrevivem na pele das *filida*, que tudo predizem. As runas estão com os vikings. *Rune* significa segredo, mas também "terna amiga". Transformam as runas em *sortes sanctorum* — sortes dos santos.[11]

Outra prática comum, ainda em voga, consiste em o clérigo abrir as escrituras ao acaso. No trecho em que caísse haveria uma profecia a ser interpretada. Coisa do demônio? Não, 26 dos 46 penitenciais conhecidos da Idade Média mencionam a prática, sem censurá-la de todo. O que Deus ou os deuses desejam deve ser previsto e guiar o crente. O livro nesse tempo é um objeto sagrado e utilizá-lo como guia mágico fazia todo sentido, fosse a Bíblia, detida pelos sacerdotes e monges, fosse uma escritura rúnica, vertida em pergaminho. Tanto mais sacros eram para os analfabetos. Mas circulavam também outros livros, como fórmulas encantatórias exibidas no Concílio de Paris, em 829, prova da difusão de segredos funestos de como agir sobre a vontade alheia. O concílio condenou todas as formas, inclusive as utilizadas pelo clero, sem sucesso, evidentemente.

Assim como na China, no Ocidente germânico uma medicina mágica não se fartava de criar poções, algumas feitas com cinzas de mortos. A coleta de plantas medicinais, porém, foi cristianizada. Era um mal menor. As poções eram mais perigosas e destinavam-se a matar ou despertar amor. Se o caso era de tornar um homem impotente, a mulher se despia, untava-se de mel e rolava num monte de trigo. Depois, recolhia os grãos presos à pele e os moía com a mão, girando da esquerda para a direita. Com a farinha, fazia um pão que dava ao homem que queria castrar. Como a farinha fora moída ao contrário da direção usual, anulava-se o efeito procriador e excitante da nudez e do mel. Se a intenção fosse despertar a libido do homem, o ritual era o mesmo, apenas mudando a direção do giro da mó, acrescentando o detalhe de amassar o pão antes de assado nas partes íntimas.[12]

Para fins a favor do desejo masculino, a mulher também punha um peixe vivo na vagina e ali o deixava morrer. Ritual muito simples: bastava em seguida temperar, assar e dar de comer ao objeto da cobiça sensual, geralmente o marido, pois o feitiço, acreditava-se, também agia contra a libido no caso de ele se ligar a uma concubina. A concubina podia usar da mesma fórmula no sentido contrário. Digo aqui das poções mais publicáveis para não despertar o asco no leitor. Fluidos corporais compunham boa parte das fórmulas.[13]

Para a Igreja, Deus deveria se fazer presente no coração, não ser encarado como uma força mágica exterior, confundindo-se com os deuses e espíritos. São Gregório de Tours, como o grosso do clero que o antecedeu ou sucedeu, pregava o temor, chamava de demoníacas todas as forças externas, visando especialmente a amedrontar a mulher, que teme com facilidade. De fato, convencer um homem de que um demônio está presente num sortilégio qualquer é difícil, afronta-lhe a razão. As mulheres eram tidas como mais crédulas. Se o eram de fato, é impossível saber.

Não bastava demonizar o culto pagão, as poções e feitiçarias. Era preciso cristianizar o inescapável desejo por prever o futuro e negociar com Deus ou com os santos benefícios e recompensas. A liturgia, os santuários, o culto dos milagres, a santificação das promessas, tudo concorrerá para socorrer o coração puro do fiel que busca na Igreja e não nas feiticeiras a solução para seus problemas e as respostas para suas dúvidas.

Nascia um cristianismo popular, que restava acolher ou simplesmente tolerar. Se os sincretismos não seriam propriamente bem-vindos, antes eles do que a descrença ou a feitiçaria sem relação com o Evangelho. Os riscos estavam sob controle, pois a imponência dos trajes litúrgicos, a arte dos relicários, a majestade arquitetônica dos santuários, tudo servia para afirmar a mais simples das ovelhas do rebanho que, feitiço por feitiço, o dos santos era mais poderoso, eles podiam vencer qualquer demônio ou dragão, como o culto extremamente popular a São Jorge atestava então e segue atestando.

O ordálio, uma espécie de júri sobrenatural em crimes graves, instituído pelo povo, tinha origem pagã e a forma mais comum era a passagem descalço por nove relhas de arado incandescentes. Se as plantas dos pés permanecessem róseas...[14] Deus tinha lá suas preferências e alguns afortunados foram efetivamente salvos. Salvos por Deus mesmo? Nem sempre. Havia casos de conluio entre o acusado e o encarregado da cerimônia, geralmente um padre. O eclesiástico podia estar recorrendo à trapaça para seguir uma das várias condenações enfáticas da Igreja à prática, até que o Concílio de Latrão (1215) proibisse também a participação do clero em tais julgamentos. A piedade do povo, porém, era genuína e tais resultados ajudavam a espalhar a crença na presença divina. Não que alguém duvidasse de tal presença, pelo menos não publicamente. O ateísmo era raríssimo, senão nulo. Há menção a um equivalente ao ordálio no Antigo Testamento, aplicado ao crime de adultério feminino.

Doenças eram comuns e só curáveis por remissão espontânea ou magia. Os monges médicos tentam salvar com orações, pedindo milagres. Às vezes, conseguem e os contabilizam. Paralisias, fraqueza física ou atrofia somam 41% dos casos tratados com sucesso por eles, seguidos de cegueira (19%) e loucos/possuídos (12,5%). Os processos de expulsões de demônios, acompanhados de sangue e pus e seguidos de odores ruins, comprovavam no povo a crença no sobrenatural. Para se defender, agarrar-se a Deus, aos santos, aos monges, eventualmente aos feitiços tradicionais germânicos.[15]

Os xingamentos desencadeiam vinganças e as leis civis especificam vários deles, como chamar de "prostituta" uma mulher e "pederasta" um homem. O pior insulto, porém, era acusar alguém de colaborar com uma feiticeira ou de portar um caldeirão de bruxa. Elas usam o caldeirão para cozinhar um homem previamente morto, e, através da forma como o sangue se espalha nas paredes internas do caldeirão, podem prever o futuro. A propósito, os francos conduziram sacrifícios humanos até o século VI.

Os saxões e francos queimavam seus mortos. Só deixam de fazê-lo por influência romana/cristã, que prefere o enterro em cemitério. A preferência pagã germânica pela cremação se justificava pela crença de que de outra forma os mortos voltariam para atormentar os vivos. Depois passaram a plantar arbustos espinhosos ao redor dos túmulos para "prender" o morto. Os mais poderosos tinham direito a ter cavalos sacrificados para ser enterrados junto a si. O cavalo é Sleipnir, dedicado a Wotan, um símbolo solar que na festa do Jul, em 26 de dezembro, trazia os mortos de volta. Havia centenas de crenças associadas aos defuntos. Lentamente, elas cairiam em desuso, substituídas pelos cemitérios romanos assinalados pela cruz, esse símbolo que cada vez mais será o amuleto universal contra os maus espíritos. Com o tempo, para exorcizar os mitos pagãos do retorno dos mortos, os cemitérios seriam transferidos para junto dos templos ou mesmo para seu interior.[16]

A Renascença traz consigo uma aversão às crendices mais primitivas. No entanto, os motivos para se invocar a Providência seguiam no mesmo lugar. Sofre-se deveras com as dores físicas, inatacáveis por meios eficazes. Sofre-se mais com a perda de filhos adolescentes, ceifados por doenças aparentemente bobas, surgidas dos azares das bactérias e vírus desconhecidos. "Vontade de Deus", sem dúvida. Quanta crueldade Lhe atribuem nesse tempo.

Não seria o pecado a causa do sofrimento? Não se acredita mais nisso, pelo menos não o tempo todo, ou melhor, o humanismo não pode crer nisso desde que Santo Agostinho abandonou o maniqueísmo e tanto mais depois de a Igreja, em Trento, relativizar a noção de pecado. A questão da onibenevolência divina ou sua ausência impulsionará a literatura e a filosofia que questionam Deus. A grande peste de 1348-1350, ceifando indistintamente bons e maus, mas especialmente os mais jovens, que não tiveram tempo para pecar, desperta a revolta para com Deus. Por quê?

Praticamente todo italiano acreditava na Providência, como conta Charles de La Roncière:

> Ver partir, enfraquecer, sofrer, morrer alguém próximo é sentir sobre si a mão de Deus, reconhecer seu poder, invocar sua misericórdia. Entregar-se a Deus, invocar Sua providência, é uma fórmula mais do que habitual nas cartas privadas, e muito sincera.[17]

Na França, mulheres camponesas seguem detendo os segredos do oculto, em receitas carregadas de superstição. Erigido em sociedade organizada — uma presidente eleita em rotação, um auditório feminino que aumenta dia a dia, um secretário que consigna as minutas —, esse agrupamento de mulheres em meio camponês é depositário de um saber secreto. Essa troca de saberes funda a coerência do grupo. A dama Abonde redige verdadeiros Evangelhos, para que de geração em geração fossem continuados e aumentados (parte do livro *Les Évangelis des Quenouilles*, publicado em Bruges em 1480, compilado por Jean d'Arras, Antoine du Val e Fouquart de Cambrai).

Elas também tratam do Evangelho tradicional nesta passagem: "Se uma mulher quer que seu marido ame mais um de seus filhos que o outro, que o faça comer a metade das duas pontas das orelhas de seu cão, e o filho a outra metade, e, tão verdade quanto o Evangelho [o cristão canônico], eles se amarão um ao outro de maneira tão forte que dificilmente poderão estar um sem o outro." O Evangelho (o de Jesus mesmo), na filosofia popular, faz evoluir as mentalidades, as noções de honra e de moral, mais do que exerce influência sobre os eruditos.

Ocorre no fim da Idade Média uma mudança da devoção coletiva, mediada pelos monges e príncipes, para a individual, dirigida pelos clérigos, orientadores espirituais que recebem o reforço, no século XIII, dos membros das ordens mendicantes: franciscanos, dominicanos, agostinianos, mercedários e carmelitas. Recebendo educação esmerada, em constante atividade missionária, de casa em casa, nas cidades e nos campos, os mendicantes levam a fé diretamente ao mais simples dos fiéis. Era uma revolução.

Por conta da estrutura feudal e de clientela do Império Romano, reproduzida pelos germânicos, a conversão do cabeça da clientela ou senhor feudal ou príncipe implicava a conversão automática de todos que dele dependiam. A Igreja isolou as comunidades monásticas dessa estrutura de poder temporal, mas não ousou dialogar com cada indivíduo até o século XIII. É essa mudança, antecipada pelos cátaros (que conheciam mais as Escrituras do que os próprios clérigos, como enfatizava São Domingos de Gusmão), o ponto de virada do cristianismo que transforma a identidade cristã de protocolar em marca pessoal. Se antes todos admitiam um sincretismo com crenças pagãs germânicas, esse sincretismo mágico passa a ser malvisto. A Igreja nunca estivera seriamente preocupada com a "bruxa do caldeirão". O povo é que a induzirá a preocupar-se.

As peregrinações multiplicam-se na Idade Moderna por conta da melhoria da segurança nos caminhos e da ação das confrarias católicas. Entre elas, destaca-se a de Santiago de Compostela, na Galícia espanhola, partindo geralmente dos Pirineus. Na França, há peregrinações concorridas a Mont Saint-Michel, Saint-Martin de Tours, Sainte-Baume, Chartres, Puy e Rocamadour. Algumas das peregrinações remontam ao século VI. A maior parte dos santos venerados pelas peregrinações é composta de santos terapeutas, com relatos miraculosos de curas a eles associados. São invocados, porém, para todo tipo de Providência, como a proteção das colheitas ou dos animais domésticos. Alguns santos são especialistas em determinados tipos de doença. Muitas regras supersticiosas são associadas às peregrinações. A mais comum diz que o peregrino não pode ser transportado a não ser com as próprias pernas. Se estiver muito doente, pode enviar um procurador.

Os catecismos insistem na oração familiar noturna, baseada no princípio evangélico do "quando dois ou mais estiverem reunidos em meu nome...". Livros piedosos, escritos geralmente por padres e outros religiosos, ensinam orações para todas as ocasiões, desde uma oração para o marido em caso de falecimento da esposa até a "oração para conservar uma boa reputação", por exemplo. São um sucesso editorial na era do livro impresso, mais acessível.

O século XIX será o século dos impostores e do pipocar das crenças pseudocientíficas e mediunidades autoatribuídas. É uma época pródiga em feiticeiros, benzedores, curandeiros, consertadores, magos e algebristas de todo tipo. À impotência da medicina soma-se o pendor à credulidade. Desde Swedenborg, cientista do século XVIII que acabou aderindo à crendice mais rasteira, conversa-se com os mortos como os mágicos germânicos da Alta Idade Média nunca ousaram. A moral era débil, estava em xeque, como mostra o pesquisador sueco Jan Bondeson. Que isso resultasse nas grandes guerras talvez fosse natural. O pensamento mágico fazia parte do cotidiano como nunca, em plena recessão do cristianismo (recessão do ponto de vista de Bondeson. A questão é controversa).

A partir das "descobertas" do médico suábio Franz Antos Mesmer sobre "magnetismo animal", o século XIX se transformou também na era do espiritualismo, dando vazão a todo tipo de charlatanismo, com base em crenças pseudocientíficas. Nos Estados Unidos, o caso das irmãs Fox expôs o casamento perfeito entre vocação para a trapaça, credulidade e gosto por fama e dinheiro. Parte do cristianismo popular, nos Estados Unidos e depois na América Latina, tentará competir com o fenômeno, recorrendo a exorcismos e exibições públicas de curas por intervenção divina.

Em contrapartida, calvinistas, anglicanos e católicos tradicionais se unirão aos cientistas descrentes para combater a onda de pseudociência, que incluiu ressuscitar as velhas e furadas astrologia e psicografia, apontadas como crenças do vulgo já na Antiguidade, e a nova era de esoterismo. A posição dos cristãos tradicionais ao lado da razão será reconhecida e louvada por Martin Gardner, filósofo, matemático e difusor das *hard sciences* do século XX, que passou a vida combatendo crenças como parapsicologia, cientologia e criacionismo. Pesquisas recentes, realizadas por instituições acadêmicas, comprovam, a propósito, que cristãos praticantes são menos propensos do que os não religiosos e agnósticos a crer em magia, ocultismo, esoterismo ou pseudociência. Pode-se alegar que alimentam suas próprias fantasias sobrenaturais, que exercem sob a forma de oração, mas não se compara a racionalidade de um fiel calvinista com a de um seguidor das tantas seitas esotéricas de inspiração hinduísta difundidas no Ocidente atual, heréticas até do ponto de vista do próprio hinduísmo.

O ceticismo dos filósofos da Renascença ao século XIX fora uma reação extremada contra o cristianismo, visto como anticientífico pela recusa de certo cristianismo popular em aceitar os avanços da razão e da ciência. Em Salvador, no Brasil, em 1836, párocos supersticiosos e católicos analfabetos ou semialfabetizados organizaram uma revolta contra a decisão do governo local, a conselho dos médicos, de inaugurar o primeiro cemitério a céu aberto da cidade. Até então, enterravam-se todos os corpos no interior das igrejas, tornando-as insalubres. Para os devotos, ser enterrado fora dos templos era certeza de não ir para o céu após a morte. Resultado: depredaram o cemitério recém-inaugurado. Quase vinte anos depois, uma epidemia de cólera ajudaria a mudar as mentalidades.

Por essas e outras, a posição dos filósofos fez-se radical no extremo oposto. Passaram a combater a fé, a crença em milagres e qualquer alegação de sobrenatural. Espinosa, Hume, Locke, Voltaire, Schleiermacher, Diderot, Thomas Paine, Benjamin Franklin, Ernest Renan, Anatole France, entre outros, negaram a possibilidade de intervenção do sobrenatural no mundo físico. Destaco uma frase de Diderot a evidenciar o radicalismo da posição de tais filósofos: "Ainda que toda a Paris me assegurasse que acaba de ressuscitar um morto, eu não acreditaria de modo algum."

A posição mais destacada e sensata veio de Rousseau. Sua observação sobre a possibilidade (evidente) de Deus operar milagres é uma pérola. Quem pode o mais pode o menos, como já anotei no primeiro capítulo deste livro:

> Pode Deus fazer milagres, isto é, derrogar as leis que Ele mesmo estabeleceu? [...] Tal questão, seriamente proposta, seria ímpia se não fora absurda. Castigar aquele que a resolvesse negativamente seria honrá-lo demasiado, bastaria encerrá-lo em manicômio.[18]

Uma pesquisa publicada em 1997 na revista *Nature* entre biólogos, físicos e matemáticos americanos revelou que 39% deles não apenas acreditam em Deus, mas que Deus é Providência, ou seja, pode atender aos chamados da prece, tal como declarou Jesus no Evangelho.[19] O maior percentual foi verificado entre os matemáticos, que dão razão a Rousseau, não ao militante ateu Richard Dawkins.

A impressão de que cada fato de sua vida foi antecedido de intercessão sobrenatural, de que a Providência o acompanha e não lhe falta quando você precisa ou simplesmente deseja, e eventualmente o surpreende, é um grito contra a própria insignificância. O poder de um ser natural, desprovido de qualquer contato com o sobrenatural, com a Providência, é muito limitado. A busca por milagres é lógica, racional e compreensível, embora seja provável que o tal grito contra a insignificância não se aplique a uma maior parte das circunstâncias que o cercam.

Notável foi a posição *avant la lettre* de Francis Bacon, que viveu entre os séculos XVI e XVII, moderada e crítica tanto em relação às pseudociências quanto aos excessos das crendices populares, que proliferavam no meio cristão:

> A compreensão humana não é um exame desinteressado, mas recebe infusões da vontade e dos afetos; disso se originam ciências que podem ser chamadas "ciências conforme a nossa vontade". Pois um homem acredita mais facilmente no que gostaria que fosse verdade. Assim, ele rejeita coisas difíceis pela impaciência de pesquisar; coisas sensatas, porque diminuem a esperança; as coisas mais profundas da natureza, por superstição; a luz da experiência, por arrogância e orgulho; coisas que não são comumente aceitas, por deferência à opinião do vulgo. Em suma, inúmeras são as maneiras, e às vezes imperceptíveis, pelas quais os afetos colorem e contaminam o entendimento.[20]

O psiquiatra londrino Raj Persaud, que escreveu recente artigo para *The Daily Telegraph* sobre os fenômenos de cura em Lourdes, concordaria com o essencial do pensamento de Bacon. Para Persaud, ainda que a ciência não possa passar da presença de evidências para a evidência de presença de Deus ou outra força sobrenatural, pois evidentemente não lhe cabe essa função, há muito a dizer a favor da fé sincera.

Segundo uma compilação de 2005, atestada pela acadêmica especialista em bioética Stacey Tovino, 42 estudos científicos, envolvendo 126 mil indivíduos, determinaram que indivíduos altamente religiosos têm vantagem de até um terço sobre os demais em termos de longevidade e boa saúde. Talvez porque práticas religiosas gerem emoções positivas, como a esperança, ao mesmo tempo que evitam as negativas, como a hostilidade.

Outra pesquisa relaciona emoções com casos de remissão espontânea em câncer. Os sistemas imunológico e hormonal estão envolvidos nesses curiosos episódios em que o organismo do paciente parece ter se determinado a eliminar células cancerígenas agressivas de forma nada usual, "milagrosamente", ou, como explica Patrick Theillier, do *Lourdes Medical Bureau*, "o que está fora da explicação científica parece nunca diminuir".

Persaud elogia o respeito da Igreja pela ciência na verificação dos milagres de Lourdes. É mais comum os médicos decidirem por uma "cura inexplicável" do que a Igreja católica reconhecer um milagre ocorrido na área do santuário em torno da gruta onde Santa Bernadette teve suas visões da Virgem Maria. Ele cita ainda outro estudo, britânico, realizado entre peregrinos de Lourdes, que comprovou melhoras significativas em quadros de ansiedade e depressão. Até um ano após a visita, o efeito do contato com o local sagrado era equivalente ao de um eficaz antidepressivo químico. A fé em si nada tem de sobrenatural. É fenômeno naturalíssimo e, ao que tudo indica, benfazejo.

Tal como Luc Montagnier, Raj Persaud é tudo menos um devoto cristão. Ambos concordam que Lourdes é um chamado a investigar mais para descobrir quais fenômenos naturais estão por trás de tantas curas associadas ao santuário.

Santa Bernadette Soubirous morreu em 16 de abril de 1879, aos 35 anos, após muito tempo de sofrimento por conta de uma tuberculose óssea, doença que causa atrofia muscular, imobilidade e dores muito intensas. Dizia que a melhor fase de sua vida foi a primeira infância, até os 10 anos, quando viveu no velho moinho, pois pôde constatar o amor entre os pais, o mais belo e admirável sentimento que conheceu. Foi, sem dúvida, sua maior Fortuna, o melhor que a Providência lhe deu em vida.

Se ela de fato se comunicou com a Virgem Maria, jamais se saberá. É provável, porém, que tenha sido sincera em suas descrições.

Sinceridade não é o mesmo que verdade. Se há uma correspondência exata entre uma e outra, é questão de fé.

O corpo de Santa Bernadette foi exumado pela primeira vez em 1909. Estava incorrupto, em estado idêntico ao que foi sepultado. Em 1925, após uma terceira e definitiva exumação, havia pequenas manchas nas mãos e no rosto, tratadas com cera. De lá para cá, seu corpo está exposto numa urna de vidro na cidade de Nevers, na França central. O rosto segue com a mesma expressão serena e piedosa que marcou a vida da primogênita de Louise Casterot, que a propósito morrera aos 41 anos, ainda na pobreza.

Sobre as visões de Santa Bernadette Soubirous, talvez lhe sejam devidas as palavras de Jesus no Evangelho segundo Mateus, capítulo 11, versículo 25:

> Eu te bendigo, Pai, Senhor do céu e da terra, porque escondeste estas coisas aos sábios e entendidos e as revelaste aos pequenos.

5

O livre-arbítrio

> *Laura, com impropriedade,*
> *se vestiu de molinista.*
> *Quem pôs freio a essa beldade*
> *e a toda a liberdade*
> *é sem dúvida jansenista.*
>
> Benito Jerónimo Feijoo (1745)

Para quem passaria à história como defensor erudito e original da liberdade, o pequeno Luis de Molina era bem disciplinado. Obediente aos pais, Ana Garcia e Diego, aos 12 anos já se destacava como estudante de gramática e letras latinas, com preferências por Virgílio e Cícero, na então próspera Cuenca, cidade fundada por muçulmanos no coração da Espanha.

O gosto pelo aprendizado metódico o levou a Salamanca, a mais prestigiada universidade do reino mais poderoso da Europa no século XVI. Matriculou-se em direito. Era de fato vocacionado a debater questões legais, mas um chamado da fé o fez largar o curso mal completara um ano de estudos. A recém-constituída ordem católica Companhia de Jesus o acolheu como noviço no colégio de Alcalá de Henares. Contava então 17 anos de idade.

Um ano depois, é mandado pela ordem, a pé, em peregrinação, a Lisboa. Aprende português e passa a estudar na Universidade de Coimbra. Cursará artes e teologia. Aos 26 anos é ordenado padre jesuíta, aos 28 assume como professor de artes em Coimbra. Escreve um tratado completo de artes, mas a pretensão de publicá-lo esbarra numa briga com o padre luso Pedro de Fonseca, acusado de plagiar partes do trabalho de Molina (noutra versão, Pedro de Fonseca é professor de Molina e coautor do molinismo; há controvérsias, portanto).

Sem clima para seguir em Coimbra, assume a cátedra de Teologia em Évora, disciplina na qual alcançará o título de doutor em 1571. Enquanto dá aulas, ganha notoriedade por explicar e comentar a *Suma teológica* de São Tomás de Aquino, obra considerada difícil tanto por teólogos como por filósofos. Em 1584, fixa residência em Lisboa, liberado pela ordem para dedicar tempo integral a seus escritos. Sábia decisão dos jesuítas, pois da pena de Molina sairá *Concordia liberi arbitri cum gratiae donis*, de 1588, criativo e bem fundamentado tratado sobre uma questão que desafiara os filósofos cristãos desde o século II: como conciliar a onisciência e a onipotência do Deus cristão com o livre-arbítrio, já que ambos estão expressos na Bíblia.

A solução de Luis de Molina vinha num momento de confronto de posições entre os reformados, notadamente Lutero e Calvino, que basicamente negavam o livre-arbítrio, e a do Concílio de Trento (1563), que reafirmava a participação da vontade humana como cooperadora para a graça da justificação (Salvação). A Igreja romana o fazia de modo enfático, a ponto de desagradar alguns dominicanos, comprometidos com a interpretação mais limitada de São Tomás de Aquino, e aos agostinianos, fiéis à ortodoxia de

Santo Agostinho, a propósito autor original da expressão "livre-arbítrio" e da primeira teoria mais ou menos completa a respeito. No Evangelho, não há menção direta ao livre-arbítrio; não há uma problematização específica sobre o limite entre inclinação, vontade livre e ação sobrenatural. Mas mesmo de uma leitura rápida pode-se deduzir pela compatibilidade entre o poder de escolha do homem por dadas opções e a onisciência e a onipotência divinas. Não faria sentido toda a pregação, os reiterados chamados a crer n'Ele partidos de Jesus, se não houvesse alguma liberdade de escolha nos ouvintes. Por outro lado, há diversas menções à onisciência do próprio Jesus e das demais pessoas da Trindade: Deus e o Paráclito (Espírito Santo), e a indicação da eleição dos salvos por critérios predeterminados pelo Pai.

Contradição? Até aí, nenhuma. Se lermos o Evangelho todo, concluiremos que há um campo de escolhas livres franqueado ao homem e que a onisciência, onipotência e o decreto de predestinação divino não necessariamente agem sobre esse campo o tempo todo. Porém, podem agir, e aí as dúvidas: como e quando? São Paulo e São Tiago começam a responder no Novo Testamento. Em suas cartas é que serão embasadas as diversas doutrinas cristãs sobre os limites da liberdade humana e sobre os pressupostos da ação de Deus no homem visando a sua salvação, especialmente o conceito de graça.

A tese inteira de Molina não é de fácil compreensão para não iniciados em teologia. Por isso, opto para expô-la em detalhes ao final deste capítulo, antes tratando de algo bem mais simples: a opinião da filosofia sobre o livre-arbítrio, independentemente de este contar com limitações ou apoios a partir dos atributos de Deus. Inicio por uma proposta extrema de libertarianismo, sintetizada por Étienne de La Boétie, contemporâneo de Molina.

La Boétie, nascido em berço de ouro, ao ingressar na universidade, no curso de direito, no calor da tenra juventude, escreveu inspirado texto intitulado "Discurso sobre a servidão voluntária". É um convite ao exercício da liberdade contra a tirania a partir da constatação de um vício humano universal: a tendência a aceitar o jugo de um só. Então pergunta, ingênuo: "Que mais é preciso para possuir a liberdade do que simplesmente desejá-la?"

O "Discurso" teria grande repercussão no futuro, inspirando libertários, liberais e anarquistas pacifistas, pois La Boétie não propõe a luta armada contra a tirania, mas a desobediência civil. Ao citar exemplos de amor à liberdade, situando-os nas antigas Grécia e Roma, dá razão aos humanistas de pouco antes de seu tempo, como Petrarca, mantendo acesa essa marca do Ocidente que Karl Popper chamará "sociedade aberta", nascida justamente na Grécia clássica.

Quanto a seus pressupostos, não é preciso ler Freud para identificar primeiramente na figura do pai "a tendência a aceitar o jugo de um só". É como Pai que Jesus apresenta Deus no Evangelho. É como pai que se descreve o rei. É uma identidade primeira, mas que não se sustenta no tempo, como o apontava o historiador romano Veleio, contemporâneo de Jesus:

> Durante as guerras civis e suas proscrições, a lealdade das esposas foi máxima, a dos libertos foi média, a dos escravos não foi nula e a dos filhos foi igual a zero, tanto é duro suportar o adiamento de uma esperança.[1]

Vale ressaltar que no direito romano o filho só se emancipava plenamente com a morte do pai. De qualquer forma, o pai que surge para a criança como herói onipotente não poderá manter essa imagem para o filho na vida adulta, sendo frequentes as desavenças nascidas de tal inversão de expectativas. E, cá para nós, muitos não esperarão do "velho" muito mais do que o momento de sucedê-lo nos bens. Não vem apenas daí, portanto, a tendência humana, bem identificada por La Boétie como caso geral, à servidão voluntária.

A propósito dessa identificação entre Deus e Pai, tudo se atribui a quem de tudo se espera, o que nem sempre será lisonjeiro ao Todo-poderoso. Meu avô, Pedro Chies, descendente de italianos, exclamava "Porco Dio!" (porco Deus) quando algo dava errado. Como bom católico, jamais lhe ocorreria reclamar da Virgem Maria nem de Jesus.

Os reis estão também sujeitos às injúrias vindas do povo pelo ineficaz exercício de seus poderes, restando a eles tentar transferir a Deus a culpa por eventuais infortúnios. Se São Paulo definiu que o poder dos reis emana de Deus, como Jesus também o declara no Evangelho, mas de forma menos precisa, Ele é culpado de todo o mal que se abata sobre o governo da nação, enquanto o bem tenda a ser creditado a quem está de fato presente para se creditar — ao rei. De modo que o sistema evangélico/neotestamentário terá caído como uma bênção aos monarcas do Ocidente. Não fosse a contestação dos filósofos...

Focando ainda em Veleio antes de percorrer quinze séculos para retornar a La Boétie, a relação dos senhores com os escravos no Império Romano, que incluía as terras percorridas por Jesus, não era parecida com a lenda sobre a escravidão que conhecemos hoje. Não havia racismo associado (exceto na Grécia) e era corriqueira a ascensão à condição de liberto. Eventualmente, violentava-se o escravo com o chicote, frequentemente pelo sexo, tanto na modalidade heterossexual quanto na homossexual (os romanos eram em geral bissexuais), embora os filósofos estoicos, como Galeno, condenassem os excessos. Os escravos rurais (maioria) raramente eram açoitados.

A propósito, o Evangelho traz uma belíssima parábola sobre servos (escravos), seu senhor e talentos, não como dons, mas como uma moeda da época. Contudo, aqui é possível entender também "talento" no sentido usual, e não haverá liberdade mais cara ou pelo menos mais louvável no homem do que a de exercer seus talentos, seus dons, unir à vocação natural a vontade e o esforço para um bom resultado.

Quando Jesus se refere a senhor e servos, por "senhor" leia-se Deus e por "servos" leia-se "homem", qualquer homem, pois, do ponto de vista do Criador, as criaturas são seus escravos. A parábola está em Lucas e em Mateus. Prefiro a versão de Mateus (25:14-30):

> Será também como um homem que, tendo de viajar, reuniu seus servos e lhes confiou seus bens. A um deu cinco talentos; a outro, dois; e a outro, um, segundo a respectiva capacidade. Depois partiu. Logo em seguida, o que recebeu cinco talentos negociou com eles; fê-los produzir e ganhou outros cinco. Do mesmo modo, o que recebeu dois ganhou outros dois. Mas o que recebeu apenas um foi cavar a terra e escondeu o dinheiro de seu senhor. Muito tempo depois, o senhor daqueles servos voltou e pediu-lhes contas. O que recebeu cinco talentos aproximou-se e apresentou outros cinco:
> — Senhor — disse-lhe —, confiaste-me cinco talentos; eis aqui outros cinco que ganhei.
> Disse-lhe seu senhor:
> — Muito bem, servo bom e fiel; já que foste fiel no pouco, eu te confiarei muito. Vem regozijar-te com teu senhor.
> O que recebeu dois talentos adiantou-se também e disse:
> — Senhor, confiaste-me dois talentos; eis aqui os dois outros que lucrei.

Disse-lhe seu senhor:

— Muito bem, servo bom e fiel; já que foste fiel no pouco, eu te confiarei muito. Vem regozijar-te com teu senhor.

Veio, por fim, o que recebeu só um talento:

— Senhor — disse-lhe —, sabia que és um homem duro, que colhes onde não semeaste e recolhes onde não espalhaste. Por isso, tive medo e fui esconder teu talento na terra. Eis aqui, toma o que te pertence.

Respondeu-lhe seu senhor:

— Servo mau e preguiçoso! Sabias que colho onde não semeei e que recolho onde não espalhei. Devias, pois, levar meu dinheiro ao banco e, à minha volta, eu receberia com os juros o que é meu. Tirai-lhe este talento e dai-o ao que tem dez. Dar-se-á ao que tem e terá em abundância. Mas, ao que não tem, tirar-se-á mesmo aquilo que julga ter. E, a esse servo inútil, jogai-o nas trevas exteriores; ali haverá choro e ranger de dentes.

A parábola pode ser interpretada de muitas maneiras. A começar pela crítica ao Senhor que "ceifa onde não semeou". É um típico proprietário romano absenteísta. Jesus deve ter utilizado essas palavras porque a crítica era comum em seu tempo. As ações dos servos podem ser comparadas a dons de Deus, ao trabalho missionário, ao tamanho da fé de cada um.

Eusébio de Cesareia, baseado em parábola análoga presente no "Evangelho dos Hebreus", interpreta de forma literal a referência a "talentos", pois talentos eram moedas de prata valiosas. Assim, a intenção de Jesus é elogiar quem, sendo operoso, multiplica o que lhe foi confiado. Na época, servos atuavam como administradores e contadores de proprietários rurais da aristocracia, e a opinião pública louvaria um senhor que, recebendo do servo a prestação de contas, recompensasse-o devidamente.

A conclusão da parábola (quem tem mais terá; quem não tem perderá o pouco que tem) vale para servos zelosos, empreendedores e investidores. É o melhor conselho até Benjamin Graham e Warren Buffett, mas Eusébio seria uma voz quase solitária entre os filósofos a defender a interpretação financeira do versículo. Seria preciso esperar São Tomás de Aquino, os escolásticos espanhóis tardios, entre os quais se destacará Luis de Molina, e os filósofos britânicos liberais dos séculos XVII e XVIII para que a sabedoria evidente da parábola pudesse servir amplamente de inspiração para o investimento de risco, o empreendedorismo.

É certo, contudo, que a parábola deve ter agradado muitos empreendedores seguidores do cristianismo ainda no tempo romano, pois esses tendiam naturalmente a viver conforme a estrita moral sexual dos cristãos, e essa passagem do Evangelho exalta-os como nenhuma outra.

A maior parte do Evangelho que trata de finanças e empreendimentos despreza o resultado de tanto esforço, a fortuna produzida pelo labor e pelo investimento metódico, pois o caráter escatológico (fim dos tempos) da pregação de Jesus aponta para um Juízo Final próximo, para o qual era inútil produzir ou armazenar. É uma contradição? Não necessariamente. O princípio estoico de não ligar para as paixões, para a cobiça usurária, não proíbe o sábio de trabalhar e multiplicar seus dons e seus bens, não condena o esforço empreendedor paciente e renovado. A contradição pode ser, assim, apenas aparente. O rico não entra no céu? Bem, pela parábola dos talentos, o pobre que se fez pobre pelo desperdício também não. Não se apegue aos resultados da labuta e do investimento, mas tais esforços em si são louváveis aos olhos de Deus, segundo a parábola.

A beleza do final da parábola dos talentos está em afirmar que o dinheiro parado, enterrado, tende a se desvalorizar, enquanto o dinheiro investido irá se multiplicar pelo zelo do servo fiel. O mesmo se aplica para "talento" no sentido de "dom", que só vale se for acompanhado de esforço. De longe, é a melhor lição prática do Evangelho, estando de acordo com Sêneca quando este diz: "Ajamos como bons pais de família, aumentemos o que recebemos como herança; que a sucessão passe ampliada por mim a meus herdeiros."

Tal ensinamento contraria visões rasteiras, segundo as quais a economia seria um jogo de soma zero. Os oito talentos distribuídos inicialmente, segundo o texto, transformaram-se em quinze. Concentração de renda? Talvez, mas se deve notar que o senhor de nada se apropriou, legando aos servos operosos, capazes de multiplicar as riquezas. A dinâmica de uma economia livre, como a história demonstraria no porvir, tratará de distribuir os resultados alcançados, e gerará mais fartura a divisão natural de quinze do que a de oito.

Ainda sobre escravos, mesmo na servidão involuntária pode haver contrapartida de amor do servo para seu dono, e quase sempre há diálogo ou mesmo negociação envolvendo recompensas em troca de maior e espontânea dedicação. A história do Brasil, grande nação escravocrata da era moderna, registra muitos desses casos. O escritor brasileiro Joaquim Nabuco espantava-se com o pranto sincero de alguns escravos quando da morte do senhor. O que me faz lembrar o depoimento de uma florista de Moscou a um jornalista ocidental logo após a morte de Stalin: "Estou triste. Ele pensava por nós. Agora quem vai fazer isso?"

Assim como aceitamos a posição de "servos" em relação ao "Senhor" Deus, pomo-nos a serviço de causas e homens por livre vontade, tanto mais se há gratidão envolvida, como se refere Veleio aos libertos. Na sociedade romana, a opinião pública cobra do liberto a lealdade eterna ao senhor que o fizera livre por sua vontade, acompanhada de gestos diários de reconhecimento. Na prática, os libertos faziam-no a contragosto, a obrigação pesava com o passar do tempo, mas a opinião pública determina a honra e nada limita mais a liberdade de agir ou não agir do que a honra, moeda extremamente valorizada no comércio entre os homens.

A gratidão é talvez a mais cruel das formas de servidão voluntária. Dá-se, assim, na maior parte dos casamentos assimétricos, mas esse é assunto para um capítulo específico, mais adiante. Na teoria da dádiva, de Marcel Mauss, o doador pede ao objeto doado que destrua quem o recebeu. Não é bem assim. Há falácias e inconsistências nas referências antropológicas na teoria do festejado autor francês, mas resta a constatação do mal-estar presente nas relações em que há uma dívida presumida a nublar a reciprocidade simétrica esperada de qualquer relação humana. São "faturas impagáveis", como define Eugène Enriquez.

La Boétie exalta a amizade desinteressada como uma forma de amor, oposta à servidão voluntária. Ora, não é nada disso. Amizades são frias ou são intensas. Num e noutro caso envolvem interesses, do financeiro ao afetivo em relação diretamente proporcional à intensidade. Não há nada nas relações humanas que se furte ao interesse ou à reação condicionada. Se algum arbítrio subsiste é na relação em que o interesse é manifesto, transparente e claro: o comércio livre. De modo que não se busque nas relações de reciprocidade, exceto talvez na relação de consumo-pagamento, o livre-arbítrio.

A pergunta ingênua de La Boétie não é ingênua pelo fato de ele ser ingênuo. Nada disso. Para um jovem de 18 anos, apresentava notável erudição e vasta capacidade para a filosofia. Uma pena ter morrido aos 32, vitimado por uma epidemia de peste. La Boétie também não era ingênuo o bastante para fazer público seu texto, pois sua família tinha interesses no Estado tirânico que ele atacava. O *Discurso sobre a servidão voluntária* só seria publicado por amigos, como Montaigne, após a morte de La Boétie. O próprio filósofo exerceria um bom cargo público, provando o quanto a servidão voluntária pode ser proveitosa em alguns casos.

Não fujo mais ao ponto: "Que mais é preciso para possuir a liberdade do que simplesmente desejá-la?" Se for o caso de escolher entre sorvete de morango ou de chocolate no supermercado, nada além de haver as duas opções à venda. Por mais que estejamos condicionados, pela genética, pelo adestramento do gosto, pela opinião de terceiros sobre chocolate ou morango, a preferir um a outro, somos livres para um belo dia experimentar o diferente, como já aconteceu comigo, sentindo tal escolha diversa da habitual como um exercício orgulhoso de minha liberdade. Não venham os biólogos ou filósofos me dizer que nesse caso também havia condicionantes a restringir minha escolha. Até havia, eu reconheço, mas a inteligência humana não deve ser aviltada a ponto de não poder influenciar na escolha de um sabor de sorvete.

É evidente que La Boétie não estava pensando em morango ou em chocolate quando fez a pergunta, sobretudo porque o chocolate nem sequer chegara à Europa em seu tempo. Estava pensando na escolha de governantes e na sujeição a eles, entre outros temas. Nesse caso, tenho que concordar com Lysander Spooner, teórico libertário do século XX, e não acreditar que o "um homem = um voto" signifique liberdade, senão num sentido extremamente restrito.

"Que mais é preciso para possuir a liberdade do que simplesmente desejá-la?" Quem não a deseja como ideal? E na prática? É certo o desejo do apenado de deixar a prisão. É comum o desejo de se libertar dos vínculos, obrigações e regras da família para constituir em liberdade sua própria família ou viver "solitário" em uma cidade. É raro o desejo de se libertar das regras de uma cidade para se tornar eremita na selva. Seria demente desejar a abolição de toda e qualquer regra moral.

A ninguém ocorre desejar a perda de toda e qualquer liberdade, portanto a tendência à servidão voluntária será sempre relativa e condicionada, ainda que induzida por ilusão. A ninguém ocorre desejar toda liberdade, de qualquer modo impossível, pois mesmo o eremita não pode tudo, sua liberdade pouco pode contra um meio que não foi criado para lhe facilitar o exercício de suas vontades, pelo contrário.

A moral ocidental atual, a partir da iniciativa enfática de um grupo cristão do século XVIII, condena a servidão compulsória, a escravidão legal e independente da vontade do escravizado. Essa mesma moral, como qualquer outra, pouco pode contra a servidão voluntária, a não ser estabelecer o mínimo de complacência e o máximo de responsabilização individual. Será preciso aceitar que o consentimento aos vínculos é em alguma medida necessário à convivência social. Qual medida? A que tiver por princípio que a liberdade, tal como a perfeição, é meta inatingível sem deixar de ser um paradigma do qual devemos nos aproximar para que a tendência à servidão voluntária e a seguir aos discursos idílicos não conduza todos à tirania.

A questão do livre-arbítrio, para a filosofia, é relevante se pesarmos todos os fatores que podem influenciar uma decisão que fuja ao âmbito da servidão voluntária, ela própria uma decisão, pois voluntária, e de circunstâncias absolutamente determinantes. Esses fatores são: predisposição genética, aprendizado, fatores ambientais gerais e circunstâncias específicas. Sobra alguma coisa para a livre decisão?

Para a maior parte dos estoicos, não; tudo é determinado por todos esses fatores e, caso algum deles falte, pelo destino e pela Providência. Para Platão, Aristóteles e Sócrates, o campo da liberdade de escolha é muito restrito. Para Epicuro, é maior. Demócrito, por sua vez, é considerado o pai do determinismo, ou seja, da absoluta negação do livre-arbítrio.

Erasmo de Roterdã, sob influência cristã, e sustentando polêmica com Lutero, diz que sim, temos livre-arbítrio. Erasmo tinha simpatias por Pelágio, um monge do século V que defendeu popular doutrina herética, com livre-arbítrio muito estendido. Leibniz, por acreditar no melhor dos mundos possíveis e que todo mal vem para o bem, como já vimos, limita o livre-arbítrio por um lado, pois tudo teria uma prévia, mas por outro defende o princípio como indispensável à justiça. Espinosa, por outro lado, limita completamente: não há nenhum livre-arbítrio possível em seu sistema panteísta ou ateu, conforme se queira classificá-lo, pois todo pensamento é causado — de causa em causa, retrocedendo a investigação das causas à causa primeira, sempre se esbarrará numa circunstância determinante, não modificável pela vontade humana. Faz sentido. Schopenhauer endossa Espinosa

Hobbes e John Locke dizem que a pergunta é absurda. A vontade pertence ao agente, e a vontade em si não é livre nem não livre, pois toda vontade tem uma causa. Portanto, a expressão "livre-arbítrio" é um paradoxo, não faz sentido, pois nenhum ato decorrente da vontade pode ser não causado, pois a vontade é sua própria causa e o indivíduo não pode ser alienado de sua vontade nem deixar de ser responsabilizado por ela. Na verdade, o pensamento de ambos sobre liberdade é mais complexo, mas não fujo ao sentido proposto assim resumindo.

Kant diz que decidir por morango ou chocolate não é uma decisão livre, mas determinada, como toda decisão que envolva um fenômeno no tempo e no espaço, no mundo sensível. Porém, para preservar a moralidade, propõe uma liberdade no campo da transcendência, dentro de sua proposta de ação moral para Deus, que veremos mais adiante, em outro capítulo. A proposta de livre--arbítrio relativo de Kant não para em pé, podendo-se afirmar com convicção sua filiação ao determinismo absoluto.

Termino essa amostragem muito pequena da opinião de filósofos destacados sobre livre-arbítrio com Isaiah Berlin, que classifica como possivelmente livre a decisão que comporta uma alternativa viável, ou seja, há que se ter pelo menos duas escolhas ou se estará diante de uma coerção irresistível.

Convém registrar a opinião dos filósofos das *hard sciences*, notadamente física e biologia. Digo filósofos porque derivam de observações cientificamente válidas e demonstráveis posturas sobre um problema da razão pura, da filosofia moral, que é a liberdade. Quando diz "Deus não joga dados", Einstein filia-se ao determinismo. Robert Hilary Kane, filósofo libertário, tem se destacado pela defesa do livre-arbítrio, evocando o indeterminismo quântico. Com essa via esotérica, põe em risco a justeza de seus demais argumentos, pois a mecânica quântica não se presta ou não deveria se prestar a derivações filosóficas puras, por mais que o filósofo saiba de física. Karl Popper invalidaria qualquer argumento surgido dessa fonte. Erwin Schrödinger, um dos principais físicos responsáveis pelas descobertas no campo da mecânica quântica, dizia que a aleatoriedade quântica não se aplica à biologia. Alan Sokal, matemático e físico, já submeteu ao vexame público filósofos pós-modernos que se põem a delirar a partir de pressupostos das *hard sciences*.

O argumento válido mais consistente de Robert Kane propõe a possibilidade de ações livres na formação da própria personalidade, o que ele chama de *self-forming actions* (ações de autoformação). Kane não nega a força das inclinações e das circunstâncias na formação do caráter do indivíduo, não haveria mesmo como negar. Porém, como os behavioristas, acredita poder condicionar atitudes a partir de uma ação consciente, de um desejo genuíno de agir melhor. Se os behavioristas pregam forçar o indivíduo a desafiar circunstâncias e inclinações para bem escolher, Robert Kane defende esse "forçar" a partir de uma decisão solitária do próprio ser que deseja escolher melhor, nuança em relação ao modelo terapêutico daquela corrente da psicologia.

O filósofo e biólogo Anthony Cashmore compara a ilusão do livre-arbítrio ao vitalismo, ou seja, à crença há muito superada pela ciência no sopro vital (alma) como contributo componente do fator vida ao emaranhado de combinações físico-químicas do corpo humano. Ele não está sozinho. Expoentes do pensamento como Joshua Greene, Derk Pereboom, Saul Smilansky e Daniel Wegner o acompanham numa cruzada pela decretação do determinismo como verdade científica insofismável. O objetivo declarado, pelo menos por Greene e Cashmore, é questionar nosso sistema penal, retirando dos indivíduos qualquer responsabilidade objetiva, portanto repreensível, por seus atos.

Negar o vitalismo é fácil. John Locke e Voltaire não precisaram recorrer à biologia para isso. Comparar tal negativa com a do livre-arbítrio, porém, é indevido. Cashmore e seus colegas de militância não apresentam provas consistentes. Prometem mapear as funções de cada um de nossos genes para determinar como isso afeta o comportamento. Por enquanto, é ficção científica. Se um dia não for, qual será a proposta? Mexer no código genético dos sociopatas? Qualquer projeto de engenharia social baseado em manipulação genética levanta sérias objeções morais, filosóficas. O fato de não sabermos para que existimos não autoriza a ciência a tomar essa decisão por nós.

A negativa do livre-arbítrio está há muito ligada ao historicismo (crença de que a história anda em linha reta, tem uma lógica e um destino) e ao cientificismo. A primeira corrente, a que se filia o marxismo, acredita demais no homem, tanto que chega à mesma conclusão de Cashmore sobre o homem não estar predisposto a fazer o mal por vontade própria. A segunda vê o homem como um "saco de produtos químicos" (palavras de Cashmore) a ser moldado conforme as preferências ideológicas dos cientistas filósofos. O problema adicional é que bons cientistas nem sempre são bons filósofos, caso de Alan Sokal, que declara votar na esquerda porque tem pena das pessoas. Não tenho nada contra o fato de ele votar na esquerda, mas tenho pena da ignorância política que ele revela nesse raciocínio. Que historicismo e cientificismo, duas falácias conceituais, se encontrem na questão do livre-arbítrio não é surpresa.

Concluindo o que diz respeito à filosofia sem contar Deus na equação, o livre-arbítrio é uma não questão, pois todo comportamento a partir de uma decisão racional, por mais que obedeça a condicionantes, obriga o indivíduo a responder por seus atos. Ninguém, nem mesmo o mais malvado homicida, tem dificuldades para entender isso. Deterministas e libertários debatem a partir de pontos de vista ideológicos extremos e alguns de seus filósofos tentam se agarrar a pressupostos das *hard sciences* que não se mostram válidos, nem sequer provados em suas respectivas áreas de conhecimento. A moral, portanto, não está em jogo aqui, a não ser que se queira usar o livre-arbítrio ou o não livre-arbítrio como alavanca para uma tese com fins políticos.

A liberdade de expressão, a liberdade de empreendimento, a liberdade de comércio e a liberdade de pensamento formam um conjunto de liberdades indispensáveis à libertação humana dos ciclos de tiranias que marcam a história universal. A prova dessa indispensabilidade está na atual concretização de uma sociedade cosmopolita a partir do exemplo do Ocidente. Qual o papel do cristianismo nisso, ou melhor, dos cristianismos, pois são muitos, é assunto para o próximo capítulo, mas certamente a noção de livre-arbítrio, presente no Evangelho e moldada como filosofia a partir de Santo Agostinho, militou mais a favor do que contra essa libertação.

O conjunto das liberdades afins (pensamento-expressão-empreendimento-comércio) não está em risco em função do predomínio do pensamento determinista ou libertário quanto ao livre--arbítrio, pois, por mais condicionado que seja o exercício dessas liberdades, somente ideologias totalitárias militam contra elas. A filiação dessas ideologias a uma corrente ou outra nesse assunto não deverá mudar a força ou a essência do pensamento totalitário.

Hora de regressarmos à teologia, ao livre-arbítrio como resultado de uma relação entre o homem e o Deus do cristianismo.

A confissão de fé de Westminster, resultado da reunião de 121 teólogos calvinistas e aprovação do parlamento inglês, especifica, em seu capítulo IX, uma breve doutrina sobre o livre-arbítrio. Representando até hoje a posição oficial do calvinismo, ela não elimina o livre-arbítrio, mas reconhece nesse princípio de fé severas limitações. No homem caído e não regenerado pela graça, como dizia o católico radical Miguel Baio antes da reunião dos adversários reformados, concordando com eles, "o livre-arbítrio só serve para pecar". No homem alcançado pela graça, o livre-arbítrio ganha mais força, mas aquém do que se propôs e se aprovou em outra reunião, o Concílio de Trento, da Igreja católica.

Apesar da manutenção do texto de Westminster e de certa unidade na Igreja presbiteriana — a principal denominação calvinista —, há interpretações diversas do capítulo IX, que de resto não prima pela clareza. Os decretos de Trento são mais sucintos e menos expostos a interpretações. Nem Trento nem Westminster abraçam na íntegra as teses de Luis de Molina. Os católicos, no entanto, sem dúvida, ficam mais próximos do pensamento do filósofo espanhol. Mas, como o mundo dá voltas e o cristianismo, afinal, não pode mudar uma linha sequer do Evangelho (melhor dizendo, algumas denominações fizeram isso, mas não o catolicismo nem o calvinismo), há teólogos não católicos, como William Lane Craig, e filósofos reformados de grande prestígio acadêmico, como Alvin Plantinga, que defendem o molinismo. Craig chega a afirmar que o molinismo é o verdadeiro calvinismo.

Do lado católico, os jesuítas abraçam uma versão pouco modificada do molinismo e os teólogos oficiais da Igreja veem os pressupostos de Luis de Molina com simpatia. A *Enciclopédia católica* elogia o molinismo quase abertamente. Sinal de que não há tantas diferenças assim entre católicos e calvinistas, menos ainda com os arminianos, uma derivação do calvinismo mais próxima do catolicismo na questão do livre-arbítrio.

Muitos se perguntam o que Santo Agostinho, São Tomás de Aquino e Calvino achariam disso se estivessem aqui para dar opinião. Acho que prefeririam o molinismo, os decretos de Trento ou o capítulo IX de Westminster, tudo junto ou separado, tanto faz, ao que os cristãos, tanto calvinistas quanto católicos, andam fazendo com seu próprio livre-arbítrio em questões doutrinárias. Nas Américas ou na Europa, o pensamento politicamente correto e o determinismo laico têm-se infiltrado com sucesso tanto em igrejas católicas quanto em pertencentes a denominações calvinistas.

O EVANGELHO SEGUNDO A FILOSOFIA

Fiquei espantado ao ler uma edição comentada da confissão de Westminster, editada recentemente por uma igreja presbiteriana do Brasil. Os demônios foram substituídos pelos transgênicos e o responsável por limitar o livre-arbítrio não era mais Deus, mas o "capitalismo opressor".

Não era isso que queria Calvino em sua doutrina do livre--arbítrio, determinista, mas com responsabilização pessoal estrita. Não deve ter passado pela cabeça de São Tomás de Aquino que sua doutrina de base aristotélica seria desviada para justificar teologias utópicas de base não cristã, tendo como pressuposto a pureza espiritual e moral do homem supostamente humilde. Muito menos teria ocorrido algo assim a Luis de Molina, um crítico das ideologias utópicas coletivistas já no século XVI, como se pode ver neste trecho de sua pena:

> Se as coisas fossem tidas em comum, seriam pobremente cultivadas e administradas. A escassez se seguiria e os homens lutariam uns com os outros pelo uso e consumo dos bens. Os poderosos inevitavelmente explorariam os mais fracos. Ninguém estaria interessado em servir o bem público e ninguém concordaria em executar aquelas tarefas que requerem mais esforço.[2]

Finalmente, o molinismo. Observe o seguinte trecho do Evangelho de Mateus (11:20-23)·

> Depois Jesus começou a censurar as cidades, onde tinha feito grande número de seus milagres, por terem recusado arrepender-se· "Ai de ti, Corozaim! Ai de ti, Betsaida! Porque, se tivessem sido feitos em Tiro e em Sidônia os milagres que foram feitos em vosso meio, há muito tempo elas se teriam arrependido sob o cilício e a

cinza. Por isso vos digo: no dia do juízo, haverá menor rigor para Tiro e para Sidônia que para vós! E tu, Cafarnaum, serás elevada até o céu? Não! Serás atirada até o inferno! Porque, se Sodoma tivesse visto os milagres que foram feitos dentro dos teus muros, subsistiria até este dia."

O leitor deve estar familiarizado com a história de Sodoma e Gomorra, cidades destruídas pelo Deus de Israel por conta de suas imoralidades. A palavra "sodomia" vem dessa história. Eu não tinha notado em minhas primeiras leituras desse trecho de Mateus, talvez porque prestando atenção à menção a Sodoma, que ele contém um "contrafatual", ou seja, uma descrição do que poderia ter sido se não tivesse sido como foi. Vou dar um exemplo em história contrafatual: "Se Hitler não tivesse invadido a Polônia, a Segunda Guerra Mundial não teria sido iniciada."

Se um historiador propõe um contrafatual, isso não será mais do que mero exercício especulativo, mas Jesus é Deus, tem onisciência em relação ao presente, ao passado e ao futuro. Se Ele expõe um contrafatual é porque Deus imaginou um mundo possível em que os moradores de Sodoma teriam presenciado milagres e se convertido. Como Ele sabe que assim se daria? Por conhecer a predisposição dos sodomitas para, mediante o testemunho de milagres, converter-se, assim se diferenciando dos habitantes de Corozaim e Betsaida, que seguiram incrédulos mesmo diante dos milagres operados por Jesus.

Para chegar a esse contrafatual, Deus, antes de dar forma à Criação, pelo menos na parte que tange aos homens, e prever o resultado das interações entre si e com a natureza, imaginou mundos contrafatuais. Pode ter imaginado dois desses mundos, mil, 1 bilhão; o pensamento de Deus é infinito. Num desses mundos, Sodoma não era destruída com fogo e enxofre, conforme ocorreu no mundo efetivamente criado, o nosso. Há um exemplo de contrafatual também no Antigo Testamento, em Ezequiel, 3:4-7.

Logo, se Deus pensou em contrafatuais, é porque o homem deveria ter livre-arbítrio, aderir livremente à fé n'Ele, ou não seria necessário pensar em contrafatuais. Conhecendo a natureza do homem, Deus imagina as circunstâncias possíveis, cria e passa a governar com o que é chamado em teologia de "conhecimento livre", ou seja, a onisciência em relação ao futuro a partir do ato de Criação. O conhecimento dos contrafatuais é batizado por Molina como "conhecimento médio", entre o "conhecimento natural" (as leis da física e da lógica) e o "conhecimento livre", determinado apenas após a escolha de um entre os mundos contrafatuais imaginados.

Ocorre que, ao eleger os destinados à salvação, Deus concede ao eleito a graça da salvação. Isso é tido como verdade por todas as principais correntes do cristianismo e tem base em textos do Novo Testamento. A graça é suficiente, segundo os calvinistas, pois o homem, não tendo livre-arbítrio em função da queda de Adão, não pode resistir à eleição. Até aí, eu também concordo, é um princípio de economicidade. Sem contrariar esse princípio, Luis de Molina reformula a questão da graça sem contradizer as Escrituras.

Para Molina, há a Graça Suficiente e a Graça Eficiente. Ele assume que o homem não pode ir em direção a Deus e que se Deus não lhe der graça o homem ficará na morte e na ignorância, perecendo em seus pecados. Sem a graça de Deus, o homem não alcança a salvação. Molina estabelece então que Deus dá a todos a Graça Suficiente. A partir dela o homem, apesar de sua condição caída e incapaz, recebe a capacidade suficiente para responder à Palavra de Deus pelo Evangelho, atendendo ao chamado do Espírito Santo com fé ou resistindo à graça de Deus. Aquele que responde positivamente recebe de Deus a Graça Eficiente, que regenera e opera a salvação do crente. No arminianismo, a Graça Suficiente é também chamada de Graça Preveniente ou Regeneração Parcial.

No modelo de Molina, Deus segue onisciente e onipotente, interferindo na Criação e em cada homem, porém o homem também é responsável por sua escolha. Adicionalmente, o livre-arbítrio mais amplo advogado por Molina responde a duas questões mencionadas no Evangelho: a importância de seguir os ensinamentos de Jesus, o que inclui obras como a caridade, por exemplo; e a possibilidade de retroceder na fé, ou seja, de resistir à Palavra de Deus.

O poeta e filósofo espanhol Benito Jerónimo Feijoo e Montenegro não é propriamente o autor dos versos que iniciam este capítulo. Ele conta tê-los recolhido de uma tradução feita a partir de um autor anônimo francês. No poema, há uma oposição entre molinismo e jansenismo. Antes de explicar o que teria acontecido com Laura, a protagonista, convém citar Pascal, assumido jansenista (doutrina fundada por Cornélio Jansênio — 1585-1638), resumindo nos seguintes termos o molinismo:

> Deus tivera uma vontade uniforme, geral e condicional de salvar a todos, contanto que eles quisessem, deixando a seu livre-arbítrio querê-lo ou não, por meio da graça suficiente dada a todos por meio dos milagres de Jesus Cristo. Assim, [o fato de] que uns sejam salvos e outros não o sejam não vem da vontade absoluta de Deus, mas da vontade dos homens.[3]

Conhecendo o leitor o pensamento de Pascal sobre a cegueira do homem e a superioridade de Deus, nota-se nesse trecho o exercício de sua feroz ironia. Para os jansenistas, o homem não vale nada ou quase nada. E uma mulher como Laura, que colocou uma máscara e se vestiu com trajes de jesuíta (Molina era jesuíta) por diversão e para chamar atenção, é duplamente repreensível aos olhos dos jansenistas. Benito Feijoo, amante da liberdade e da ousadia de mulheres como Laura, não perderia a oportunidade de registrar a provocação à oposição dos jansenistas à ousadia e à liberdade.

Como símbolo do amor à liberdade, Luis de Molina passou seus últimos nove anos de vida em Cuenca, sua cidade natal. Morreu logo após ser nomeado professor de teologia moral no Colégio Imperial de Madrid, posto que não chegaria a ocupar. Uma pena, pois ninguém seria melhor do que ele para ensinar aos jovens, como fora o jovem La Boétie, que a servidão voluntária é relativa e a moral é necessária para preservar o campo possível da liberdade e da ousadia, o campo da liberdade de escolha da bela Laura e de todo homem.

6

A luz do mundo

Desde a conversão do imperador romano Constantino, no século IV, o cristianismo pautou-se quase sempre pelo nominalismo. Ser cristão era expressão de uma vaga identidade geral. Se fosse o caso de fazer guerra aos muçulmanos ou aos bárbaros não convertidos, assumia feições patrióticas. Viver de acordo com os ensinamentos do Evangelho passava longe do cotidiano da maioria do rebanho. Folclore, superstições associadas aos símbolos cristãos, o "toma lá, dá cá" da Providência, eram as formas mais comuns de sentir-se parte da cristandade.

Nunca faltou, porém, quem exortasse o povo a pautar seu comportamento pelas lições evangélicas. O sucesso desses filósofos, pregadores e escritores foi, no mais das vezes, limitado. Houve, porém, pelo menos uma exceção importante ao costume nominalista. Ocorreu na Grã-Bretanha, entre a segunda metade do século XVIII e a primeira metade do século XIX. Entre os responsáveis por liderar esse evangelismo, ou avivamento cristão, estava uma mulher, uma notável escritora. Sua ação e a de seus companheiros empreenderia uma revolução moral de vastas e benfazejas consequências.

Hannah More era a quarta das cinco filhas de Jacob e Mary Grace More, moradores de Fishponds, nos arredores de Bristol. As duas mais velhas seguiram para o internato, enquanto as demais estudaram numa escola fundada pelo próprio Jacob. Aos 17 anos, de aluna Hannah passou a professora e escreveu sua primeira obra, uma peça teatral, que mais tarde se tornaria um sucesso de público nacional na forma de um livreto. Em 1767 fica noiva, mas após seis anos nada de William Turner, o noivo, marcar a data do casamento. Ela acaba aceitando a desistência dele em troca de uma pensão anual de 200 libras, o suficiente para que pudesse se mudar para Londres e se dedicar apenas à escrita.

Na capital britânica, passa a ter contato com Samuel Johnson, Edmund Burke e William Wilberforce, este o mais destacado líder da campanha para que a Grã-Bretanha não apenas abolisse a escravidão em suas colônias, mas passasse a combater militarmente o tráfico humano. A luta, com motivações e razões eminentemente cristãs, será longa. O século XVIII terminará com a servidão mantida legal em todas as nações, em todos os continentes, em terras cristãs, islâmicas ou budistas. Em 1788, Hannah publica o afamado poema "Slavery", um manifesto da causa.

Wilberforce ajuda Hannah a criar e manter escolas para crianças pobres. Alfabetização e virtudes cristãs, como a moderação e o asseio, eram a tônica do que ali se ensinava. Como escritora, ela publica dramas, poemas e literatura edificante, muito agradável. Hannah sai-se ainda melhor na não ficção, atacando as ideias de Thomas Paine e dos revolucionários franceses. Ela prega uma reforma social conservadora, que ajude os pobres a sair de sua condição, não exalte seus vícios. Tudo pautado pelos princípios de caridade e amor cristãos, o Evangelho como guia moral supremo; a família unida, fraterna, como destino a ser almejado e cultivado.

Em 1808, é editado seu único romance, *Coelebs in Search of a Wife* [Coelebs em busca de uma esposa]. Entre muitas pretendentes, o jovem bem-educado e promissor acaba se encantando por Lucilla, virtuosa e inteligente, preterindo as que só apresentavam beleza. É um enredo universal, mas Hannah faz dele uma apologia ao modelo de família cristão britânico, que irá inspirar também os norte-americanos e, mais tarde, o mundo. O diário íntimo, a oração em família e a leitura da Bíblia valorizam o ideal de coração simples e honesto. Na vida familiar, há espaço para o não dito, mas a lealdade e a confiança são absolutas, dão sentido à vida, permitem o perdão e o apoio mútuo. É tranquilizador, é harmonioso e leva à prosperidade, além de prover o húmus ideal que impulsionará os filhos a uma vida adulta produtiva e exemplar.

Os metodistas, batistas e independentes, na mesma linha geral do avivamento cristão, conquistavam adeptos, no início do século XIX, nos dois extremos do Atlântico Norte. Eles compartilhavam a visão de Hannah More e do poeta evangélico William Cowper. O cristão deveria se sentir observado e julgado por Deus a cada pequeno ato, a cada minuto. Deveria seguir os ensinamentos evangélicos, eliminando tanto a luxúria quanto a preguiça. O padrão ético elevado, a moral caridosa e participativa, o louvor ao trabalho e à prosperidade estarão construindo as sociedades mais livres e prósperas de todos os tempos, verdadeiramente inspiradas no Evangelho.

O Evangelho pode ser lido de muitas formas. A mais óbvia é a milenarista, ou seja, uma negação do mundo em função da promessa de um Juízo Final próximo, uma inversão da ordem. Ao aderir à fé em Cristo, quem se sente injustiçado poderá ter sua desforra. Essa promessa de uma redenção negativa em relação aos prazeres e labutas ordinários, presente nos ditos de Jesus, será sempre ouvida, às vezes mais, às vezes menos, por gente disposta a largar tudo, dar tudo, pela fé. Uma minoria, decerto, mas que dará trabalho às várias ortodoxias cristãs.

Há outra leitura possível do Evangelho, que será enfatizada pelos filósofos cristãos mais preocupados com o ordenamento das sociedades. Trata-se do reiterado convite à diplomacia, à convivência harmônica numa democracia de pecadores, ao amor no sentido de "dar atenção a", universal, extensivo a todos, à humildade e à prática da caridade. Embora Jesus se apresente por vezes irascível, por outras irônico, e goste de contrapor seus interlocutores, sejam eles fariseus, sejam eles seus próprios discípulos, pode-se retirar de algumas de suas palavras uma exortação à moderação dos apetites, ao respeito pelas vontades alheias, a um compromisso moral com o outro. Se ele próprio dificilmente se mostra moderado, também não deseja passar por violento.

Um terceiro aspecto é o emotivo, a paixão no sentido de entrega, de autoanulação meditativa, contemplativa, os milagres possíveis pela fé pura. Jesus chora, prega a oração silenciosa, retira-se para o deserto, confia-se ao Pai. Pode-se ver aqui uma influência oriental, um nirvana. Eu vejo uma inspiração mais próxima, helenística: o ideal de ataraxia, comum a diversas seitas filosóficas daquele tempo. Corresponde à autarcia dos estoicos, cada vez mais em voga durante a expansão do cristianismo pelo Império Romano. É um esvaziar-se das tensões e dos apegos materiais e de compromissos para buscar a serenidade, a paz de espírito.

Um último registro, secundário no texto evangélico, diz respeito à descrença manifestada por Jesus nos juízos humanos. É um pessimismo alternado com otimismo, não há como negar uma ambiguidade na avaliação antropológica do Filho do Pai. Porém, será muito útil na história das sociedades cristãs poder evocar alguns de seus ditos contra o poder do homem de arbitrar uma sociedade perfeita.

Os complementos do Novo Testamento terão instruções para se evitar a leitura milenarista radical. São Paulo ordena respeitar as autoridades constituídas. Seu discurso trabalha para a função civilizatória, ordeira, da nova fé. Não deixa de apelar para a promessa da parusia (Segunda Vinda de Jesus) e do juízo divino, mas que a espera se dê sem uma ruptura violenta em relação ao mundo pagão. No próprio Evangelho, há enxertos aparentemente destinados a suavizar o messianismo apocalíptico de Jesus, como o conceito filosófico de Logos (Verbo), "meu reino não é deste mundo", e "a César o que é de César".

Não se deve falar em uma ortodoxia cristã plena até o Concílio de Niceia (325), reunido na presença do imperador Constantino. Antes disso, os filósofos cristãos romanos, de Antioquia e principalmente os alexandrinos, irão combater as leituras milenaristas, bem como exageros místicos (gnósticos). Não deixam, contudo, de aproveitar a escatologia evangélica para adestrar pelo medo do julgamento do Todo-poderoso. Em harmonia com o neoplatonismo e o estoicismo, em certa medida com o epicurismo, enfatizam igualmente a ascese e o evitar os apegos carnais em favor do ideal meditativo do coração simples. O imperador Marco Aurélio, filósofo estoico, não prega outra coisa. Seus escritos serviriam como guia de meditação ainda em nossos dias.

A prática da caridade e o tratamento igualitário a ricos e pobres será o cotidiano da parte bem comportada (não milenarista nem gnóstica) tanto da Igreja de Roma como da porção grega do império. Os cristãos desse tempo desenvolvem laços de solidariedade entre eles, estabelecem relações de confiança mútua para fins empreendedores, de auxílio ou mesmo de amizade no sentido de convivência alegre, entretenimento. Porém, todas essas características não vacinam contra o nominalismo. Não poucas seitas radicais denunciam esse convívio proveitoso, entremeado pela formalidade do encontro periódico, como "corrupção" da mensagem evangélica.

A divisão do império entre Ocidente e Oriente, com sedes em Roma e Constantinopla, respectivamente, divide também a igreja ortodoxa. Embora a precedência do bispo de Roma (papa) seja formalmente mantida até o fim do primeiro milênio, há um divórcio progressivo entre a sociedade latina, cada vez mais latino-germânica, e a grega, base do Império Bizantino.

Para fins da relação entre Evangelho e cultura, deixarei logo Bizâncio de lado. Talvez seja mesmo o caso, como quer a especialista em história bizantina Évelyne Patlagean, de admiti-la como uma "civilização preguiçosa", mas não gosto de rótulos étnicos, quanto mais que os gregos seguem vítimas da mesma associação depreciativa em nossos dias. Penso o problema de Bizâncio a partir da constatação de que o folclore é a âncora dos povos, de qualquer povo. Tanto mantém as tradições, impedindo a dissolução da identidade étnica, quanto condena à estagnação. A noção substantiva de cultura, como um patrimônio imaterial inamovível, é um erro repetido na política de quase todos os lugares e épocas, e às vezes nosso erro na atualidade. Cultura é devir ou é lenta agonia à espera da morte.

O cristianismo bizantino, embora acumule o mérito de ter em missão cristianizado os eslavos, pautou-se pelo nominalismo tão logo morreu São João Crisóstomo. Houve, é verdade, a tradição hesicasta, a busca de um êxtase místico, que teve em São Simeão, o Novo Teólogo, seu expoente mais destacado, no início do século XI, mas ela foi abrandada e enquadrada de forma devida posteriormente pela igreja ortodoxa. Fora do Monte Atos, sede dos principais mosteiros, a vida nos Bálcãs e na Ásia Menor seguiu mais ou menos como era no tempo do paganismo. Não se havia de civilizar quem civilizado já estava, quem inaugurara o próprio conceito de civilização.

Do lado ocidental, o Evangelho fará diferença e o fará nas quatro vertentes de leitura aqui apontadas.

O milenarismo surgirá e ressurgirá o tempo todo, um verdadeiro inferno que restava enquadrar ou reprimir. Terá como contraponto filosofias tendentes a descrer no homem, apoiadas em outra leitura evangélica.

O misticismo encontrará nos germânicos alguma receptividade, mas será após a estabilização da Europa, no segundo milênio, que surgirão seus mais destacados expoentes, como São Francisco de Assis e Mestre Eckhart, este também um filósofo erudito de notáveis dotes intelectuais. A Igreja de Roma mais incentivará do que reprimirá a meditação transcendental entre os monges e o clero, santos e santas virão daí. Exageros como o de Miguel de Molinos, fundador do quietismo, porém, não passariam em branco, sob pena de se volatilizarem os princípios morais públicos.

Desafio aparentemente intransponível era ensinar amor não carnal, caridade, humildade e diplomacia aos germânicos, esses tribalistas radicalmente opostos a todos esses conselhos. Antes, não fora fácil disciplinar os latinos, eles próprios corruptos e menos dados a refinamentos de hábitos do que os gregos. Tanto o estoicismo quanto o cristianismo eram respeitados nominalmente, não se fazia o que se pregava. Com a fusão dessas duas escolas filosófico--religiosas ao poder estatal, tanto pior.

Não proclamo de antemão que o Ocidente moderno, fruto desse processo de inserção da cultura latina, através do cristianismo, seu representante absolutamente legítimo e fiel, seja uma reedição de Roma. De 476 até hoje não se estabeleceu um folclore ocidental consolidado para se poder comparar. O Império Romano é uma entre influências outras numa Europa primeiro exposta a invasões, depois feita senhora do mundo todo. Se a marca romana da interculturalidade miscigenada se traduz no cosmopolitismo atual, aposto que não, pois, exceto por Portugal e suas ex-colônias, predomina no pensamento ocidental o multiculturalismo, seu oposto.

O cosmopolitismo também não é a compensação tardia pelo fetiche do colonialismo, como propõem alguns autores. Aliás, o colonialismo fez mais pelos colonizados do que pelos colonizadores. Minha tese favorita remete ao poder, às vezes lento, às vezes rápido (no caso, lento), das ideias, da filosofia, tão prezada no Ocidente, especialmente na Idade Média. E à vocação tanto romana quanto germânica aos cismas, à reinvenção contínua de identidades.

Delimitando o Extremo Ocidente como o território a oeste de uma linha imaginária entre Dubrovnick e a atual Estocolmo, aproximadamente, podemos marcar a Idade Média em épocas distintas a partir de quatro personagens: São Gregório de Tours, Carlos Martel, São Bernardo de Claraval e Santa Catarina de Siena; representando, respectivamente e em ordem progressiva no tempo, o caos inicial após a queda de Roma, o ordenamento político da Europa e a definição de sua identidade cristã, o início de um culto à razão e da formação de elites intelectuais, e o primeiro grande avivamento cristão.

Os galo-romanos, no século VI, mantêm com orgulho as melhores tradições romanas e abraçam o cristianismo como símbolo dessa identidade. Não é apenas nominalismo. Há uma crença sincera entre eles não apenas no projeto civilizatório das Escrituras, mas nos aspectos místicos da religião, na Providência.

O EVANGELHO SEGUNDO A FILOSOFIA

Eles habitam o território correspondente à metade sul da atual França. Ninguém os representa tão bem nesse período quanto São Gregório de Tours (538-594), descendente de senadores romanos tanto por parte de mãe como de pai, autoridade eclesiástica, narrador de grande talento, mestre na derrisão crítica aos costumes germânicos. A cidade de Tours, da qual ele foi bispo na maior parte de sua vida, situava-se exatamente na fronteira entre os bárbaros francos e os galo-romanos, ponto de contato entre dois povos muito diferentes entre si.

Os bárbaros não podem compreender a *res publica*, a coisa pública, noção que requer certa capacidade de abstração. Os germânicos são como os ameríndios. Não como os incas, os astecas ou os maias, mas como os tupis. Vivem para a guerra, para a caça, para uma vida curta e plena. Deus eles até entendem, encaixa-se em sua filosofia, mas a obrigação de cumprir mandamentos não é com eles. As estruturas estatais são extremamente frágeis. O que se vê são bandos e mais bandos, como gangues, a se embriagar, se empanturrar e pilhar sem parar, sensíveis ao menor insulto, prontos para a violência.

Os primeiros códigos de leis germânicos, como o de Eurico (480), dos burgúndios (502) e a lei sálica (511), não são uma regressão ao "olho por olho, dente por dente" dos babilônicos, porém pouco guardam do direito romano. Matar é proibido; porém, se acontecer, e acontecia com frequência, a pena era multa, variável de acordo com o status do defunto. A propriedade individual de bem imóvel nem ao menos existe em alguns códigos, pois os germânicos são no princípio seminômades e o uso das terras é condominial, grupal (exceto pelos visigodos). Em compensação, a posse pessoal de bens, como ferramentas ou mesmo um pote de mel, é bem protegida. A pena para a apropriação indevida, roubo ou mesmo o simples furto, era a morte. Como novidade, a proteção à mulher. O senhor podia violar a própria escrava, o marido tinha direito ao débito conjugal (a esposa — ou "esposas", a poligamia era comum — não podia lhe negar sexo). Fora isso, as penas por estupro ou simples injúria eram pesadas. Reconheceriam bem o princípio erigido por Santo Agostinho de que a mulher não é a única culpada pelas relações ilícitas, como chegaram a pensar os romanos.

Chilperico I, rei franco (561-584), oferece um prato de sopa ricamente preparada a São Gregório de Tours. Este não o aceita. Não queria aprovar suas políticas. Chilperico não respeitava os bens da Igreja e nomeava bispos entre seus nobres, que nada tinham de religiosos. O bispo o chama de Nero e Herodes de seu tempo.[1] Nessas disputas entre os primeiros francos poderosos e as autoridades nomeadas por Roma, os hábitos romanos de fixação à terra, com respeito à propriedade territorial privada, vão sendo incutidos. São os primórdios do feudalismo europeu, que será muito bem-sucedido em termos econômicos e permitirá um ordenamento civilizatório muito superior ao tribalismo germânico original.

Galo-romanos e francos vão se fundindo, prevalecendo a cultura política e religiosa dos primeiros, e muitas das vocações naturais dos segundos, entre as quais um protorromantismo que irá desembocar na literatura do amor cortês, de vasta importância cultural, como se verá em capítulo próprio, o penúltimo deste livro. Latinos e germânicos, em parte pelo legado de São Gregório de Tours, de São Columbano (irlandês, fundador de muitos mosteiros) e de outros pregadores cristãos, logo se unirão em uma identidade cristã, obra também da invasão muçulmana, da resistência de Carlos Martel e da primeira unificação europeia, comandada pelo neto deste, Carlos Magno.

A batalha de Poitiers, entre o emir de Córdoba, Abd al-Rahman, e o rei franco — então de fato, não de direito — Carlos Martel, ocorreu em 732, com vitória das tropas de Martel. Fato reconhecido por narradores dos dois lados foi a inferioridade bélica dos francos. Chama atenção a localização de Poitiers, próxima a Tours, no centro-oeste da atual França: se os muçulmanos derrotassem os francos, não haveria mais barreiras a sua expansão ao norte. O Ocidente poderia ter sido islamizado.

Carlos Martel e seus comandados venceriam outras batalhas, acabando por confinar os invasores árabes e norte-africanos à Península Ibérica, de onde seriam progressivamente expulsos ao longo de sete séculos. Ele recebeu do papa o título de "Herói da Cristandade" e fundou a dinastia carolíngia, o primeiro ente estatal europeu relativamente forte. Se o poder seguiria descentralizado pela regra feudal, pelo menos os senhores de cada Microestado passam a ter uma referência central a quem respeitar. Carlos Magno será coroado pelo papa sacro imperador romano-germânico do Ocidente no ano 800.

Os germânicos lograram vencer por cultivar as virtudes militares. Sua melhor ciência era a da guerra e era menos uma ciência das armas do que uma ciência dos que as empunhavam. A palavra "franco" deriva do alto alemão antigo *frekkr* = ousado, forte, corajoso. Carlos Martel carregava essa confiança etimológica. Os meninos aprendem a nadar, correr, marchar e montar a cavalo desde cedo. Saberiam manejar com destreza a espada, o arco e o machado. Note-se que até o século IX o cavalo germânico não tem estribo. É preciso saltar com precisão.[2]

A caça era parte fundamental do treinamento e iria garantir uma dieta rica numa Europa bem servida de florestas. Isso desenvolveria uma relação especial com os animais que ajudam a caçar, o falcão e o cão. E uma relação de hostilidade para com o mundo natural, o a ser vencido. O lobo era uma ameaça constante, e os fossos e muralhas dos castelos e cidades em parte foram construídos para detê-los. É bem conhecida uma passagem de São Francisco de Assis a respeito.

Outros povos também faziam das virtudes militares sua maior razão de ser, vide os mongóis. Mas talvez lhes faltasse o exemplo do javali, cujo indivíduo macho nunca desiste, é perseverante. Nos embates entre ocidentais e não ocidentais, a perseverança será uma característica notável dos primeiros.

A Igreja não era tão beligerante, apostava na filosofia para conquistar as almas estrangeiras. Muitos concílios da segunda metade do primeiro milênio cristão condenaram a participação de eclesiásticos em caçadas, manejando armas. A condenação se aplicava a uma prática generalizada, sobretudo na Aquitânia. Jonas de Orleans condena a caça: "Para matar animais que não alimentamos, os poderosos espoliam os pobres." Jesus vivia entre pescadores, de peixes e de homens. A pesca é vista na Idade Média como o esporte dos fracos, dos não guerreiros, dos mansos. Nem por isso deixam de ser bem-vistos, pois essa paz de espírito é admirada.

O espírito guerreiro foi vital quando os vikings cercaram Paris, em 885. O bispo da cidade, Gozlin, revelou-se um homem de seu povo, de capacete, couraça e espada, desferindo golpes sobre os pagãos.[3] Santa ira. Podia invocar o "eu vim trazer a espada" do Evangelho. Sempre há uma saída fora das rígidas interpretações dos filósofos dos concílios.

A casa carolíngia do norte é mais simples que a *villae* galo-romana. O trono de Carlos Magno em Aix é por demais humilde. A renda é bem distribuída. O tempo irá concentrá-la e multiplicá-la, melhorando a vida de ricos e pobres. O século IX ainda está dominado pela violência, pela desconfiança, poucas redes de comércio, nada de bancos. Há ignorância, iletramento geral (o próprio imperador é analfabeto) e novos bárbaros insinuam-se nas fronteiras ao norte.

Se Deus estava com Carlos Martel em Poitiers, estaria com a Europa a partir de seus descendentes e sucessores. A sorte e um esforço contínuo no sentido de civilizar as mentalidades iriam colher seus frutos. A guerra quase permanente contra o mundo islâmico, outro sistema abraâmico de crenças com ambições de universalidade, essa competição ferrenha entre a cruz e a lua crescente com estrela, estimularia a inventividade e manteria a sociedade europeia em estado de alerta.

A moral cristã vigia? Carlos Magno teve quatro esposas, seis concubinas. Com frequência, a irmã, a prima ou a sobrinha de uma concubina aumentavam seu harém. As concubinas e "paraconcubinas", digamos assim, passavam do leito do imperador para o de seu sucessor: rei morto, rei posto. Os normandos não tinham tantas regras, era uma poligamia igualitária do ponto de vista das mulheres deles. Deus tá vendo? O clero não ousaria reclamar de um senhor feudal ou de um rei. Com o povo, não era diferente. Nenhuma regra da Igreja, como a da abstinência de sexo durante a Quaresma, é respeitada na prática.

Houve, porém, avanços civilizatórios. O direito de asilo nas igrejas e propriedades outras de Roma e de suas ordens é observado, embrião da imunidade territorial diplomática. Hóspedes, peregrinos e noviços são acolhidos nos mosteiros, esses oásis em terras cheias de perigo. Fortificados pela disciplina interna e por paredes sólidas, inspirarão a segurança que os nobres buscarão em suas sedes feudais e modos mais austeros e refinados.

A regra beneditina é generalizada no Sacro Império após decisão do Concílio de Aix, em 817. Os mosteiros, compostos cada um no máximo por quatrocentos membros, dedicam-se à produção de livros e outros bens úteis, sediam ateliês artísticos e escolas de espiritualidade, e implantam em suas terras contíguas fazendas-modelo, dando lugar a importantes inovações técnicas, como a roda-d'água e a rotação de culturas. Alguns acumularão capital e manterão um sistema bastante ativo de crédito.

A Igreja reprime giróvagos (monges sem mosteiro fixo) e só autoriza alguém a se tornar eremita após longa preparação no mosteiro. Os eremitas avulsos ignoram a hierarquia e se refugiam nas matas, especialmente no sul da França, antiga Gália Romana, movidos por genuína devoção, pois viver em tais condições é perigoso e penoso.

O eremita é um caçador-coletor que estuda. Alguns se negavam mesmo a caçar, vivendo apenas da coleta. Na terceira onda eremita, a partir de 850 (houvera outras duas, entre os séculos V e VII), nobres são a maioria. A simpatia da sociedade pendia para esses homens de elevada moral e saber. Eram pregadores e professores, os sábios para as populações das redondezas das florestas. A inspiração evangélica é evidente, recusam o ter para encontrar o ser. São uma antissociedade que moldará as sociedades por um exemplo que conquistará muitos corações para o cristianismo, em muitos lugares certamente mais do que a Igreja. São também uma iniciativa privada contra as regras do clero, das tribos, das linhagens e dos pequenos Estados. Não são filósofos cínicos, pois não são hostis ou indiferentes aos que os procuram para aconselhamento. Parecem ter atendido ao chamado de Jesus no Evangelho para o caminho que leva ao Reino dos Céus.

Os cavaleiros viviam em comunidades privadas tão fechadas quanto as dos mosteiros. Tinham que se distinguir por uma bravura particular. São mais devotos do que a média da população, pelo menos nominalmente. Na prática, muitos são indisciplinados e violentos. Um dos objetivos das Cruzadas era enviar para longe os mais agitados. Eles perturbavam a paz interna das casas feudais. A forma de convivência predominante é o clã. A família cristã mononuclear ainda não se estabilizara. A parte dos menores de 25 anos no cômpito geral era de 60%. Povos jovens são mais propensos à transgressão e à desorganização social. Os senhores fazem valer suas leis em suas propriedades. Fora delas, é cada um por si ou com sua escolta. A Igreja tenta contrabalançar, mas praticamente só tem os mosteiros. A organização em bispados e paróquias é uma obra que levará tempo para ser completada. Além disso, bispos e padres são despreparados e ligados mais ao poder secular, aos senhores e reis, do que a Roma.

Muitas crianças eram dadas a criar pelos monges. Uma vez adultos, poderiam optar pelos votos perpétuos. Alguns não optavam e retornavam ao "mundo", tendo recebido uma educação em tudo diferente da que teriam em casa. Em vez de formar guerreiros, forjados em férrea disciplina e tratados como adultos em miniatura, os monges encorajam almas sensíveis, como testemunha Beda, o venerável: "Ele não persevera na cólera, não é rancoroso, não se encanta com a beleza das mulheres, diz o que pensa."

O monasticismo de matriz ocidental fará toda a diferença na evolução dos costumes da terra. Vale lembrar, em comparação, o quanto os mosteiros budistas são rígidos com os meninos, reprimindo expressões de sensibilidade como as descritas por Beda.

O século IX marca um tempo de prosperidade. Pelo menos em termos de comida, a Europa voltara a enriquecer. Um monge beneditino consome 6 mil calorias num dia normal, e ainda mais num dia de festa (pelo menos sessenta dias por ano, de acordo com o calendário litúrgico). Durante a Quaresma, substituíam-se as carnes de sangue quente por peixes. Nem por isso deixava-se de comer em excesso. Comer muito, entre os germânicos, evocava as refeições sacrificiais pagãs. Para eles, a alegria de viver material e o júbilo espiritual eram uma coisa só. A devoção cristã no Ocidente só seria associada a uma tristeza obrigatória, taciturna, com o advento da Reforma, no século XVI, quando contaminaria mesmo a Igreja católica.

A vingança privada, uma parentela vingar-se de outra parentela pelo assassinato de um dos seus, é uma pandemia. Tenta-se combater o mal pela instituição do *wergeld*, uma indenização em dinheiro pela vítima do assassinato. Não dá muito certo. Os familiares temem perder a honra se aceitarem o dinheiro. A Igreja institui a regra da exogamia obrigatória. Para validar um casamento, os noivos deveriam apresentar sete costados não coincidentes, ou seja, não deveriam ter nenhuma relação de parentesco até o sétimo grau. Era preciso andar centenas de quilômetros para encontrar um pretendente que cumprisse tal requisito ou fazer as pazes com um vizinho rival. Essa regra talvez tenha sido a maior responsável por civilizar a Europa. Pouco a pouco, diminuiu os conflitos internos e forçou as trocas culturais, técnicas e de experiências entre as diversas regiões do continente. Se não teve mais sucesso, foi por falta de força da Igreja para fazê-la universalmente obedecida. Havia ainda a pregação evangélica, "Perdoai-vos aos que vos tenham ofendido", mas essa, como é sabido, nunca pegou.

Para os romanos, a solidão procede de um "ódio ao gênero humano". Para São Bento, ela devia ser encorajada e tornada obrigatória, pelo menos enquanto reflexão. "Se quiser rezar sozinho, na intimidade, entrará e orará sem ruído, não em voz alta, mas com lágrimas e aplicação do coração." "O nono grau de humildade é que o monge proíba sua língua de falar e, guardando silêncio, espere para falar quando interrogado." Cultivar o homem interior, eis a finalidade, evocando Santo Agostinho. Para São Bento, é preciso desejar a vida eterna com *concupiscentia spiritualis* (cobiça espiritual). O termo "concupiscência" é escolhido para mostrar a relação com Deus como relação amorosa, não egoísta e limitada pela carne, mas a englobando e ultrapassando.

O silêncio faz nascer o homem privado? É uma aposta do historiador Michel Rouche, que apresenta essas reflexões sobre as regras beneditinas. Não ouso apostar contra, mas dou mais ênfase a outro aspecto do monasticismo: a multiplicação dos mosteiros será o húmus propício ao surgimento das primeiras escolas de filosofia europeias e cristãs, dando início à era da Escolástica.

Em 1079, Santo Anselmo de Cantuária torna-se abade de Bec, na Normandia, transformando o mosteiro no mais importante centro de estudos da Europa por atrair estudantes interessados em teologia e em debater a relação entre a Igreja e os potentados seculares e a reforma dos costumes, sempre vista como necessária pelos pensadores cristãos.

Como arcebispo de Cantuária, Santo Anselmo ousa enfrentar Guilherme II, rei da Inglaterra. Usa sua erudição para trazer para si o apoio dos nobres e acaba forçando o soberano a diversas concessões. A tensão entre Igreja e Estado seria uma constante desde então, algo que não ocorre em Roma, na China, nos califados ou no islamismo sob o governo do mongol Tamerlão. Nesses reinados ou impérios, o controle da religião era uma questão de Estado, ninguém ousava questionar tal prerrogativa. Apenas o imperador podia falar com o deus da religião popular chinesa, enquanto Constantino mandara e desmandara no Concílio de Niceia. Fora da Europa Ocidental, para onde pendesse o poder supremo, pendia a fé.

Para combater as crendices, a Igreja incentiva o estudo das ciências. Para combater os candidatos a tiranos laicos, incentiva o debate de ideias. Uma e outra atitude não nascem na Sé romana, centro de poder um tanto mundano, sujeito às pressões dos governantes, mas nos mosteiros, ciosos de sua independência, poder econômico e espiritual.

O poder espiritual vinha do reconhecimento do povo, que via os monges como privilegiados intercessores em relação aos poderes divinos, fornecedores de asilo e, eventualmente, de comida, empregos e de um sistema de meação mais proveitoso aos camponeses do que o regime de servidão das casas feudais. Os governantes inspiram-se no fenômeno. No século XII, o conde de Flandres, Carlos, o Bom, ia diariamente pela manhã à tribuna da igreja de Saint-Donatien de Bruges. Cantava, lia com os fiéis o saltério e dava moedas aos pobres. A atitude piedosa comovia os súditos e os fazia acreditar na nomeação divina dos governantes anunciada no Evangelho.

São Luís IX, rei da França (1226-1270), lavava em privado os pés de três pobres, entre outros atos de piedade pessoal. Ele expulsou os judeus, comprou relíquias do martírio de Cristo depositadas em Bizâncio, comandou Cruzadas, proibiu o jogo e a prostituição. Foi tão rigoroso que Roma achou demais, mesmo à luz das moralizadoras determinações do Concílio de Latrão IV, realizado curiosamente no ano de nascimento do então futuro monarca francês (1215).

Voltando de uma Cruzada, o rei, por espírito de mortificação, renunciou a dormir em um leito de plumas e se contentou com uma tábua recoberta por um fino colchão de algodão, de passagem por um mosteiro. Histórias como essa corriam o continente.

São Luís foi um exemplo de vida devota e, sobretudo, de governo forte, dado a verticalizar o poder político. Se senhores feudais e federações deles do Languedoc e de Aragão davam abrigo aos cátaros como forma de reforçar sua autonomia em relação aos poderes da Igreja e dos reis europeus mais poderosos, era preciso enquadrá-los,

O EVANGELHO SEGUNDO A FILOSOFIA

mostrando aos demais senhores o quanto seria perigoso afrontar a ortodoxia. Também por isso a Igreja irá canonizá-lo ainda no século XIII.

Voltando um pouco no tempo para situar o período, o século XI marca o início de um boom econômico, e a poupança e o crédito ganham espaço. Para Georges Duby, tal movimento, a mobilização das iniciativas e das riquezas, suscitou a valorização progressiva da pessoa.

Nas escolas, logo em seguida nas universidades nascentes, espalha-se o gosto pelo debate, o duelo, a dialética que tão bem louvara Pedro Abelardo (1079-1142), filósofo com algumas ideias heréticas que, muito antes de Kant, propôs a separação entre lógica e metafísica, sendo endossado por São Tomás de Aquino. O Evangelho é mais e mais invocado como um guia moral, como nos informa mais uma vez Georges Duby:

> Entre os sábios que meditam sobre o texto da escritura, [toma corpo] a ideia perturbadora de que a salvação não é alcançável apenas pela participação em ritos, numa passividade submissa, mas se "ganha" por uma transformação de si mesmo.[4]

"Lava-se a mácula pela contrição, pelo desejo sobretudo de se renovar, por um esforço sobre si, de razão", prega Pedro Abelardo. "De amor", diz São Bernardo de Claraval (1090-1153), seu rival, reformista sem romper com a ortodoxia. Ambos estão de acordo quanto ao essencial: um ataque ao nominalismo, um apelo tanto à razão quanto à fé em busca de viver conforme a moral evangélica.

Branca de Castela, mãe de São Luís, era admiradora declarada da obra reformadora de São Bernardo de Claraval, o mais importante mentor da Ordem de Cister, uma dissensão antilaxista da mais poderosa Ordem de Cluny. Bernardo também emprestou suas reflexões e conhecimentos para a redação da regra monástica da Ordem dos Templários. Calvino, quatro séculos depois, citará escritos do santo, que defendera a regra *sola fide* (salvação somente pela fé) e outros princípios caros à Reforma Protestante. Declarado doutor da Igreja católica em 1830, sua influência marca os três primeiros séculos do segundo milênio tanto quanto as disposições do Concílio de Latrão IV.

Enquanto isso, os mosteiros se expandiam mais e mais e se dedicavam à atividade de copiar livros, essencial antes da invenção da imprensa, que só aconteceria no século XV. Era necessário um ano de trabalho de um copista para dar conta de uma Bíblia. Graças aos escribas dos mosteiros, tem-se mais de 8 mil manuscritos. Entre eles, a quase totalidade dos autores antigos conhecidos, preservação da cultura greco-romana. Para copiar Cícero ou Sêneca, era preciso um rebanho de carneiros, à razão de quatro fólios por cabeça. O culto do belo, característica mais germânica que romana, estava na capa dos livros, trabalhos de ourivesaria apurados. Isso também contribuiu para uma sacralização do livro. Adicionalmente, os judeus tinham como qualidade ser "o povo do livro" e há nos Evangelhos citações às Escrituras como um todo. Jesus diz "está escrito".

Nos povoados vivificados pela retomada dos negócios, as solidariedades novas suscitadas por irmandades de fé e devoção, mas também órgãos de participação pública, permitiram a criação de um espaço de paz e comensalidade. A agressividade é expulsa do grupo e projetada para o exterior. Será responsável por guerras intraeuropeias e por um combate sem trégua (Cruzadas e Reconquista) contra os islâmicos, inimigos da fé verdadeira. Infelizmente, em alguns casos, por hostilidade contra os judeus.

Quanto aos servos rurais da Idade Média, podiam ser devotos, no sentido místico, a ponto de contribuir para a construção da esplendorosa catedral de Chartres, porém tudo indica que se permitiam pecar bastante, talvez porque podiam compartilhar a responsabilidade por tais pecados com seu senhor, modelo muitas vezes permissivo, senão devasso. Os costumes gerais eram também mais relaxados e a vida mais leve do que seria a partir da Idade Moderna.

Outro fator a levar em conta era o preparo da Igreja. Na Idade Média, o pároco do castelo é um contratado do senhor sem formação específica, por vezes leitor bissexto do Evangelho. O que poderia pregar ao rebanho servil? Obediência. Deus é um senhor feudal, como está explícito em várias passagens do Evangelho, e, ainda mais onisciente do que o nobre do castelo, saberá reconhecer e recompensar seus súditos mais obedientes, fiéis, leais. Ainda que tal recompensa não passe de elogio ou, menos ainda, de ausência de admoestação em público, isso é honra, e honra não é pouco, especialmente para quem não tem mais nada.

No final do período inaugurado por Santo Anselmo, Pedro Abelardo e São Bernardo, que coincide com a fundação das primeiras universidades modernas, surge São Francisco de Assis. Ele não é um filósofo escolástico, não é um amante da razão, não se encaixa no perfil agostiniano (relativo a Santo Agostinho), tão marcante do cristianismo ocidental, uma espécie de alta cultura greco-romana depurada por uma leitura muito seletiva do Evangelho, que enfatizava uma ascese moralista com verniz místico. Pelo contrário. São Francisco deplorava a erudição, defendia uma versão radical do princípio *sola scriptura* (tudo está na Bíblia, nenhum dogma fora da Bíblia), não a doutrina que seria defendida por Lutero e Calvino, que de *"sola"* teria muito pouco, pois ambos se sujeitarão a análises filosóficas complexas sobre o conteúdo das Escrituras.

Leitor do Evangelho, São Francisco pôs-se simplesmente a imitar a figura humana de Jesus, com um viés otimista em relação ao homem. Muito influenciaria o humanismo e mesmo o esquerdismo posteriores. Dobrou-se à Igreja como a Igreja dobrou-se a ele, São Francisco movido pelo princípio da obediência, Roma por temor à popularidade daquele pregador "louco".

A dar crédito aos relatos sobre sua vida, emerge um milenarista incoerente com seu próprio milenarismo, um moralista que não moraliza ninguém a não ser a si mesmo, um frasista original (embora a maior parte das frases atribuídas a ele não seja sua), um místico bipolar que opera milagres, um contestador que na prática nada contesta, sobretudo um imitador de Jesus que deu certo porque fora preparado o terreno para receber alguém como Jesus.

Enfim, os teólogos, os filósofos e os historiadores se veem diante de um homem não enquadrável em modelos de personalidade típicos. Esquizofrênico não era, ou não teria tantos seguidores, de analfabetos a eruditos, de pobres maltrapilhos a muito ricos. Assim como se pode extrair de Jesus do Evangelho tudo e nada ou qualquer ensinamento ou filosofia, de indivíduos singulares como o santo de Assis pode-se propor qualquer legado como válido. Mal comparando, é como alguns ídolos pop de nosso tempo: em vida, esquisito; morto, um ícone adaptável a qualquer ocasião, como se tornarão as ordens franciscanas, tão ricas e eruditas quanto as demais.

São Francisco de Assis é do bem. Tudo bem, pois, para os filósofos cristãos ocidentais, de Santo Agostinho a Leibniz, o mal não existe. Por falar em filósofos, ou melhor, em historiadores filósofos, registro algumas opiniões sobre o santo mais popular de todos os tempos, canonizado apenas dois anos após sua morte:

Georges Duby: "[A Igreja] conseguiu afinal, e não sem dificul dades, remodelar e domesticar a figura e a mensagem."

Gérard Vincent: "Um sistema que produz sua própria trans formação integrando os ruídos contestadores é, ao cabo, estável."

Durkheim: "É preciso que a originalidade surja; ora, para que a originalidade do idealista que sonha superar seu século possa se manifestar, é preciso que seja possível a do criminoso, que está abaixo de seu tempo. Uma depende da outra."

Santo Agostinho, antevendo o fenômeno: "A memória faz surgir não a própria realidade, que passou definitivamente, mas as palavras suscitadas pela representação da realidade, que, abolindo-se, imprimiu no espírito traços por intermédio dos sentidos."

Duby relata o óbvio. Vincent talvez se esqueça de que o cris tianismo ocidental nunca foi estável. Durkheim acaba endossando a legenda "idealista" do santo. Qual ideal? Um reanúncio do Evangelho em seus termos originais ou, melhor dizendo, em suas passagens mais radicais? Concordo com Santo Agostinho. Nossa memória é uma fábrica de símbolos. São elas, as representações simbólicas, as únicas capazes de falar a nossos sentidos. O que São Francisco de Assis simboliza para a maioria de nós? Respondo com Ortega y Gasset: "As qualidades que mais admiramos são as que nos faltam."

Não conheço ninguém com as qualidades atribuídas a São Francisco de Assis, embora conheça vários que gostam de se autoatribuí-las.

São Francisco representou e representa como poucos uma rejeição ao nominalismo cristão. Para os filósofos cristãos, a partir do sucesso do santo de Assis, tornou-se imperativo racionalizar essa recusa, enfatizando, por outro lado, o apelo místico, ou seja, combinar duas vertentes: uma vida correta, ditada pela moral evangélica, e a imitação de Cristo, de sua expiação na cruz, ponto alto de um devir sobrenatural de comunhão com Deus.

Em ordem cronológica, três exemplos se apresentam e marcam a transição para o chamado Renascimento, o último período da Idade Média: São Tomás de Aquino (1225-1274), Mestre Eckhart (1260-1328) e Santa Catarina de Siena (1347-1380). Ambos representam a síntese monista fé-razão que tão bem caracteriza o cristianismo ocidental desde suas origens latinas. Uma filosofia mística, um misticismo filosófico. Será denunciado pelos humanistas, por alguns iluministas, mas aqueles ícones do pensamento cristão medieval estavam certos: fé e razão, do ponto de vista da biologia do século XXI, correspondem-se e se interpenetram no interior do ser pensante. Não há uma sem a outra.

Destaco Santa Catarina de Siena pela série de improbabilidades que a cercaram e pelo poder exercido por ela sobre a Igreja. A vigésima quarta filha de Lapa Piacenti teve que lutar contra a mãe para escapar de um casamento arranjado e conquistar a liberdade para se tornar "esposa" de Cristo. Aos 18 anos, entrou para a Ordem Terceira dos Dominicanos, irmandade de leigos. Praticava prolongados jejuns, tinha visões, atendia os doentes de Siena, usava regularmente o cilício, instrumento de autotortura.

Passa a escrever. Além de relatos místicos e guias espirituais, são de sua autoria 381 cartas, dirigidas a nobres, governantes e ao papa, por quem foi recebida em Avignon como se fosse uma embaixatriz das cidades italianas situadas no território dos Estados Pontifícios. É ela quem convence o jovem papa Gregório XI a levar a sede da Igreja de volta para Roma.

Santa Catarina apresentava um estilo autoritário em suas cartas Numa delas, ao papa, exorta-o a disciplinar e reformar a Igreja, utilizando uma figura de linguagem evocativa das palavras de Jesus em Mateus, 5:30 ("E se tua mão direita é para ti causa de queda, corta-a e lança-a longe de ti, porque te é preferível perder-se um só dos teus membros, a que o teu corpo inteiro seja atirado na *geena*").

Se uma chaga precisa ser queimada com fogo e cortada com faca, mas nela somente se usa unguento, essa chaga não apenas deixa de recuperar a saúde, mas apodrece inteira e a pessoa muitas vezes morre.[5]

Gregório XI não apenas retornou a Roma, como de fato tornou-se um disciplinador do clero e um inimigo decidido de movimentos heréticos e milenaristas. Com sua morte, a Igreja dividiu-se no que é conhecido como "Grande Cisma do Ocidente" (1378-1417). Santa Catarina apoiou Urbano VI, que a chamou a Roma como conselheira. Ela morreria dois anos depois, com a idade de Cristo (33 anos), não sem antes ter exercido influência na firme decisão do novo papa de combater os luxos excessivos e o nominalismo dos cardeais, que, por sua vez, em rebelião, elegeram Roberto de Genebra como o antipapa Clemente VII.

Padroeira da Itália e doutora da Igreja, Santa Catarina de Siena representa a consciência crítica da Europa, que se forja na oposição entre uma moral evangélica edificante e o laxismo prático. Sua ousadia, bem como as reflexões de seus antecessores aqui citados inspirarão muitos outros.

A Igreja imprimira sua marca nos germânicos, conquistara corações e mentes, vencera heresias importantes, mas, ao mesmo tempo, desencadeara um processo muito difícil de controlar. O racionalismo e o nacionalismo iriam pouco a pouco se impondo como guias das mentalidades, competindo com a própria Igreja e a dominando ou mesmo dilacerando, como ocorrerá no século XVI

Jacques Maritain, filósofo, diz que a Igreja "se ajoelhou perante o mundo" quando respeitou valores não cristãos, capitulando diante deles. Ele se refere ao sagrado pagão, ao dos romanos e ao dos germânicos. Ajoelhou-se também aos filósofos, aos cientistas (Galileu Galilei foi uma exceção), abriu-se ao debate. Disso tudo nasce a prece silenciosa, a solidão meditativa e a reflexão intimista, tão bem inaugurada por Santo Agostinho, traduzida pelo exame de consciência. A relação com Deus dessacralizara-se. A reforma colhe madura a prática do "falar com Deus diretamente". O nominalismo segue sendo a realidade majoritária, mas se multiplicam as exceções. Jesus ganha em humanidade o que perde em majestade. Está mais próximo para poder servir como exemplo.

Os comportamentos não se submetem tanto assim à pregação moralista, como se verá em detalhes no próximo capítulo. Contudo, o homem que emergirá no século XV no Ocidente é diferente daquele descrito por São Gregório de Tours. Não que tenha vencido a tese do coração simples, mas, entre este e o coração dividido, descobriu-se o coração reto, a disciplina, com uma concessão ao amor cortês, esse modo de comunicação capaz de idealizar, um tanto no sentido platônico, a paixão sexualmente intencionada.

A Idade Média apresenta-se à historiografia atual muito distante de seu antigo e ultrapassado rótulo de "Idade das Trevas", cunhado pelos iluministas anticlericais do século XVIII. São mil anos de evolução contínua das mentalidades, em que se está sujeito ao influxo constante de novas ideias. Como ressalta o historiador Edward Grant:

> O que foi que tornou possível à civilização ocidental desenvolver a ciência e as ciências sociais de um modo que nenhuma outra civilização havia conseguido até então? Estou convencido de que

a resposta está no penetrante e profundamente arraigado espírito de pesquisa que teve início na Idade Média como consequência natural da ênfase posta na razão. Com exceção das verdades reveladas, a razão era canonizada nas universidades medievais como árbitro decisivo para a maior parte dos debates e controvérsias intelectuais.[6]

No final da Idade Média, a Igreja, ou melhor, a cultura, terá admitido como sagrado e não mais como perdição a união entre Amor (como também era chamado em Roma Eros ou Cupido), o deus da beleza, filho do Caos, e Psiquê, a deusa da alma, admitindo no Olimpo também o filho dessa união, Hedonê (Volúpia), a deusa do prazer, um dos *daemons* gregos, misto de gênio e demônio. É evidente que o cristianismo incorporou os personagens do Olimpo à cultura ocidental, logo global, mas nisso não terá se afastado de suas origens, antes as terá reencontrado, pois o Verbo se fez carne através da fecunda deusa Europa. Pelos filhos desta, o Verbo conquistará o mundo e verá que isso é bom (Gênesis, 1:10).

A cultura ocidental emerge pronta no final da Idade Média. Por "pronta" deve-se ler: pronta para desafiar qualquer tentativa de fossilizar, de folclorizar e tornar estáveis aspectos particulares dela ou inovações trazidas de fora. É o que Elizabeth I tentará na Inglaterra no século XVI, a partir da "reforma" religiosa empreendida por seu pai, Henrique VIII, perseguindo os hereges católicos, anabatistas e os reformistas de verdade em nome de uma ortodoxia muito autoritária.

As sementes plantadas por Santo Anselmo de Cantuária em terras britânicas, porém, haviam germinado e a Confissão de Fé de Westminster (século XVII), a que me referi no capítulo anterior, nascerá de um parlamento eleito pelos puritanos em contestação ao evidente nominalismo da Igreja anglicana tal qual fora formatada pelos reis.

As árvores nascidas dessas sementes seguirão dando frutos até desembocar no evangelismo do século XVIII, em William Wilberforce e Hannah More, entre tantos combatentes pela transformação moral dos homens inspirada no caráter antinominalista do Evangelho, sendo aqui oportuno nos lembrarmos da parábola do publicano (arrecadador de impostos) e do fariseu (Lucas, 18:9-14):

> Jesus lhes disse ainda esta parábola a respeito de alguns que se vangloriavam como se fossem justos e desprezavam os outros: Subiram dois homens ao templo para orar. Um era fariseu; o outro, publicano. O fariseu, em pé, orava no seu interior desta forma: "Graças Te dou, ó Deus, que não sou como os demais homens: ladrões, injustos e adúlteros; nem como o publicano que está ali. Jejuo duas vezes na semana e pago o dízimo de todos os meus lucros." O publicano, porém, mantendo-se a distância, não ousava sequer levantar os olhos ao céu, mas batia no peito, dizendo: "Ó Deus, tem piedade de mim, que sou pecador!" Digo-vos: este voltou para casa justificado, não o outro. Pois todo que se exaltar será humilhado e quem se humilhar será exaltado.

Na democracia dos pecadores, tão característica do Ocidente mesmo entre os não cristãos, alguns ousaram levantar suas vozes para exaltar os escravos humilhados por uma civilização que já não combinava com a escravidão. O Ocidente não inaugurara a escravatura. O Ocidente, por obra de uma inspiração tão evangélica quanto cultural, inauguraria a abolição da escravatura.

Da publicação do poema "Slavery", de Hannah More, em 1788, à aprovação formal da abolição pelo parlamento inglês, em 26 de julho de 1833, passaram-se 45 anos. Nesse tempo, a Câmara dos Comuns recebeu mais de 5 mil petições de cidadãos britânicos, cada uma delas com centenas ou milhares de assinaturas, para que a medida fosse adotada. Nesse tempo, os padrões éticos e morais desses mesmos cidadãos foram sendo elevados constantemente.

William Wilberforce morreu três dias após o ato do parlamento, em 29 de julho de 1833. Sua amiga Hannah More também viveu para ver a causa vitoriosa. Partiria em 7 de setembro daquele mesmo ano. Missão cumprida. Mais uma das muitas revoluções culturais do Ocidente tinha frutificado, levado luz ao mundo.

Quanto ao nominalismo cristão, seu espaço seria cada vez menor, espremido entre o crescente anticristianismo (ateus, agnósticos, orientalistas etc.) e os muitos avivamentos cristãos que se sucederiam, em especial nas Américas, ao evangelismo de matriz britânica.

7

Perdoai-nos os nossos pecados

Com frequência, Nannie leva o pequeno Schlomo, de três anos, a visitar igrejas. Esperto, vivaz, presta atenção em tudo, nos imponentes símbolos cristãos e nas palavras da governanta, que lhe fala do bom Deus. O contato com o imaginário cristão marcará a vida daquele menino. Nannie (Monika Zajic), porém, lhe deixa marcas ainda mais relevantes por lhe ser o primeiro contato com o sexo oposto. Alguns dos biógrafos dele insinuam ter sido esse contato muito íntimo, sexualmente intencionado.

Estamos em Freiberg (atual Príbor, Morávia), em 1859. Amalia, a jovem mãe judia, é outro símbolo de amor bem-sucedido para seu primogênito, que ela chama carinhosamente de "Sigi de ouro". Schlomo tem dois meios-irmãos, filhos de seu pai, Jacob, com Sally Kanner, então já falecida. Um deles, Philipp, representa-lhe o "irmão malvado".

Philipp, homem feito (vinte anos mais velho que o meio-irmão), um dia surpreende Nannie roubando. Tranca-a num quarto como punição. Schlomo a procura. Não a encontra. Sai desesperado pela casa em busca da mãe, igualmente sem sucesso. Questiona o "tio

Philipp", como o chamava, pelo sumiço das duas. O rapaz então abre um cofre para simbolizar ao pequeno que não teria trancado nem Amalia nem Nannie. Schlomo segue sem acreditar. Mais: desconfia que Philipp é amante de sua mãe, são praticamente da mesma idade, enquanto Jacob já é um velhote.

Marianne Krüll, após muito pesquisar sobre a infância de Schlomo, conclui que Philipp pode ter sido de fato amante da própria madrasta, mas admite que isso nunca poderá ser provado nem desmentido. A desconfiança de Schlomo Sigismund Freud, dito Sigmund, bem como as demais lembranças dele aqui relatadas terão marcado sua copiosa literatura, a invenção de um imaginário que se tornaria quase tão poderoso quanto o imaginário cristão. Ambos tendo como obsessão discursiva o mesmo tema: sexo, pecado original, perversão, neurose ou na definição fundante de Santo Agostinho: concupiscência.

Eu adoraria adornar este capítulo com o relato de minhas experiências no divã das psicanalistas (todas mulheres), nos confessionários dos padres (todos homens) e nas alcovas. Por envolver terceiros, obviamente não o posso, mas talvez possa concluir que o melhor sexo se dê entre pessoas casadas. De resto, este é um livro sobre o Evangelho, repleto de passagens sobre pecado, ou seja, sobre transgressões de preceitos religiosos. Selecionei algumas delas, começando por Lucas (11:2-4):

> Disse-lhes Ele, então: "Quando orardes, dizei: Pai, santificado seja o Vosso nome; venha o Vosso Reino; dai-nos hoje o pão necessário ao nosso sustento; perdoai-nos os nossos pecados, pois também nós perdoamos àqueles que nos ofenderam; e não nos deixeis cair em tentação."

Seguindo com João (8:34-36):

> Respondeu Jesus: "Em verdade, em verdade vos digo: todo homem que se entrega ao pecado é seu escravo. Ora, o escravo não fica na casa para sempre, mas o filho, sim, fica para sempre. Se, portanto, o Filho vos libertar, sereis verdadeiramente livres."

E, novamente, João (8:7-11):

> Como eles insistissem, ergueu-se e disse-lhes: "Quem de vós estiver sem pecado, seja o primeiro a lhe atirar uma pedra." Inclinando-se novamente, escrevia na terra. A essas palavras, sentindo-se acusados pela sua própria consciência, eles se foram retirando um por um, até o último, a começar pelos mais idosos, de sorte que Jesus ficou sozinho, com a mulher diante d'Ele. Então Ele se ergueu e vendo ali apenas a mulher, perguntou-lhe: "Mulher, onde estão os que te acusavam? Ninguém te condenou?" Respondeu ela: "Ninguém, Senhor." Disse-lhe então Jesus: "Nem eu te condeno. Vai e não tornes a pecar."

No primeiro trecho, está claro: basta pedir e Deus perdoará nossas faltas. É o princípio cristão da misericórdia. Há um porém: o pecador deve estender a misericórdia recebida de Deus a quem o tenha ofendido, ou seja, a quem contra ele, pecador, tenha pecado. O pecado fica caracterizado como uma ofensa, uma agressão, um ato deliberado contra Deus ou contra o próximo. Quanto ao "resistir às tentações", é um pedido a Deus para que empreste ao homem uma capacidade que o homem não tem, pois, como dizia Mark Twain, somos capazes de resistir a tudo, menos às tentações.

No segundo trecho, mais um princípio compartilhado por budistas e estoicos no tempo de Jesus Contudo, novamente a influência sobre o Evangelho é estoica, pois "pecado" aqui é sinônimo de "desejo" e nada mais fundamental no estoicismo do que a lição "o desejo escraviza", tornamo-nos escravos de nossos desejos. Jesus, o Filho de Deus, apresenta-se como tendo o poder de libertar o homem do desejo, da concupiscência. Para isso, é fundamental n'Ele crer. Se fosse o caso de resumir o fundamental da antropologia cristã em três versículos do Evangelho, seriam esses três.

Digo "antropologia cristã" e não "filosofia cristã" porque esse ensinamento não tem por si mesmo valor moralizante. O filósofo cristão flamengo Miguel du Bay (1513-1589) tenta conciliar um princípio e outro:

> Os maus desejos com que a razão não consente são proibidos pelo preceito "Não terás maus desejos [Êxodo, 20]."[1]

Evoca um capítulo inteiro de um livro do Antigo Testamento, que não fala especificamente em "desejo", mas a analogia proposta leva a concluir serem cinco os maus desejos: fornicar, mentir, furtar, matar e desrespeitar leis cerimoniais (formas codificadas de louvar a Deus). Pode-se ir além e interpretar "com que a razão não consente" como o princípio filosófico universal, muito utilizado em direito, de que pecado é tudo aquilo que afronta a própria consciência. Mas esse princípio está errado, é falacioso, como se verá no próximo capítulo em detalhes.

No século IV, o filósofo cristão grego Evágrio do Ponto elaborara para os "maus desejos" a teoria dos oito pecados capitais: soberba, avareza, inveja, ira, luxúria, gula, preguiça e tristeza. No século VII, a Igreja validaria a tese de Evágrio, suprimindo a "tristeza" e assim reduzindo a lista para os sete pecados capitais tão bem conhecidos no Ocidente. A supressão deu-se justamente porque a tristeza, ao contrário das demais faltas, não corresponde a um desejo. Na teoria moderna para depressão (forma orgânica de tristeza), trata-se exatamente de ausência de qualquer desejo. Donde poderíamos concluir que ou se é escravo do desejo, ou se é escravo da depressão, mas é melhor não misturar tanto assim medicina psiquiátrica e princípios evangélicos por enquanto.

Na terceira passagem, a conhecidíssima "atire a primeira pedra", caso de uma mulher adúltera (e não prostituta, como alguns desavisados gostam de pensar): aqui "pecado" é "perversão" no sentido definido para "perversão" pelos psiquiatras antigos e ligeiramente adaptado por Freud como comportamento sexual desviante da norma social. Ou seja, tudo aquilo que eu e você, leitor, fizemos ou nos imaginamos fazendo entre quatro paredes, mas não costumamos comentar com estranhos na fila do caixa da padaria. Jesus, na passagem, nos inclui todos nessa, não tente o leitor dizer "eu não".

É Jacques Lacan quem irá "normalizar" a perversão (não somos todos pecadores por natureza?). Ele demonstra que "a estrutura perversa se caracteriza pela vontade do sujeito de se transformar num objeto de gozo oferecido a Deus, tanto ridicularizando a lei quanto por um desejo inconsciente de se anular no mal absoluto e na autoaniquilição".

Bem, penso que, se a filosofia tem uma função, é desconstruir ou pelo menos decupar sistemas de crença baseados em "não sei quê", equivalentes a "não sei nada", fábricas de imaginários vazios ou muito imprecisos, raciocínio de Voltaire para "alma", raciocínio de John Locke para "livre-arbítrio", raciocínio meu e de outros para "inconsciente", essa alma penada e arbitrária da psicanálise.

O sentimento de pecado corresponde a um sentimento de culpa. E culpa não é perversão no sentido psicanalítico, seja na versão freudiana original, seja na adaptada por seu discípulo Lacan. Culpa é o equivalente à neurose, que é o recalque do desejo, capaz de refreá-lo; uma oposição de consciência, ditada pela norma social, pelo outro ou pela escrupulosidade do próprio ser, ao desejo.

Freud dizia que a criança é um polimorfo (que se apresenta sob diversas formas) perverso. Faltou estender o conceito aos adultos. Somos todos perversos e a derrisão assim nos revela, como captou Lacan, que não precisava invocar o "inconsciente" para isso. A fórmula cristã para prevenir que a perversão se transforme em mal absoluto, numa agressão de todos contra todos pelo choque desmedido de vontades, é associar pecado e perversão, pois admitir que o pecado é o próprio recalque, que nossa culpa vem da negação do ato caridoso a nós mesmos, é admitir o império da vontade, para o qual o único antídoto não é o perdão, mas a punição exemplar ou a autolimitação pelo autointeresse em construir laços baseados em reputação. Isso seria adulto demais para nossas mentalidades infantis, esqueçam.

Nesse sentido, cristianismo e psicanálise se equivaleriam como sistemas de crença otimistas, baseados em complacência. É nessa direção que agem confessionário e divã, os lugares aonde se vai para lamentar a frustração do próprio desejo ou para perguntar: "Como faço para realizar minha vontade?" Veja-se o exemplo emblemático de Santa Margarida de Cortona. Em seguida, o de irmã Marie-Zoé. Depois, um pouco da história da confissão para fins de obter perdão de pecados, conforme também ensina o Evangelho.

Santa Margarida nasceu em 1247, na Itália. Aos 7 anos, perdeu a mãe. Logo ganhou uma madrasta, que a maltratava. Pobre, infeliz, mas bonita, aos 15 anos topa ser concubina de um adolescente como ela, Arsênio, filho de um rico senhor. Desfrutará de uma vida muito diferente. Terá um filho com ele.

Foram nove anos de luxo e encantos. Segundo dá a entender, o marido era bastante lascivo, mas atencioso e fiel. Para que melhor? O infortúnio, porém, tira a vida de Arsênio numa caçada. É ela quem descobre o corpo. Ato contínuo, é expulsa da propriedade de seu rico sogro, pois não era legalmente casada, e a criança era bastarda.

Sua beleza ainda permitiria tentar alguma coisa, mas naquele tempo uma mãe solteira não conseguiria um bom casamento. Santa Margarida dá o filho a um orfanato e, com a ajuda de seu diretor espiritual (confessor), o frade franciscano Giovanni da Castiglioni, consegue abrigo na Ordem Terceira da mesma denominação, na próspera cidade de Cortona.

Torna-se famosa por suas penitências, como desfilar pelas ruas com uma corda amarrada ao pescoço (escrava do pecado). Renegou a vida pecaminosa de luxo e luxúria, pregou a contrição e morreu aos 50 anos, já evocada como uma santa mulher, exemplo das boas graças do arrependimento, da confissão e da conversão à fé redentora. Foi canonizada em 1728.

Salta aos olhos que enquanto Santa Margarida viveu bem ao lado de seu querido Arsênio não lhe pesou a pecha de pecado, não lhe clamou a consciência. Se ela recebe a morte dele como um castigo divino a sua entrega a uma boa vida, são suas santas palavras, eu acredito. Mas sua atitude de penitência pública é apenas um lamento pela perda da condição desfrutada junto à nobre e rica família que a abrigava, embora possa ser sentida, por ela e pelos outros, como expressão de um sincero arrependimento.

Não se pode, logicamente, se arrepender de um infortúnio do qual não se foi culpado, mas o fazemos o tempo todo, apenas mudando o foco da culpa para lhe emprestar sentido.

A irmã Marie-Zoé escreve em 1858 a São João Maria Vianey. Ele é o mais afamado confessor católico de seu tempo, quiçá de todos os tempos. A religiosa expõe seu drama: o hábito reiterado de se entregar sexualmente a homens em relações indevidas (com um tio e um padre), além da prática contumaz da masturbação. Pede perdão e uma providência: ser dispensada dos votos como religiosa, podendo casar e abafar no matrimônio seus "vícios".

Não é mais forte do que sua vontade. É a expressão de sua vontade. Note-se, adicionalmente, que ela escreve a um padre, quando poderia abandonar o hábito sem maiores explicações e seguir no "vício" sem prejudicar ninguém. As relações descritas eram consensuais.

Jesus talvez dissesse a Marie-Zoé: "Se ninguém te condenou, não condeno eu", mas precisaria omitir o "vai e não peque mais", pois ela diz ser inevitável prosseguir. Seria necessária ainda uma complacência adicional do Redentor, porque as irmãs dos conventos são esposas de Cristo, sendo Ele, no caso, a vítima do adultério.

No Evangelho, o demônio provoca doenças, não condiciona comportamentos sexuais. Não há um exorcismo destinado a expulsar o demônio da lascívia do corpo de alguém. Não há como saber o que Jesus responderia a Marie-Zoé, mas provavelmente, por coerência, afastaria a desculpa do "é mais forte que eu". Ainda que a força de vontade não seja capaz de tudo em termos de comportamento, não há como admitir a excludente de responsabilidade objetiva num caso assim. O desejo, por mais forte que seja, não é prova de inocência como se de fora partisse, fosse uma possessão causada exclusivamente por força sobrenatural ou hormonal. Pode-se e deve-se inocentar um esquizofrênico delituoso, mas a complacência deve terminar aí.

Marie-Zoé estava em busca de uma saída honrosa (a dispensa dos votos por compreensão da hierarquia católica). Não estava arrependida nem em busca de perdão. Sua carta ficou sem resposta. Christophe Sauvageon, vigário-prior da paróquia de Sennely, em texto datado de 1700, declara:

> Nessa paróquia há um deplorável costume inveterado de apresentar-se à confissão sem nenhum preparativo. A pessoa se aproxima sem ter feito nenhum exame de consciência; lança-se, precipita-se no confessionário, quase se bate para ser dos primeiros a entrar, e, quando está aos pés do padre, só faz o sinal da cruz se é advertida, quase nunca se lembra da ocasião em que se confessou pela última vez, em geral não cumpriu a última penitência, não fez nada, não se acusa de nada, ri, fala de sua miséria e de sua pobreza, desculpa-se, defende sua causa quando o padre censura algum pecado que presenciou, culpa o próximo, acusa todo mundo e se justifica; em suma, faz tudo no confessionário, menos o que deve fazer, que é declarar todos os seus pecados com dor e sinceridade; ali defende o mal como bem, esconde as próprias faltas, relata baixinho e entre dentes os grandes pecados com medo de que o padre escute, quer dizer, procura enganar-se a si mesma querendo enganá-lo; e com certeza há pouquíssimas confissões boas, sobretudo por parte daqueles cuja vida não é cristã nem regular.[2]

Tempos de confissão obrigatória como mandamento social. Tempos de vidas não cristãs nem regulares, na correta avaliação de Sauvageon. Para François Lebrun, que transcreve o relato, "A atitude da maioria dos confessores certamente contribui para alimentar essa aversão". Detalhe mínimo, possivelmente irrelevante. A imposição de um autoexame de consciência é que não leva a um autoexame de consciência. A rigor, a psicanálise também não.

Sêneca, entre outros filósofos estoicos, defendia o autoexame de consciência, o pensar sobre si mesmo. São Paulo estabelece esse exercício lógico como precondição para a Eucaristia, "comer o pão e beber o cálice do Senhor" (1ª Carta aos Coríntios, 11:27). Santo Agostinho, o primeiro grande filósofo da introspecção, o precursor da consciência íntima própria do Ocidente, é entusiasta desse refletir sobre a justeza de cada ato nosso. Do autoexame à confissão auricular percorreu-se um longo caminho, adornado com a ideia de penitência (sacrifício), que não é uma ideia ocidental, mas védica, como sintetiza Schopenhauer:

> O Mundo; Lugar de Expiação. Brama criou o mundo por uma espécie de pecado ou desvario e permanece nele para expiar sua falta. — Muito bem! — Segundo o budismo, uma perturbação inexplicável criou o mundo, produzindo-se depois um longo repouso na beatitude serena, chamada Nirvana, que será conquistada pela penitência.[3]

O cristianismo suavizou o conceito de penitência védico. Não é preciso mais passar a vida em penitência. Basta percorrer a sequência autoexame — admissão de culpa — arrependimento — confissão — penitência — reconciliação.

Até o início do século VI, oferecia-se livremente a penitência ao pecador que quisesse se libertar de seus pecados. Para tanto, ele entrava no grupo dos penitentes. A entrada era pública, e a penitência, concedida apenas uma vez na vida. Havia dois problemas. O primeiro, obviamente, era o "apenas uma vez na vida". E se voltasse a pecar? Era esconder o pecado ou estar sujeito à danação eterna. O segundo: ao guerreiro germânico a exposição pública de uma questão de foro íntimo seria inaceitável.

É no final do século VI que os monges célticos propõem um novo tipo de reconciliação com Deus: a penitência privada com confissão auricular, confissão secreta das faltas e reparação tarifada como nas leis germânicas. A iniciativa foi um sucesso.

Os penitenciais daí surgidos forneciam minuciosos guias morais, um tipo de produto de amplo e universal consumo. A cada pecado, correspondem jejuns a pão seco ou recozido e água. Se o culpado não quer ou não pode jejuar, converte-se a penitência em espécie. Alguns argumentarão retrospectivamente que era o velho contrato pagão do *ut des*, "eu te dou para que me dês". É dando que se recebe, dirá São Francisco de Assis (na verdade, ele não disse isso).

O Concílio de Paris, de 829, imbuído da mentalidade anticomercial preponderante na Igreja daquele tempo, condenou os penitenciais, ordenando que fossem queimados e eliminados. O povo discordou da decisão. Não havia um padre de província que não tivesse um penitencial, atendendo a uma necessidade profunda dos fiéis, acalmando suas inquietações e, como resultado imprevisto, resolvendo os problemas de caixa da igreja local.

Os penitenciais destacam três grandes pecados — a fornicação, a violência e o perjúrio. Eram os mais frequentes. Havia igualdade perante Deus, pobres e ricos recebiam penitências iguais, mas só os menos pobres podiam converter a penitência em dinheiro. Uma exceção: os eclesiásticos recebiam penas maiores e não podiam comutá-las. Um bispo, por um homicídio, era deposto e deveria passar doze anos a pão e água. O leigo só pagava três anos de jejum. O roubo é levemente repreendido, exceto se for de tesouro sacro. O ser importa mais do que o ter para a Igreja.

Os escravos estão em pé de igualdade nas duas pontas, como vítimas e como autores. As penas num caso e noutro são as mesmas do que para um homem livre, avanço cristão em relação ao sistema védico. O direito do senhor sobre a carne da escrava, irrepreensível para a lei civil, tinha como pena a liberdade daquela mulher nos penitenciais. A penitência para o adultério, maior que a do homicídio comum, era idêntica para homens e mulheres.

A confissão auricular é oficializada no concílio de 1215, Latrão IV, tornando-se obrigatória. Os penitenciais são definitivamente condenados. A confissão terá como norte fazer penetrar a moral cristã no íntimo do fiel, como quer Georges Duby:

> A introspecção e depois a discrição da confissão e das macerações salvadoras: um muro erguido, abrigando-se a piedade, doravante, nesse jardim fechado. [..] Não imaginemos o decreto de 1215 aplicado imediatamente em toda parte. Mas um século mais tarde seus efeitos, conjugando-se aos da educação pelo sermão e pela casuística amorosa, aos da evolução econômica que liberava o indivíduo pela aceleração da circulação monetária, tinham começado a modificar o sentido da palavra privado. Uma concepção nova da vida privada se desenvolvia insensivelmente no seio do gregarismo familiar: ser por si no meio dos outros, no quarto, à janela, com seus próprios bens, sua bolsa, com suas próprias faltas, reconhecidas, perdoadas, com seus sonhos, suas iluminações, com seu segredo.[*]

A confissão auricular ao menos na época da Páscoa uma vez por ano não havia pegado em muitos lugares até o século XVI, substituída pela confissão comunitária e absolvição geral por preguiça tanto do pároco quanto dos fiéis. O rito da confissão comunitária no norte da França inicia-se na missa da Quinta-Feira Santa (ou na do Domingo de Páscoa) com a recitação da primeira parte do "Confiteor" em língua local e o convite do celebrante: "Todos e todas dirão depois de mim." Em seguida, a acusação detalhada dos pecados de acordo com listas variáveis de uma diocese a outra, adaptadas pelos vigários por conhecerem os pecados mais comuns do lugar. Adiante, a recitação da segunda parte do "Confiteor": confissão de culpa, firme propósito de não reincidir, pedido de intercessão e absolvição, esta invariavelmente concedida pelo padre segundo fórmulas diversas.

Evidentemente, há que se desconfiar do tal "firme propósito", pois se assim fosse as listas anuais teriam deixado de existir. Os calvinistas e arminianos questionavam com justíssima razão a prática, definitivamente abandonada no século XVII, pelo menos na França. Os luteranos a adotaram com poucas modificações.

No início do século XVII, surge o hábito — mais entre as mulheres do que entre os homens — da confissão auricular mensal ou mesmo semanal, escolhendo para tanto um confessor habitual, um diretor espiritual, geralmente um jesuíta, oratoriano ou dominicano. Eles ouvem e dão conselhos. Antoine de Balinghem, jesuíta, exalta em 1627 esses "religiosos que gozam de grande popularidade no sagrado ministério de ouvir a confissão e são muito renomados graças a sua grande destreza em acalmar as consciências agitadas e atormentadas". Quaisquer semelhanças com a psicanálise ou com sessões de psicoterapia não serão coincidências.

Enquanto a confissão pascal, realizada a cada ano, deve ser feita obrigatoriamente ao vigário local, as demais ficam à livre escolha do fiel, desde que o padre escolhido esteja devidamente habilitado pela diocese. Jean de La Bruyère satiriza o sucesso da prática, própria a chamar falsos devotos, que reduzem o ser cristão a esse diálogo e a essa amizade com o diretor espiritual escolhido. Ele tem absoluta razão. Isso até pode envolver autoexame e colaborar para uma bem--vinda consciência do direito à privacidade, como quer Duby, mas o confessionário e o divã são locais de legitimação da vontade. Não têm nada a ver com o conceito de pecado do Evangelho, ligado ao desejo. Quem antes entendera isso fora Calvino.

Em Genebra, o consistório (ou conselho) julga o comportamento de cada fiel. A medida ultrapassa em rigidez tudo o que se pensara antes no cristianismo. Impõe uma disciplina tremendamente eficaz. Prática difundida mais tarde em termos semelhantes nos Estados Unidos, ameaçava o fiel com as penas de advertência ou excomunhão, que, numa comunidade pequena, é muito sentida. O rigor moral alcançado nas comunidades sob influência do calvinismo não encontra paralelo no mundo católico. O calvinismo não se propõe a investigar o foro íntimo do crente. Ele é julgado por seus atos, por seu comportamento, se está de acordo com a graça recebida ou recebível de Deus ou não.

Os puritanos calvinistas britânicos vão mais longe: instituem a obrigação do diário íntimo, segredo a ser compartilhado apenas com Deus. Conseguem tornar prática e consequente uma velha ideia cristã, presente no Evangelho: ter o coração transparente na relação com Deus, mas só com Ele. Também está no Evangelho o contrário ou pelo menos de forma ambígua: por que o escondido será anunciado dos telhados? A ambiguidade permanece na prática puritana. Para eles, a intimidade é assunto do fiel com Deus, mas, por via das dúvidas, a comunidade vigia, anunciando dos telhados uma falta grave. Se Rousseau quer um coração transparente para um maior controle do social sobre o indivíduo, os puritanos o querem protegido de olhares, exceto do olhar do Criador. O que tais puritanos valorizam não é um coração correto, que Rousseau pressupõe, pois o sabem impossível. É uma atitude correta, justa, partida do exercício do coração na comunhão com Deus.

Há uma crença generalizada dando conta do alívio que se segue à confissão de um segredo. Essa crença não está provada. Quem sabe os segredos detém poder. A Igreja apoderou-se de segredos espalhando a crença em tal alívio. Perdeu muito de seu poder quando os fiéis pararam de se confessar. Alivie-se de seu dinheiro. Alguém irá se apropriar dele a menos que você o queime. Alivie-se de seu segredo. A apropriação pelo ouvinte é imediata.

Parece uma boa ideia aliviar-se do que se carrega, mas quem será livre sem suas propriedades privadas? Ser senhor de seus segredos também o é de suas liberdades. Assim pensam (ou pensavam) os americanos sobre a inviolabilidade de seus segredos. O conselho calvinista/presbiteriano não conhece seu segredo. Conhece seu comportamento aparente, aquilo sobre o qual você não faz segredo, é o que importa. O mal não está no que se faz em secreto. O mal sai da boca, diz o Evangelho. A propósito, diz Gérard Vincent: "Confessar-se é introduzir Deus num segredo que Ele já conhece."

Voltando a Freud e Santo Agostinho, primeiro a este, depois àquele. Como intérprete alegórico do Antigo Testamento, o homem mais capacitado a conciliá-lo com o Novo é Santo Agostinho. E o faz com a teoria completa do "pecado original", que a propósito não está no Evangelho. Conhecedor e apreciador da carne na juventude, o santo romano-africano, fiel a nove entre dez escolas filosóficas de seu tempo e lugar, coloca concupiscência, libido, Eros, no centro do palco do pecado. Cá para nós, melhor do que colocar o conhecimento, como consta no livro do Gênesis (comeram do fruto proibido da árvore do conhecimento).

A busca do orgasmo é uma fuga da razão e um perigo para a harmonia no tecido social. Mas transar é quase como comer. Não dá para ficar sem. Santo Agostinho não só reconhece, como testemunha pessoalmente a dificuldade de se abster desses excitantes esfalfares tendentes ao que Georges Bataille batizou de "pequena morte" e o poeta romântico Percy Shelley de "a morte que os amantes amam". Eros (pulsão sexual) e Tânatos (pulsão de morte), em Freud, formam uma dualidade apenas aparente, como explica o fundador da psicanálise:

> Tanto a pulsão sexual como a pulsão de morte comportam-se como pulsões de conservação no sentido mais estrito do termo, visto que ambas tendem a restabelecer um estado que foi perturbado pelo aparecimento da vida.[5]

Se é assim, Santo Agostinho vê como inevitável até mesmo o "exercício oneroso do sexo", definição de José Saramago para a prostituição, que não é, nunca foi, a mais antiga profissão ou vocação do mundo, mas talvez a mais antiga circunstância. Nesse sentido é que o santo filósofo a valida, pois as outras definições são misóginas e se há algo que Santo Agostinho compreendeu é que Jesus não é misógino.

O Evangelho é claríssimo nesse ponto, pois, como já afirmado, não há menção de exorcismo para expulsar o desejo do corpo de uma mulher, e Jesus se dirige aos homens e não às mulheres para alertar contra o desejo sexual, contra a gula, contra a cobiça masculina. Ele toca em mulheres e é tocado por elas, Ele conversa com mulheres com naturalidade. Ele vai a festas alegres, frequentadas por homens e mulheres.

Jesus não dá detalhes, porque parece não dar importância capital ao tema sexual. A violência, a incomplacência, a "dureza dos corações", a avareza, as injúrias contra Deus, sobretudo a ausência de caridade, são para Ele pecados mais relevantes. O sexo não está no centro do palco evangélico. É São Paulo que escreve isto na Bíblia (1ª Carta aos Coríntios, 7:1-5):

Agora, a respeito das coisas que me escrevestes. Penso que seria bom ao homem não tocar mulher alguma. Todavia, considerando o perigo da incontinência, cada um tenha sua mulher e cada mulher tenha seu marido. O marido cumpra o seu dever para com a sua esposa e da mesma forma também a esposa o cumpra para com o marido. A mulher não pode dispor de seu corpo: ele pertence ao seu marido. E da mesma forma o marido não pode dispor do seu corpo: ele pertence à sua esposa. Não vos recuseis um ao outro, a não ser de comum acordo, por algum tempo, para vos aplicardes à oração; e depois retornai novamente um para o outro, para que não vos tente Satanás por vossa incontinência.

Bem, aqui Satanás está, mas está para todos, não no corpo das mulheres, como queriam os misóginos gregos. É a filosofia greco-romana que inspirará Baudelaire a dizer: "A mulher é o contrário do dândi: ela é natural, ou seja, abominável."

Os romanos enxergam na mulher a concupiscência profunda. Progressivamente mais recomendam ao homem abster-se da carne feminina além do estritamente necessário — eis uma verdadeira obsessão do estoicismo romano tardio. Marco Aurélio admite sentir-se atraído para esse abismo (no caso dele, em relação à carne masculina também, registre-se), mas se autocongratula por não usar suas escravas e por não passar do beijo com seus favoritos.

Santo Agostinho então constrói uma ponte para unir o Antigo Testamento à filosofia dos romanos sobre o sexo, sem contrariar nem São Paulo nem Jesus, mas sendo explícito onde este último foi omisso. O humano, pelo pecado original, pela desobediência de Adão e Eva, é portador de uma sexualidade decaída, imperfeita, que impele para o pecado. E a prova física a testemunhar essa concupiscência degenerada não é a sedução feminina, mas a ereção masculina, que não obedece à voz da razão. O pênis rijo, símbolo do poder, da força, da fecundidade, no Oriente, é, em Santo Agostinho, a imagem da propensão ao pecado, a tradução viva do próprio pecado original.

> Respondeu ele: "Nem todos são capazes de compreender o sentido dessa palavra, mas somente aqueles a quem foi dado. Porque há eunucos que o são desde o ventre de suas mães, há eunucos tornados tais pelas mãos dos homens e há eunucos que a si mesmos se fizeram eunucos por amor do Reino dos Céus. Quem puder compreender, compreenda." (Mateus, 19:11-12)

Quem puder compreender, compreenda. Não, com isso Jesus não colocou o sexo no centro do palco. A ideia não estava madura em seu tempo. De resto, não existia em nenhuma sociedade, civilizada ou tribal. Havia eunucos na Grécia ou no Egito, mas não "por amor do Reino dos Céus". Há sexo no Antigo Testamento, mas o Deus de Abraão está ocupado com guerras e com a idolatria a outros deuses, a restrição ao adultério é uma entre os muitos "abster-se" presentes naquele extenso livro. Há sexo na literatura védica, em qualquer literatura, mas quem o vai empurrando para o centro do palco são os romanos, para que Santo Agostinho então possa fixá-lo lá.

Para Freud, as regras sexuais, a repartição das mulheres pelos homens, as interdições sexuais fundam as civilizações, como as interdições ao incesto (ausente como tema no Evangelho, condenado no Antigo Testamento) ou à poligamia. É um exagero o decreto freudiano, talvez inspirado por Nannie, a governanta obcecada pelo bom Deus, aquele que, como Santo Agostinho, gosta de pensar em sexo como fundamento do governo dos homens.

Tenho uma suspeita. Longe de fazer soprar um "vento gelado" sobre as alcovas do Ocidente, Santo Agostinho aqueceu-as com o acréscimo da razão à mecânica da ereção. Explico-me. Feromônios, a visão de cinturas finas ou a mera presença de uma mulher faz o órgão sexual masculino desafiar a gravidade. Com o tempo, porém, o sexo se torna um filme repetido, e aqueles fenômenos naturais às vezes não produzem mais o mesmo efeito. O homem se acomoda, sublima, desiste. A menos que...

A palavra francesa *fetiche* vem do português "feitiço", a partir da fetichização (isso mesmo, estamos andando em círculos aqui) que os lusos descobriram nos costumes dos subsaarianos, no primeiro contato europeu com esses povos, no século XV. Não eram devassos os iorubás, bantos ou hauçás, longe disso — muitos entre eles já eram islâmicos. Nesse tempo, o amor cortês já se encontrava bem estabelecido no Ocidente e o europeu era disparado o mais lascivo da Terra. O ponto não é esse. Lembra-se o leitor dos feitiços germânicos descritos no capítulo 4 para despertar o desejo masculino?

Pois é. Os relatos dos marinheiros portugueses, depois dos espanhóis, franceses, batavos e ingleses, traziam rituais vistos por eles como mágicos, como expressão de feitiço. Os escritores populares europeus trataram de associar uma coisa à outra, como de resto já o faziam na literatura cortesã. "O prazer compartilhado diminui", constatava Sade. Convém ordenar, pela razão, a excitação para obter dela os melhores gozos. A natureza é um touro montando numa vaca, é grotesca, é asquerosa, é abominável, para retomar Baudelaire. Satanás, evocado pelos feitiços (fetiches), está de volta para garantir a ereção e a renovação dos motivos do homem (e da mulher) para não desistir. Eis a obsessão ocidental.

Há uma lenda corrente sobre cintos de castidade na Idade Média. Eles nunca existiram, são resultado de uma fabulação literária posterior. Como já foi dito e repetido, interdições sexuais nunca passaram da superficialidade no Ocidente pelo menos até o século

XIX. Chegarão ao auge em torno de 1970, quando, na França, apenas 7% das crianças terão sido geradas por casais não estáveis. Em 1850, contando para a estatística as maiores cidades do país, eram cerca de 30%. Antes, provavelmente mais. Esse número voltará a subir na década de 1980, aí sim fruto de uma liberalização deliberada dos costumes íntimos. Na Idade Média, até o clero era devasso. "[Papa] Clemente VI era lascivo como um bode", conta Petrarca, para alegria de Nietzsche, que glorifica as façanhas viris daquele tempo.

Há outra lenda corrente, da Idade Moderna, sobre "não haver pecado do lado de baixo do equador". Fetiche inspirador, assumido por Diderot como verdadeiro, saudoso do bom selvagem a partir de seus muito equivocados conhecimentos etnográficos sobre os nativos de Bougainville, que copulariam em público. Diderot também reconhece o efeito dos fetiches ocidentais aparentemente mais bem-comportados:

> Tão logo a mulher se tornou a propriedade do homem e o prazer furtivo foi visto como um roubo, surgiram os termos pudor, contenção, decoro, virtudes e vícios imaginários; numa palavra, entre os dois sexos barreiras que impedissem de convidar-se reciprocamente à violação das leis que lhes foram impostas e que produzem um efeito contrário, aquecendo a imaginação e exacerbando os desejos. Quando vejo árvores plantadas em torno de nossos palácios e uma vestimenta de gola que esconde e mostra uma parte do colo de uma mulher, parece-me reconhecer um retorno secreto à floresta e um apelo à liberdade primeira de nossa antiga morada.[6]

Em primeiro lugar, no Novo Testamento, como em Santo Agostinho, a "propriedade" é recíproca e assim sempre se deu no Ocidente.

Quem tem a mulher como "propriedade" são os islâmicos, também os chineses antigos, os tupis, em grande parte os védicos, maciçamente os mongóis — estes, "maus selvagens" do ponto de vista dos chineses. No Ocidente, há "proprietários" de mulheres nada cristãos. Proudhon enumera seis casos, entre eles o despudor, em que "o marido pode matar sua mulher segundo os rigores da justiça paterna". Marx determina, despótico, com quem a filha deve se casar. Marx tem um filho ilegítimo com a criada, Helen Demuth, que ele não reconhece.

Quanto à segunda morada, é o paraíso de Adão e Eva, sexuado, como bem definiu Santo Agostinho, asseverando não haver nenhuma razão para que o casal fundador não desfrutasse de carne no Éden. Nesse sentido, Diderot é preciso no diagnóstico. Nossas interdições são um convite à transgressão, tão mais deliciosa quanto mais enfatizada nos discursos como tal. Aliás, o primeiro sentimento que me invadiu quando comecei a ler a história de Santa Margarida de Cortona foi a concupiscência, imaginando eu quão deliciosos devem ter sido pecados tão inspiradores de penitência. No Brasil, o ponto alto da literatura erótica de outros tempos era fazer sexo sob o abrigo das marquises das igrejas. Sacro prazer, revelado pela Inquisição abaixo ou acima do equador nas muitas solicitações sexuais registradas nos confessionários, análogas às de transferência na psicanálise. Quanto a estas, é uma pena eu não poder acrescentar o testemunho pessoal. Se eu fosse tupi ou nativo de Bougainville, provavelmente não teria experimentado gozos tão memoráveis quanto os proporcionados pela violação dos simbolismos das interdições ao sexo do Ocidente, tanto mais severas as da ética dos psicanalistas do que as da moral dos padres.

Vendo de outra forma, e evocando Sade, quando o prazer exige o crime, eu penso em Jesus, na violência de sua mensagem de não violência. Há no Evangelho um *animus beligerandi* mais do que um *animus corrigendi* — nisso talvez Nietzsche tenha sido inaugural. Não, ele não usou essas expressões do direito romano, antes menciona uma parábola análoga de *animus vivendi*: Eros, na definição precisa de Freud. Jesus é um criminoso e por isso morre na cruz, e seu crime é uma expressão de um *animus beligerandi* que nega validade a todo direito. Quanto ao *"vivendi"*, o Evangelho é ambíguo, pois o "mundo" é desprezível, há "raças de víboras" por todos os lados, a maior parte da humanidade não conhece a verdade, mas Jesus ama e é amado como amigo, como mestre, como íntimo da família de Lázaro. Na ceia, lava os pés, come, bebe, conversa. Ressuscitado, pede que se alegrem, não que se ajoelhem.

Querer transformar Sua condenação e crucificação em elemento *sine qua non* do enredo que vai do pecado original ao Juízo Final e à vida eterna é forçar a linguagem a seus limites, como o faz de forma incompleta São Paulo, e magistralmente Santo Agostinho, advogado de acusação e de defesa ao mesmo tempo a partir dos pressupostos íntimos do réu. O papel do réu é o do homem (espécie, não gênero), este acusado por não dar a si mesmo a serenidade, por se escravizar não ao desejo, mas ao desejo insatisfeito, portanto à neurose; não à perversão propriamente dita, senão como reminiscência saudosa: as saudades "arrependidas" de Santa Margarida, as lembranças devotas de irmã Marie-Zoé.

Sexo, sexo, sexo, de quase ausente no Evangelho ao melhor tempero da vida cristã. O que seria de nós sem a concupiscência de Santo Agostinho? É uma ilusão que não nos conduz à vida eterna, mas nos redime da modorra cotidiana. Nem sempre é eficaz, como sutilmente insinua a arte. Os cristãos elogiam Lars von Trier por denunciar a natureza bestial do sexo em *Dogville* (pequena dose) e em *Ninfomaníaca* (dose cavalar). Lars von Trier talvez traduza melhor o *animus beligerandi* de Jesus do que Mel Gibson ou Dürer. Nem ao menos precisa citar seu nome: a igrejinha cristã de *Dogville* revela o único dogma verdadeiramente interiorizado: a crueldade humana. A dureza dos corações humanos ainda hoje exigiria de Jesus a veemência acusatória.

Na *Pietà* de Michelangelo, Maria aparenta menos de 30 anos. Nem todos atentaram para esse detalhe, que a Igreja explorou muito bem, ainda que sem essa intenção, talvez por desconhecer as teorias de significado e significante da psicanálise segundo Lacan. A teoria não importa, a imagem produz seus efeitos sem precisar de nenhuma palavra. E o que é mais interessante: produz seus efeitos mesmo que quem a aprecie não se dê conta do "erro" do escultor (em se tratando de Michelangelo, certamente proposital). Seus efeitos são de encantamento por evocação de amor, um amor que abarca o intencionado e o não intencionado, o sublime e o concupiscente, a caridade e a paixão.

O imaginário artístico cristão nos encanta porque fala a nossos desejos mais intensos, também os mais frustrados, avariados, vertidos em neuroses edificantes. Alain de Botton, em seu livro *Religião para ateus*, propõe o culto ateu à arte cristã, esquecendo-se do que nela é efetivamente edificante: a fé em Jesus e no cristianismo, com seus defeitos e suas muitas qualidades, em sua denúncia subjetiva da objetividade burra implícita em tal culto. Particularmente, não acredito que Alain de Botton acredite em suas próprias falácias; mas, se ninguém o condenou, quem sou eu para condená-lo? Se for o caso de dizer "não peque mais", não será o caso de dizer a ele, mas à indigência moral de seus leitores.

Às vezes, moral sexual é moda. A virgindade é uma lenda lírica popular, assim como a veneração a Santa Filomena, mártir grega de existência histórica controversa. O feminino passa de tentação à negação da tentação. A mulher pode resistir, ser honesta. As associações de "Filhas de Maria" multiplicam-se no final do século XIX, início do XX. A autovigilância funciona como autodefesa prévia. Nas cidades, o discurso pela ausência do sexo faz muitos acreditarem que os bebês nascem dentro de couves. Para as gentes europeias do século XIX, o passado próximo, século XVIII, é identificado como devasso. Assim, o novo é a castidade. Ciclos de devassidão e castidade sucedem-se no Ocidente. Coincidem com a penetração maior ou menor do discurso cristão em alguns casos, mas o cristianismo nunca terá sido o único — eu diria nem o maior — responsável. Nos espaços secretos, porém, tudo indica que a castidade jamais teve placar numérico favorável contra sua oponente ancestral.

No Ocidente de outros tempos, poucos eram crédulos em questões sexuais. O brado "direito ao orgasmo", nascido nos meios não cristãos do pós-guerra, logo se transforma em um louco "dever do orgasmo", que encontra crédulos na porta de cada alcova, sucesso jamais alcançado pelas prescrições cristãs quanto ao sexo. A obrigação politicamente correta de revelar a própria mecânica do desejo ao parceiro é colocar o confessor no leito do casal, entre os dois.

A moda sexual atual, ditada pelo politicamente correto, merece a pecha de André Béjin: "Adolescentes retardatários em busca do andrógino." Corresponde a um ideal castrador. Seu inspirador remoto é o simpatizante nazista Carl Gustav Jung (não apenas simpatizante, como diretamente beneficiado pelo regime alemão). Para ele, o homem teria uma "alma feminina oculta"; e as mulheres, um "inconsciente masculino". A diferenciação dos comportamentos femininos e masculinos seria, portanto, uma imposição social. A tese não tem pé nem cabeça, foi desmentida por várias pesquisas nas áreas de biologia e psicologia experimental. Freud, desafeto de Jung, nunca caiu nessa. Homens e mulheres, salvo em casos de hermafroditismo ou afins (ainda assim com identidade de gênero, que deve ser respeitada, ponto), são homens e mulheres, ainda que sejam homossexuais ou lésbicas, que, por sinal, já experimentaram mais tolerância e naturalidade, eles na Grécia Antiga, elas nos gineceus da Idade Média.

Em 1835, as visões de Jesus tidas por Anna Catarina Emmerich, mística alemã, fazem sucesso entre o público católico. Mel Gibson as terá como principal inspiração para o roteiro de violência explícita de *A Paixão de Cristo*. Santa Aldegunda de Maubeuge é representada em sensualíssima estátua, em Hautmont, fronteira da França com a Bélgica. Teve doze visões. É um ideal romântico, que evoca o "Cântico dos cânticos", do Antigo Testamento, ou as noivas do Evangelho, desejando o romance com Cristo, romance descrito como carnal nas primeiras visões.

Ocorre então a separação, não é para ser. O sofrimento lhe toma o peito, a perda do Ser amado é desconsoladora ao extremo. Mas tudo termina bem quando aceita que aquele amor só se consumará se for aceito como não lascivo, não movido pela libido. O conjunto das visões é uma paródia do casamento cristão. Se movido pela paixão, implicará a perda do outro. Se vivido sem a expectativa do amor carnal, o outro estará lá, num amor sereno. Não fez sucesso a pregação de Aldegunda. Nem em seu tempo nem depois, porque sexo é violência e a Paixão de Cristo é violenta. Diz Robert Stoller:

> Os seres humanos não constituem uma espécie muito amável, e que isso se manifesta principalmente quando fazem amor.[7]

Freud vai na mesma direção:

> O desejo de fazer sofrer o objeto sexual — ou o sentimento oposto, de sofrer pessoalmente — é a forma de perversão mais importante e mais frequente de todas.[8]

Sexo é violência. A propensão à violência é a característica humana mais universal e codificada.

Antes de retornar ao pecado original, a Freud e a Nannie para fechar o capítulo, um parêntese sobre a prostituição, que conviveu muito bem com o cristianismo, não sofrendo interrupção nem grandes perseguições (exceto nos Estados Unidos) desde os primórdios dessa religião.

A prostituição previne o estupro, é um consenso ocidental muito antigo, questionado apenas recentemente, em geral por não cristãos. Houve — e há — um discurso ancorado em propensão genética, sem base cristã, associado à prostituta para a absolvição das demais mulheres. São assim porque nascem assim, é a opinião dos especialistas até o século XIX ou mesmo no século XX. Em 1911, a partir de estudos de caso com mais de 2 mil profissionais, Simonot, médico de uma delegacia de costumes francesa, conclui por "uma afecção orgânica patológica".

As principais suspeitas pela condição, circunstâncias econômicas e as razões da ponta da demanda, raramente são mencionadas, mesmo a história demonstrando a predominância delas nas origens da dedicação à atividade. Ninguém quer saber as motivações e vicissitudes de ladrões e prostitutas, muito menos de seus clientes. Melhor assim quanto aos primeiros. Por que assim em relação às segundas? O Evangelho fala da adúltera, complacentemente, não das prostitutas. A pergunta segue sem resposta, pois, ao contrário do ladrão, elas não lesam ninguém.

Os que apostavam nas circunstâncias apontavam para o fim próximo delas e a consequente perda de interesse pela atividade. A miséria deixou de existir na Europa Ocidental e a liberação dos costumes, entre eles o livre curso da masturbação, tornou a profissional uma quase desnecessidade. No entanto, a prostituição segue firme e forte, explícita ou velada na forma de amantes remuneradas, muitas delas importadas de países pobres. Talvez porque a prostituição muito raramente seja alternativa ao estupro, mas o exercício de um poder proibido ao homem social na relação com o legítimo cônjuge ou com a namorada: o de ser servido sem a presença incômoda da honra, essa sim um "vento gelado" sobre as alcovas conforme as disposições da cultura.

O imaginário cristão só muito secundariamente terá esfriado o sexo no Ocidente. Mais frequentemente o terá aquecido. Quem está decidido a esfriar o sexo, seja pelo apelo a uma prática natural (o touro montando na vaca), seja pelas interdições à prostituição, à sedução, à distinção natural de comportamentos conforme o gênero, é o politicamente correto anticristão. Diante da história do sexo no Ocidente cristão, associar "culpa cristã" à insatisfação sexual é desonestidade intelectual.

Para além da concupiscência, a teoria completa do pecado original, que inclui a substituição penal (a crucificação de Jesus, cordeiro de Deus, como expiação ou propiciação a Deus no sentido das ofertas cerimoniais de pagãos e judaicos), é muito difícil tanto de entender como de explicar. Reproduzo a seguir uma sequência de quatorze pontos que me foi passada por um colaborador apologista católico:

1. O pecado viola a Justiça de Deus.
2. Se violada, a Justiça de Deus deve ser satisfeita.
3. A Justiça de Deus é satisfeita quando o pecador é punido.

4. A punição justa pelo pecado é a morte.
5. Todos pecaram.
6. Portanto, a Justiça de Deus exige a punição de todos.
7. Deus deseja perdoar o pecador.
8. A culpa perante a Justiça de Deus impossibilita o perdão dos pecados.
9. Portanto, para que Deus perdoe o pecador, a culpa deve ser removida.
10. Portanto, Deus só pode perdoar se punir.
11. É contraditório declarar justa e ao mesmo tempo declarar culpada (infligindo a pena) a mesma pessoa.
12. Portanto, para perdoar o pecador, Deus deve punir alguém em seu lugar, em substituição.
13. O Filho de Deus assumiu esse lugar, sofrendo a pena devida pelo pecador.
14. Portanto, agora Deus pode justamente perdoar o pecador.

É um resumo imperfeito, mas creio que, se eu expusesse uma longa tese a respeito aqui, a compreensão não melhoraria muito. Deixo a palavra a Gérard Lebrun:

> Esse princípio não está diante de nós, ele opera em nossas costas. Não o compreendemos tanto quanto não compreendemos a divisibilidade ao infinito; sabemos simplesmente que, sem ele [...] as contrariedades de nossa condição nunca seriam harmonizadas. Por onde reencontramos a lição da epistemologia: uma proposição verdadeira não se impõe por sua clareza meridiana, mas pela absurdidade das consequências (ou a permanência das contradições) que decorreriam de sua negação.[9]

E também a Pascal:

> Pois não há dúvida de que nada existe que choque mais nossa razão do que dizer que o pecado do primeiro homem tenha tornado culpados aqueles que, estando tão afastados dessa origem, parecem incapazes dele participar. Tal decorrência não nos parece apenas impossível. Parece-nos mesmo muito injusta, pois existe acaso algo mais contrário às regras da nossa miserável justiça do que condenar eternamente uma criança incapaz de vontade por causa de um pecado de que parece ter participado tão pouco, cometido 6 mil anos antes que ela viesse a ser?[10]

Freud, como Jesus, era judeu; como Jesus, não gostava das leis cerimoniais judaicas. Especialistas ambos em males d'alma, como o desejo, o pecado, a perversão e a neurose, em simbolizar os sentimentos. A psicanálise contaminou a linguagem com seus termos Poderosa fábrica de símbolos, como fora poderoso no mesmo quesito o Evangelho. Freud remete-se à mitologia grega; Jung ao orientalismo. Fizeram novos símbolos, assim como recorreram a outros testados e aprovados. O mesmo se deu com o Evangelho.

Freud, como Santo Agostinho, voluntariamente "sublima" a atividade sexual própria aproximadamente aos 40 anos. Como o santo filósofo, toma a decisão para si, não a impõe nem a recomenda aos outros. Freud não o faz por moralismo. Ele denuncia o moralismo, pois constata que "atrás de todo moralista há um pervertido escondido".

O cristianismo exerceu forte influência em Freud, a começar por Nannie, a governanta tipicamente agostiniana, para quem o "bom Deus" cristão haveria de ser compreensivo a suas tentações carnais. O pai da psicanálise, definindo-se como "herético impertinente", dizia também que o analista é "um pastor de almas secular". O que não lhe impedia, às vezes, de criticar duramente a religião:

> Tudo é tão patentemente infantil, tão estranho à realidade, que, para qualquer pessoa que manifeste uma atitude amistosa em relação à humanidade, é penoso pensar que a grande maioria dos mortais nunca será capaz de superar essa visão da vida.[11]

Quando Jung rompeu com Freud, de quem até então era discípulo, um amigo de Freud, o pastor protestante Oskar Pfister, titular de uma igreja em Zurique e também psicanalista, tomou o partido deste, e o justificou com um impecável resumo do pensamento de Jung:

> Essa "interpretice" que apresenta todas as imundícies como uma geleia espiritual de um gênero elevado, todas as perversidades como oráculos e mistérios sagrados, e introduz fraudulentamente um pequeno Apolo e um pequeno Cristo nas almas extravagantes, não vale nada. É o hegelianismo traduzido em psicologia.[12]

Invejo Pfister pela síntese daquele que tanta influência iria exercer sobre o politicamente correto, talvez até mais do que Marx. Com seu otimismo em relação ao homem e ao misticismo do tipo "geleia geral", a ponto de elogiar a juventude alemã em oposição aos inferiores judeus, Jung tomara um caminho oposto a Freud, um crente intimamente descrente no devir humano, pelo menos em relação à felicidade.

O pastor não abandonaria nem a pregação cristã nem a prática psicanalítica, "a serviço do alívio dos seres que sofrem", Freud escreveria a Pfister concordando, em 1927.

Freud teve de sair de Viena em 1938 por conta de os nazistas terem tomado o poder na Áustria. Refugiou-se em Londres. Quatro de suas irmãs perderiam a vida em campos de concentração do regime de Hitler. Para aliviar seu próprio sofrimento, em 21 de setembro de 1939, pediu a Max Schur, seu médico, que lhe administrasse doses potencialmente fatais de morfina. Foram três injeções. O velho Schlomo morreu sem dor na madrugada do dia 23.

Certa vez, ele creditou as vertiginosas transformações do tempo em que viveu à popularização do espelho de corpo inteiro. O indivíduo deixara de perceber sua identidade física no olhar do outro e passara a contemplá-la no grande espelho. Freud deve ter experimentado a mesma impressão que eu diante do espelho: é mais revelador do que o confessionário ou do que o divã, mais propício ao autoexame de consciência. As alcovas não nos revelam nada. São apenas um exercício de nossos desejos violentos em busca de uma experiência de morte serena, nossa sentença pelo pecado original.

8

O próximo como a si mesmo

Há muitas lendas sobre as esquisitices de Emanuel (assim foi batizado porque era dia de São Emanuel), mas nada nele fugiu ao natural, exceto talvez pela castidade, mas isso num filósofo é comum. Como menino, viu-se com talento para o bilhar e para o carteado, chegou a ganhar dinheiro nessas distrações. Sociável, contador de piadas, achou na juventude de implicar com prenome e sobrenome. O primeiro mudou para Immanuel. O segundo, alegando uma suposta e remota origem escocesa, teria preferido "Cant" a "Kant". Esse não deu para mudar, mas sua filosofia mudaria os conceitos morais, para o bem e para o mal.

Conta ele ter permanecido casto porque quando lhe apareceu uma esposa ele não estava financeiramente pronto para bancar uma boa casa e um bom casamento. Mais tarde, bem estabelecido, faltou aparecer a esposa. Pregou uma moral extremamente severa quanto às práticas sexuais e cultivou a crença, certamente baseada nos velhos estoicos romanos, na perda do sêmen como perda de energia vital e intelectual. Até onde se sabe, ao contrário de Rousseau, a quem admirava, viveu como pregou, nesse e em outros aspectos.

Quarto de nove irmãos, nascera numa família pietista, variante rigorosa do luteranismo. Não apreciava, porém, a pregação evangélica. Achava aquilo tudo muito dogmático e pouco racional. No entanto, seus escritos conseguirão unir o apelo moral do pietismo à fé no homem de Rousseau, adquirida quando de sua leitura de Emílio, que recebeu como revelação.

Se a função da filosofia é policiar pressupostos lógicos, Kant a terá exercido como poucos. Porém, como ninguém, terá deixado de policiar seus próprios pressupostos, que Nietzsche irá chamar de delírios ímprobos e dos quais dirá Bertrand Russel:

> Kant era como muita gente: em questões intelectuais, mostrava-se cético, mas, em questões morais, acreditava implicitamente nas máximas hauridas no colo de sua mãe. Eis aí um exemplo daquilo que os psicanalistas tanto ressaltam: a influência imensamente mais forte de nossas primeiras associações do que das que se verificam mais tarde. Kant, como digo, inventou um novo argumento moral quanto à existência de Deus, e o mesmo, em formas várias, se tornou grandemente popular durante o século XIX. Tem hoje toda espécie de formas. Uma delas é a que afirma que não haveria o bem ou o mal a menos que Deus existisse.[1]

A crença em Deus como revelador de uma moral transcendente é tão antiga quanto o desejo humano por se guiar por pressupostos morais revestidos de autoridade. Jesus, sendo Deus, emitiu diversas máximas morais. Kant irá criticá-las para, em seguida, estabelecer suas próprias máximas. Mais do que "popular", como sustenta Russel, a moral kantiana exercerá mais influência no mundo todo do que a moral evangélica nos séculos XIX, XX e na atualidade. O politicamente correto é apenas um dos frutos dos "delírios ímprobos" desse bom jogador de bilhar. O socialismo, a social-democracia, o nazismo, o positivismo, o fascismo e, em parte, o liberalismo tardio erguerão seus edifícios teóricos sobre os alicerces assentados por Kant.

Ele não tem culpa dessas apropriações. Provavelmente reprovaria cada uma dessas ideologias, como irá se arrepender de seu apoio inicial à Revolução Francesa. Na herança familiar, no fundo de seu coração, habitava um bom conservador, desviado, no entanto, pela vertigem do seu tempo: o Iluminismo, essa ideologia movida a delirante otimismo.

Deixo a crítica ao criticismo de Kant para o final do capítulo. Antes, vou aos ensinamentos morais do Evangelho, com foco no Sermão da Montanha, presente em Lucas e Mateus. Como simpatizo mais com Mateus por sua versão da Parábola dos Talentos, guio-me por este, capítulos 5 a 7, num total de 111 versículos. Não há necessidade de transcrevê-los todos, pois é certo que o leitor, cristão ou não, está familiarizado com os princípios ali enunciados.

Após reunir seus primeiros discípulos, Jesus percorria a Galileia, "ensinando nas suas sinagogas, pregando o Evangelho do Reino, curando todas as doenças e enfermidades entre o povo" (Mateus, 4:23). Sua fama espalhou-se e gente de toda parte o procurou. Ele então sobe a um monte e fala aos discípulos e às multidões, começando pelas bem-aventuranças, promessas de compensações aos que exalta.

O Reino dos Céus pertence aos pobres de espírito (*ptôkhoi tô pneumati*, em grego transliterado). O versículo 3 do capítulo 5 de Mateus é tão fundamental quanto mal compreendido. Como já foi dito, espalhados por todo o Império Romano estavam filósofos de barba crescida e roupas puídas a pregar o ideal do coração simples.

Não é nada simples traduzir tal ideal, de resto sujeito a variações interpretativas na época, conforme a seita filosófica de preferência de cada um.

Considerando um predomínio do estoicismo e do epicurismo entre esses pregadores andarilhos, o "coração simples" é um preceito ao mesmo tempo racional (monista) e místico, ligado à ataraxia. Há quem trace um paralelo entre "ataraxia" e o "nirvana" dos védicos. O conceito ocidental é mais completo, mais abrangente, mais profundo, digamos assim. Para traduzir imperfeitamente no léxico de uso generalizado em nossos dias, eu diria "imperturbabilidade". O "pobres" não se refere ao sentido econômico da pobreza, nem "espírito" deve ser entendido pela raiz latina (*spiritu*), mas sim pela leitura original grega (*pneuma*, respiração), com significados mais amplos.

A linguagem é imperfeita e precisa ser estendida ao máximo para descrições de tais sentimentos. Parafraseando Santo Agostinho, sei o que é o coração simples, mas não sei explicar. É como dizia Calvino para a graça e para a fé: não adianta ir buscar, vem se tiver de vir. A busca pessoal ajuda, e pessoalmente tenho buscado o ideal do coração simples, mas quando vem é fugidio como a felicidade e me evoca serenidade. Em termos filosóficos, é a suspensão de qualquer pensamento dualista, de qualquer oposição.

A sequência do Sermão da Montanha não pode ser corretamente compreendida fora do monismo próprio do coração simples (pobres de espírito). Li na tradução de uma Bíblia católica a expressão "humildes de coração" como substituta da original. Está errada. Não se trata nem de humildade nem de um coração genérico (emotivo). Também não se trata de "estados alterados de consciência" ou "sentimento de comunhão com Deus" ou ainda o enunciado muito difundido pela neurociência atual "sinapses que parecem especializadas em fé", como pôde ser observado nos fiéis peregrinos de Lourdes, por exemplo.

Entre os filósofos, talvez Mestre Eckhart tenha ido ao ponto quando diz que compreender Deus é compreender o outro. Não a partir de uma dualidade complacência-incomplacência. Isso seria julgamento. É justo julgar o outro tendo claras tais opções opostas e a vida em sociedade ganha com menor complacência, porém o "coração simples" é monista e sua atitude para com o outro, se bem compreendi Mestre Eckhart, é de empatia, compreensão, aceitação a partir não de uma negação radical do mundo (representada pelo dualismo gnóstico), mas, repetindo, de "imperturbabilidade", de "serenidade".

Como bem diz São Paulo, para quem aceita essa mensagem de Jesus, que é uma exclusividade do Ocidente (o Oriente só conhece ideias dualistas, exceto, talvez, pelo Tao, mas o Tao é incognoscível), não há lei. Há "caridade, alegria, paz, paciência, afabilidade, bondade, fidelidade, brandura, temperança" (Gálatas, 5:22-23). O coração simples dos pobres de espírito não é nada disso em particular, mas a todos esses sentimentos predispõe, pois são também frutos da empatia.

Voltarei ao assunto. Sigamos com as bem-aventuranças. Jesus consola ou exalta em seguida os que choram, os mansos, os que têm fome e sede de justiça, os misericordiosos, os puros de coração (note-se que "puros de coração" não é o mesmo que "pobres de espírito", ou seja, coração puro não é necessariamente coração simples), os pacíficos e os perseguidos por causa da justiça. A esses, há promessas diversas, conforme a índole de cada grupo. Não se trata ainda de ditar regras morais.

Nos versículos 17 a 20 do capítulo 5, Jesus reforça os mandamentos morais da lei mosaica e dos profetas. Diz que veio não para aboli-las, mas para aperfeiçoá-las e fazer cumprir. Só entrará nos Reino dos Céus quem cumprir a lei. Em termos estritamente morais, ela condena o adultério, o perjúrio, o homicídio e o furto. A lei mosaica (dez mandamentos) tem dois méritos: protege direitos negativos, que não pesam sobre terceiros, e ordena a vida em sociedade. De fato, se todos respeitassem essas quatro interdições, as relações de reciprocidade tenderiam à cooperação e bastaria deixar livre a criatividade e as vontades humanas para cuidar da prosperidade. O melhor projeto moral é sucinto.

A partir do versículo 21, Jesus especifica de quais aperfeiçoamentos se trata. Ele irá unir o ideal de coração simples com uma bem-vinda incomplacência.

À interdição do homicídio acrescenta a proibição da ofensa irada e a necessidade de reconciliação (Mateus, 5:21-26). Daqui advém o pecado mortal da ira.

Nos versículos 27 a 32, qualifica a concupiscência e o divórcio como correlatos do adultério. (No próximo capítulo, tratarei especificamente desse tema.)

Em seguida, trata do perjúrio. Para Jesus, não basta não jurar falso. É preciso não jurar de modo algum. Se for o caso, dizer "sim" ou "não". Fora disso (convenham, há muito a dizer "fora disso"), não se deve dizer nada.

No versículo 38, moral e sublimidade para invalidar o "olho por olho, dente por dente", que não está nos dez mandamentos, mas sim no Antigo Testamento. "Não resistas ao mal, oferece-lhe a outra face" (Mateus, 5:39). Deixo o comentário a Nietzsche, endossando-o:

"Não resistas ao mal", a palavra mais profunda dos Evangelhos, a sua chave em certo sentido, a beatitude na paz, na doçura, no não poder ser inimigo! Que significa a "Boa-Nova"? Encontrou-se a verdadeira vida, a vida eterna — não é prometida, está aqui, está em vós: como vida no amor, no amor sem retraimento e exclusão, sem distância.[2]

A vingança tem um grande apelo em nós. O ressentimento é o móvel mais presente nas ações humanas, é a razão de ser de boa parte dos sistemas ideológicos, notadamente do socialismo. Quebrar essa lógica só é possível se conhecemos o "coração simples", pois ele não resiste ao mal. Não é caso de complacência, não se veja com olhos dualistas. É de imperturbabilidade. É um ideal difícil, talvez impossível, mas a Igreja terá instituído uma cerimônia para selar a paz entre as linhagens na Idade Média: as mãos dos representantes das famílias inimigas postas juntas sobre um exemplar do Evangelho.

O kantismo e outras ideologias anticristãs invalidaram o "não resistir ao malvado" do Evangelho. A violência e a barbárie tomaram conta do mundo de modo avassalador nos séculos XIX e XX. Se conseguimos romper esse ciclo, espero que isso tenha tido a ver com essa sublime mensagem evangélica.

Transcrevo este versículo na íntegra (Mateus, 5:43):

> Tens ouvido o que foi dito: Amarás o teu próximo e poderás odiar teu inimigo.

Uma lógica dualista logo relaciona "inimigo" e "ódio", mas ódio é uma forma de amor. Não é outra face da mesma moeda. É a mesma face. Vou mais longe. Só se ama o inimigo, pois "inimigo", lembremo-nos, é antônimo de "amigo". Socorro-me com dois falantes do idioma português, começando por Camões: "Mas como causar pode seu favor nos corações humanos amizade se tão contrário a si é o mesmo Amor?" e concluindo com Nelson Rodrigues: "Só o inimigo é fiel. O inimigo irá cuspir na sua cova."

Jesus não menciona a amizade como um valor positivo. Ela só resistirá às circunstâncias se o preço da deslealdade for alto. Judas O trai, Pedro O nega. Sigamos seus mandamentos morais:

> Eu, porém, vos digo: amai vossos inimigos, fazei bem aos que vos odeiam, orai pelos que vos [maltratam e] perseguem. (Mateus, 5:44)

Os inimigos de Jesus O transformaram no símbolo que é, condenando-O à morte, executando-O. Ele vencerá a morte, eis a essência da mensagem cristã, decerto incompreendida. Não vencemos nem de longe o dualismo em nós. Somos presas da interiorização do "ação e reação". Não nos damos conta de que nossa liberdade está exatamente em escapar dessa prisão que nos faz autômatos.

Nos versículos 1 a 4 do capítulo 6 de Mateus, Jesus trata da oposição honra social × agradar a Deus. O dever da esmola aos pobres era bem estabelecido no judaísmo. Jesus o mantém e adiciona o dever de fazê-lo em segredo, o que será testemunhado pelo Pai, que tudo vê e poderá recompensar o esmoler.

Jesus, felizmente, não louva a intenção do doador. Apenas deplora que o faça pensando na recompensa honra social, não na negociação das boas obras com Deus. Ou seja, o Salvador reconhece a legitimidade do autointeresse num caso e noutro.

A propósito desse trecho, tempos atrás, num bairro de classe média alta próximo ao meu, deparei-me com cartazes anunciando uma campanha contra as esmolas. Assinavam os cartazes uma entidade do Poder Público, duas ONGs e, pasme o leitor, a paróquia católica local. A campanha pedia a quem quisesse auxiliar que desse o dinheiro a um comitê formado por tais entidades, que então exerceria a filantropia. Por trás da "boa intenção", o desejo de limpar as ruas dos pedintes habituais e a possibilidade de posar de altruísta com o dinheiro dos outros.

Não tenho nada contra ONGs organizarem a filantropia, mas interditar a prática cristã da esmola individual recebo como uma agressão a minha liberdade de dar. Quando vou à missa, noutra paróquia, saio um ou dois minutos antes do final e distribuo minhas moedas aos pedintes que estão concentrados nas escadarias. Com minha antecipação, evito fazê-lo em meio à multidão que sai da igreja após o "ide em paz, que o Senhor vos acompanhe", dito pelo padre. Esse evitar não me vem por obediência evangélica. Estou longe de ser um católico exemplar. Evito a presença da multidão como testemunha por pudor, pois o ato da esmola me parece íntimo, uma doce e gostosa interação. Não sei se faz bem a quem recebe. A mim, faz muito bem por si, não me ocorre pensar em recompensas outras. Não é "boa" minha intenção. É assumidamente egoísta.

Um amigo me conta ter sido interpelado por um pedinte adulto, sujo e malcuidado. Ocorreu a esse amigo perguntar como o sujeito pretendia gastar a esmola. "Para tomar cachaça", respondeu o pedinte, sorrindo. Meu amigo também sorriu e triplicou a doação. Eu faria o mesmo. Não têm a menor importância a intenção de quem dá, a intenção de quem recebe, as crenças ou as ideologias de um e de outro. Só espero que o Estado e as ONGs se abstenham de agir contra minha liberdade enquanto esmoler e que os párocos católicos se deem conta da afronta ao Evangelho e às longas tradições do cristianismo contida em se unir a campanhas como a do bairro vizinho ao meu.

Chegarei ao tema mais amplo da caridade. Antes retomo a sequência do Sermão da Montanha em Mateus. Jesus orienta como se dirigir a Deus para pedir. Aqui, mais uma vez, a validação do autointeresse. Nos versículos 14 e 15 do capítulo 6, a ordem é perdoar as ofensas recebidas, com a ameaça de, em não o fazendo, não ter as próprias ofensas por Deus perdoadas. Na mesma linha do "amar os inimigos".

Em seguida, a ordem de, quando jejuar, não aparentar abatimento com a intenção de mostrar a todos que está jejuando. Ou seja, não ligue para a honra, mas para o sentido de oração do cumprimento de uma lei cerimonial. Por "lei cerimonial" entenda-se todo e qualquer mandamento que envolva formas de louvar a Deus ou com Ele se comunicar. Na versão católica dos dez mandamentos, três dizem respeito a leis cerimoniais (guardar domingos e festas; amar a Deus sobre todas as coisas; não invocar seu santo nome em vão). No calvinismo e no judaísmo, são quatro, com a inclusão da vedação aos ídolos: representações por pintura, escultura ou qualquer outro meio de Deus ou do quer que seja.

O jejum, rigorosamente observado no judaísmo em várias datas especiais, não foi mantido no cristianismo, exceto pela recomendação católica de se abster de carnes de animais de sangue quente em algumas datas especiais, como a Sexta-Feira da Paixão.

Retomo aqui a sentença: o folclore é a âncora dos povos. Leis cerimoniais como a do jejum são fundamentais para povos dispersos ou que enfrentam resistências a sua autoidentificação étnica. Na origem do povo judeu, essas resistências eram internas e externas. Com a era rabínica, a partir do final do século I, as resistências externas predominaram. A "âncora" do folclore aqui é bem-vinda, pois reforça um vínculo ameaçado. Tanto que muitos judeus descrentes da religião judaica mantêm a observância de algumas leis cerimoniais para evitar a perda de identidade étnica, o que é louvável, tanto mais tendo em vista a miríade de inimigos voltados contra essa identidade.

No caso do cristianismo ocidental, manter a "âncora" arriada deixou de fazer sentido após a cristianização dos germânicos. O advento do Iluminismo, no século XVIII, representou a chegada de uma tempestade a ameaçar a grande barca da cristandade. Hora de baixar "âncora". Porém, o costume longamente cultivado de navegar ("Navegar é preciso, viver não é preciso" — Pompeu, general romano do século I a.C.) não pôde ser abandonado. Não pôde também porque são muitas as barcas cristãs a competir entre si sobre quem vai mais longe. Quem baixar a âncora poderá ficar para trás. O Ocidente não para. Não deve parar, ou estará negando o que tem de melhor: a fé inquebrantável na navegação com a âncora recolhida. Não é o mesmo que deixar de levar no navio uma âncora para o caso de necessidade, mas, enfim, "navegar é preciso".

Os versículos 19 a 21 do capítulo 6 de Mateus dizem para não juntar tesouros na terra, mas no céu, em que estarão a salvo das traças e dos ladrões, e onde estiver teu tesouro lá estará teu coração. À primeira vista, uma insofismável mensagem anticapitalista. No entanto, a harmonia evangélica impõe prudência ao entendimento meramente literal do dito, pois aquele tempo é anunciado como muito provisório, na iminência do advento do Juízo Final e do

Reino. Não compensaria, portanto, o esforço de acumular riquezas a partir de uma perspectiva milenarista.

Outra forma de interpretar tal passagem como um incentivo à prosperidade material e não o contrário é harmonizá-la com a Parábola dos Talentos. Ora, entesourar sem aplicar em atividades produtivas ou emprestar a juros é prática condenada naquela parábola justamente por representar anticapitalismo, a ausência de um emprego eficaz para o dinheiro.

Na batalha de Lepanto, em 1571, marinheiros cristãos vitoriosos saquearam o tesouro de Ali Pasha, comandante otomano. Impressionaram-se com a enorme quantidade de moedas de ouro. Os otomanos acumulavam porque não tinham em que empregar aqueles capitais. Faltava no Oriente Próximo a segurança da propriedade privada e a proteção aos investimentos financeiros. O tesouro desse povo islâmico estava sujeito, portanto, a ser comido pelas traças ou ser tomado pelos ladrões, o que efetivamente aconteceu. Se observassem eles os ensinamentos da Parábola dos Talentos, que o Sermão da Montanha não contraria, mas referenda, estariam em melhor situação e sua sociedade teria prosperado muito além do que prosperou.

Há outra razão evangélica para o dito "onde estiver teu tesouro estará teu coração". É dito muitas vezes que o único grande mandamento é amar o próximo. Ora, uma das acepções de amar é confiar. Quem enterra tesouros não confia em ninguém. Quem compra ações empresta dinheiro ou investe em bens de produção que se pagarão muito à frente está confiando em alguém e não está sendo avarento. Nesse caso, a localização do tesouro é junto ao próximo e ao lado do próximo estará seu coração.

Os investimentos produtivos e financeiros não devem ser caracterizados como juntar tesouros suscetíveis à ação das traças e dos ladrões. Ali Pasha, se cristão fosse, teria cometido o pecado capital da avareza. O cristão que investe seus recursos está amando o próximo, por confiar nele e por contribuir para a prosperidade de todos. Concluem o capítulo em análise quinze versículos com uma sequência da exortação para não cuidar das riquezas terrenas nem se preocupar com o próprio sustento ("olhai os lírios do campo"). Reproduzo o último deles para resumir:

> Não vos preocupeis, pois, com o dia de amanhã: o dia de amanhã terá as suas preocupações próprias. A cada dia basta o seu cuidado. (Mateus, 6:34)

Fala aqui o pregador milenarista, garantindo que o Pai proverá todas as necessidades materiais de seus fiéis seguidores. Não se deve interpretar essa promessa de socorro como condenação ao trabalho produtivo e ao investimento. Não se preocupar com o dia de amanhã não significa necessariamente entregar-se à vadiagem, imitar os "lírios do campo", ou seriam contraditórias ao Evangelho as seguintes palavras de São Paulo:

> Aliás, quando estávamos convosco, nós vos dizíamos formalmente: Quem não quiser trabalhar não tem o direito de comer. Entretanto, soubemos que entre vós há alguns desordeiros, vadios, que só se preocupam em intrometer-se em assuntos alheios. A esses indivíduos ordenamos e exortamos a que se dediquem tranquilamente ao trabalho para merecer ganhar o que comer. (2ª Carta aos Tessalonicenses, 3:10-12)

De resto, ninguém concordaria com uma interpretação da metáfora dos "lírios do campo" como um convite a nada fazer senão esperar. Como diz a doutora em administração Paula Schommer, minha irmã:

> Fazer bem o que pode ser feito hoje; preocupar-se com o hoje, com quem está a sua frente, e maravilhar-se o tempo todo com o que nos é dado; reconhecer que a obra de Deus é maior do que nós e nosso trabalho; que a beleza dos lírios do campo e a fartura que nos é oferecida pela natureza serão continuamente oferecidas; o que não significa que não tenhamos de trabalhar, contribuir para a obra de Deus.[3]

O capítulo 7 de Mateus, o último do Sermão da Montanha, começa com "não julgueis para não ser julgado". Embora se prometa uma recompensa (não ser julgado) ao ato ético de não julgar, não há como ler esse versículo perdendo de vista a primeira bem-aventurança: o coração simples. Só quem experimenta a imperturbabilidade do coração simples consegue não julgar. Em estado corrente da razão, sob o domínio do medo e da esperança, julgamos o tempo todo. Aliás, agimos devidamente, pois avaliar perigos e medir a plausibilidade de nossas esperanças é sinal de boa saúde mental, de prudência necessária a uma vida sã.

Nossa muito imperfeita razão atrapalha nossos julgamentos. Podemos errar por severidade ou por ingenuidade. Nossos sentimentos também interferem às vezes para nos enganar: a raiva é má conselheira; o amor a favor também. Se há um conselho que quase todos os filósofos repetem, de Sócrates a Karl Popper, é investir no aperfeiçoamento de nossa razão e no domínio possível das interferências de nossas emoções.

Não é disso, portanto, que Jesus está falando quando prega o não julgar. É no coração simples, capaz de praticar a empatia, compreender o outro em sua totalidade monista, em seu ser único, irrepetível. E ele completa:

> Por que olhas a palha que está no olho do teu irmão e não vês a trave que está no teu? Como ousas dizer a teu irmão: Deixa-me tirar a palha do teu olho, quando tens uma trave no teu? Hipócrita! Tira primeiro a trave de teu olho e assim verás para tirar a palha do olho do teu irmão. (Mateus, 7:3-5)

O sentido aí é mais restrito. Trata-se de não apontar defeitos no outro. Um belo conselho, até porque não adianta nada, não muda ninguém para melhor, expressar acusações, como dirão os manuais de civilidade editados a partir do século XVI sob inspiração cristã.

A seguir, no mesmo capítulo, há a promessa do "pedi e recebereis". Não é um mandamento moral. Não está associado à moral. Não é um "toma lá, dá cá", não envolve merecimento da parte do fiel.

O versículo 12 do capítulo 7 é a "regra de ouro", fazer ao outro o que quer que o outro faça a você. É evidentemente falaciosa, é um péssimo conselho. Jesus, porém, ressalta que isso vem da lei e dos profetas, é um "olho por olho", portanto. Os filósofos cristãos evitarão o tema tanto quanto possível. A Igreja católica, lamentavelmente, acabará por interpretar como mandamento e não como uma analogia à reciprocidade agressiva, invalidada por Jesus no capítulo 5. Direi mais sobre a regra de ouro e suas consequências adiante.

Largos são os caminhos para a perdição, estreita a porta da vida. Escolher certo é para poucos. É muito bom saber que Jesus pensa assim. Em seguida, alerta para os falsos profetas, "lobos em pele de cordeiro". Esse mandamento não é moral, é um conselho prático, utilitário. Pena que não pegou no Ocidente. O que não falta em nossa história são lobos maus no papel de guias todo-sapientes. As multidões os seguem, com resultados quase sempre desastrosos. Aprende-se? Não, a história nunca ensinou nada a ninguém. Somente a "chinesice" de Kant, mencionando aqui um termo empregado por Nietzsche para apontar sua burrice, para acreditar numa bobagem como essa. Aliás, quem acredita às vezes pode aprender, sempre tarde demais, é claro, como ocorrerá com o próprio Kant quando descobrir que um Robespierre pode ser pior que um Thomas Müntzer.

Voltemos ao Sermão da Montanha. A árvore boa dá bons frutos. Pelos frutos, conhecereis a árvore. Isoladamente, teríamos aqui duas falácias. A primeira é um retrocesso ao dualismo. Não existe árvore boa ou árvore má, como não existe homem bom e homem mau. Como bem escreveu Maquiavel: "O homem não é totalmente bom nem totalmente mau." Quanto a escolher a árvore pelos frutos, estaremos diante da falácia do utilitarismo.

Antes de explicar por que o utilitarismo é falacioso, convém absolver Jesus de erro nessas passagens (versículos 16 a 20), porque elas são uma continuação do alerta quanto aos lobos. Pensemos em Robespierre, Stalin e Hitler e podemos concluir que, nesse sentido, sem dúvida, os frutos denunciam essas árvores más. Não estou dizendo que esses indivíduos fujam à sentença de Maquiavel, sejam malvados de nascença. Os personagens que eles representaram, sim, não têm lado bom.

O EVANGELHO SEGUNDO A FILOSOFIA

A opinião sobre a falácia do utilitarismo não é unânime em filosofia. Há quem acredite em econometria como a única ciência a ser levada em conta para determinar leis e regras morais. Confesso que já estive tentado a assim pensar. Quando Steven Levitt e Stephen Dubner lançaram *Freakonomics: o lado oculto e inesperado de tudo que nos afeta*, eu adorei o livro e quase aderi de vez à econometria como princípio e fim universais incontestáveis. Números são números, não são delírios kantianos. A matemática tem muito mais a ensinar do que a filosofia. Se eu fosse o ministro da Educação de um país, suprimiria dos currículos escolares todas as aulas de "ciências humanas", que a propósito não são nem uma coisa nem outra, e faria das *hard sciences*, junto com regras gramaticais e idiomas estrangeiros, as únicas matérias a ser ensinadas.

Levitt e Dubner, porém, felizmente tocaram num tema que põe abaixo o edifício utilitarista: eugenia.

Bois, cães, gatos, coelhos, porcos, ovelhas, bodes. O homem os domesticou e modificou profundamente essas espécies através de seleção artificial, o equivalente animal à eugenia. Por que não fazer o mesmo com os humanos? Porque aborto é eugenia. Preciso de um bom parêntese aqui para falar de um tema que não está no Evangelho, não está na Bíblia (no Antigo Testamento até está, mas não condena nem recomenda): o aborto, essa forma de eugenia, como Levitt e Dubner demonstraram em *Freakonomics*, no caso o defendendo para manter em pé a validade universal do utilitarismo.

O direito romano, espelhando a opinião pública, admitia não apenas o aborto, mas também o infanticídio por decisão paterna. A interrupção voluntária da gravidez é hábito mais ou menos universal, observado em sociedades pequenas e isoladas e em grandes e complexas, como a chinesa.

Das grandes religiões, porém, somente o judaísmo não condena o aborto voluntário. O budismo, o hinduísmo, o islamismo e o cristianismo o fazem desde seus primórdios, com exceções, mas estamos falando em linhas gerais. A religião popular chinesa vacila, mas há taoistas contra o aborto, como há influência budista, que associa o aborto a um karma negativo, nas crenças gerais chinesas. Com exceção de poucas sociedades, como a brasileira e a chilena, a opinião das religiões é impotente nesse particular.

Sigamos com defesas do aborto. A decisão sobre o seguimento de uma gravidez caberia à mãe tão somente. Outro argumento é que o feto não é um humano completo, não tendo consciência de si, portanto não merece a mesma proteção social/estatal ao direito à inviolabilidade da vida. Esse argumento há muito foi derrubado pela biologia. Na concepção, forma-se um ser único, irrepetível, com características completas, com uma programação que determinará boa parte de sua personalidade. Pelo critério da plena consciência de si, o bebê só o adquire muito após o nascimento. Portanto, se o critério for esse, o infanticídio deveria ser liberado.

Quanto à intervenção do Estado sobre o ventre individual, o Estado excede sua competência necessária quando regulamenta direitos positivos, não quando regula direitos negativos. Ao Estado cabe sim zelar pela não violação dos direitos à vida, à propriedade, à liberdade sexual e outras liberdades afins, à integridade física. O embrião tem um precário direito à vida, pois é muito comum não se fixar ao útero ou sofrer outros acidentes em seus primeiros dias que tenham como resultado a interrupção involuntária da gestação. Tirando isso, ele tem todas as características humanas que ensejam a proteção do direito à vida num bebê. O aborto é, em termos rigorosamente biológicos, um homicídio, não há dúvida.

A mãe deve decidir mesmo assim, pois aquela vida depende dela para prosseguir? Então se estenda esse direito para além do nascimento, até o momento em que aquela vida não dependa de mais ninguém para prosseguir. Permita-se, adicionalmente, seguindo o mesmo princípio, que todo aquele que dependa de outro para prosseguir possa ser eliminado por quem o ampara. Se o "depender" decide, siga-se esse princípio. Se o "depender" não pode decidir sozinho, pois a regra contra o homicídio encher-se-ia de buracos por onde poderia passar qualquer um, então decida a sociedade que matar de caso pensado é errado (isso vale para a pena de morte, a propósito), pois o homicídio não retira apenas aquele momento de vida, mas todo o devir daquela vida, devir irrepetível.

Poderia não ter sido gerado? Poderia o embrião não ter vingado? Claro que sim, num caso ou no outro, mas com esse argumento eu posso assassinar qualquer um, em qualquer estágio da vida.

Há outro argumento muito usado a favor do aborto: não tem aquela mãe condições de criar o filho. O argumento é prático: os pobres têm muitos filhos, filhos de pobres sofrem muito e terão poucas oportunidades, o devir deles não é grande coisa. Eliminem-se os pobres ainda na fase de embrião para não haver escândalo. É tipicamente um argumento utilitarista e eugênico que, evoluindo, chega necessariamente a isto: proibamos a reprodução natural e façamos reprodução assistida apenas com espermatozoides e óvulos de gênios e grandes atletas. Hitler sonhava com esse projeto, mas não tinha os meios hoje havidos.

Não estou entre os que acham que Deus deva decidir sobre a vida ou a morte, não acho que Ele interfira nisso caso a caso. A decisão é nossa. Se optarmos pelo caminho da eugenia, repetiremos conosco o que já fizemos aos bois sem que Deus tenha reclamado até aqui. Mas corremos riscos morais e concretos.

Os politicamente corretos, que defendem o aborto sob o argumento de os pobres não terem condições para uma boa criação dos filhos, não gostam de pobres, acham que o mundo seria melhor sem eles. Marx também não gostava, os chamava de lumpens. Os romanos achavam que havia pobres demais. Eu não tenho nada contra os pobres, são em tudo meus iguais. Eu não gosto de gente violenta. Assim, na fila da eugenia, permito a precedência dos politicamente corretos e deixo que eles eliminem os pobres. Será a minha vez: eliminem os violentos. "Todos são potencialmente violentos", responde-me um filósofo. Não seja por isso. Todos são potencialmente pobres, treplico eu.

Tudo bem, eliminem apenas os violentos aparentes. Tenho um amigo que não gosta de intelectuais. Opa, melhor eu enfiar logo esse meu amigo na fila do extermínio, por engano que seja, antes que ele se dê conta de que eu sou um intelectual. Conheço um político que não gosta de homossexuais...

Os argumentos a favor do aborto podem ser bons e contam com o peso da tradição abortista, maioria entre os povos na história, e com as boas graças da prestigiosa filosofia utilitarista, a que escolhe as árvores pelos frutos. Do ponto de vista da filosofia, ou são falaciosos, ou são propostas eugênicas. Se abrirmos a porta da eugenia, o Céu não é o limite. Deus seguirá lá, não podemos matar Deus. O homem é o limite. Ultrapassá-lo é suicídio.

Jesus conclui o Sermão da Montanha conciliando moral e autointeresse. Se observarem seus mandamentos morais, terão o Céu como recompensa. Se não o fizerem, experimentarão a ruína. Toda moral precisa disso: incentivo para segui-la, castigo para a transgressão. Todo mundo sabe que este último é mais efetivo, sendo a incomplacência, marca presente no conjunto do Evangelho, a postura necessária para atender à demanda universal por sistemas morais.

Religião é política; política é religião, pois ambas se constituem como sistemas de ordenamento das relações de reciprocidade, que envolvem moral, ética e resultados esperados.

O caso do eremita puro, ou seja, completamente isolado, que se entrega a experiências místicas, não constituiria uma prática religiosa desvinculada da política, uma exceção ao que acabo de afirmar? Não, pois seria confundir fé esotérica ou experiências de estados alterados de consciência (nirvana, alucinação, meditação, iluminação ou qualquer sensação afim) com religião, que tradicionalmente é a organização, simbólica e verbal, dos fenômenos difusos da fé e objetivos da moral. Portanto, assim como um indivíduo totalmente isolado por si só está excluído do viver político (relações de reciprocidade), esse mesmo indivíduo está excluído do viver religioso organizado, a que denominamos religião. Ele pode manter suas crenças, sua fé, mas estarão condicionadas a uma vivência religiosa ou política precedente.

Os poucos casos de isolamento desde a infância observados apontam para grandes déficits cognitivos nos indivíduos submetidos ao isolamento primário e permanente, que os põem em quase intransponíveis dificuldades para estabelecer relações de reciprocidade minimamente funcionais na posterior tentativa de adaptação ao meio social. Isso demonstra que nossas crenças adquiridas pela educação, pela criação, pelo convívio humano continuado desde a infância são a priori o fundamento de nossa cognição, das relações de reciprocidade que estabelecemos, de nossas autodefinições éticas, de nosso comportamento moral.

Tanto faz, é completamente irrelevante que denominemos essas crenças como "políticas" ou "religiosas". São, ao mesmo tempo, uma e outra, pois os sistemas se equiparam. A dualidade laico-religiosa não existe.

O Iluminismo, movimento filosófico, político e religioso do século XVIII, chamado por isso de século "das Luzes" pelos próprios iluministas e "do Delírio" por Nietzsche, caracteriza-se pela fé no homem (em sua capacidade de emitir bons juízos) e na natureza, na separação entre religião e política, e entre sentimento e razão. Muitos autores são incluídos entre os iluministas, como Voltaire, Adam Smith e John Locke. Discordo da classificação quanto a esses três, pois ambos não defendem o conjunto dos princípios fundamentais do Iluminismo, que acabei de enumerar, e não se manifestam como dualistas típicos, caso dos iluministas de pura cepa. Adicionalmente, são liberais em economia e avessos à instalação de regimes autocráticos. Destaco entre os típicos iluministas, que irão inspirar os autoritarismos dos séculos XIX e XX, os mais proeminentes: Diderot, Rousseau, Lessing, Montesquieu e o grande profeta do Iluminismo: Immanuel Kant.

O Iluminismo elegeu o cristianismo como adversário preferencial e se deu bem: venceu indiscutivelmente, pelo menos entre os formadores de opinião. Mais: logrou dividir as forças inimigas. Boa parte dos luteranos se converteu, mantendo-se apenas formalmente cristã. No calvinismo, houve poucas defecções, pois onde mais se concentravam, no Reino Unido, deu-se a reação mais forte a suas ideias, como podemos constatar no caso emblemático de Hannah More. A Igreja católica se curvou a ponto de se omitir diante de duas derivações ideológicas do Iluminismo: o nazismo e o fascismo. Muitos estabelecimentos escolares católicos seguem ensinando a seus alunos que o Iluminismo representou a emancipação da ciência e da razão de um abominável passado, de um passado cristão.

Parte dos arminianos, chamados neopentecostais, adotaram ensinamentos do credo kantiano, especialmente em questões morais. Deus, como propôs Kant, existe para recompensar quem se comporta direito não por autointeresse, mas porque passou por uma "transformação" moral que o fez um bom sujeito. A teologia da prosperidade tem fortes raízes kantianas. A maior parte dos arminianos, porém, e os cristianismos de fronteira dos Estados Unidos, em especial adventistas, testemunhas de Jeová e mórmons, manteve-se no campo cristão estrito, rejeitando a totalidade dos pensamentos iluministas.

Há quem diga que o princípio de separação de poderes (Executivo, Legislativo e Judiciário) seja iluminista, o que transformaria os Estados Unidos na primeira nação iluminista da história. De fato, no caso francês, os iluministas inovavam ao defender essa separação e a autonomia plena entre as três instâncias, o que, registre-se, não ocorreu na prática nos governos da Revolução Francesa, o primeiro grande feito iluminista. A separação de poderes tem origem remota romana (os gregos criaram a democracia, não a separação de poderes) e origem moderna inglesa. Não há nada de original no pensamento iluminista, exceto, talvez, os delírios mais desvairados de Kant e Rousseau. O caso francês também não deve ser extrapolado, pois o Iluminismo tornou-se governo em Portugal (e no Brasil, por conseguinte) ainda no século XVIII, sem parlamento e com o Judiciário sob controle do Executivo.

Jesus como antropólogo é um sábio *avant le lettre*. Não alimenta ilusões quanto ao homem. Antes dele se apieda, pois o homem não é digno de ser admirado, mas de se lamentar seu estado decaído, suas angústias e esperanças, seus apegos e ilusões, suas misérias e incertezas. O homem não deve julgar, pois o homem não sabe julgar, pois nenhum é sábio, enquanto menos mal fará quem tiver consciência dos limites estreitos do juízo possível.

O cosmopolitismo, apontado erroneamente como resultado do Iluminismo, não é cristão. Pelo menos não é evangélico. Não é germânico, definitivamente. É latino como herança cultural não problematizada pelos filósofos latinos (romanos, renascentistas ou italianos modernos), mas é sobretudo o resultado da interação cultural fundada nos chamados "descobrimentos" europeus a partir do século XV e da expansão das redes de comércio. É um muito bem-vindo acidente histórico, nem por isso aceito por boa parte dos bem-educados kantianos europeus do presente. O cosmopolitismo, do ponto de vista da moral, representa uma rápida e benfazeja evolução moral, pois consiste, entre outros aspectos, em respeitar a vontade lícita do outro.

Não há como divisar na história se as regras morais nascem de convicções morais ou se as convicções morais são ditadas pelas regras morais e pouco a pouco são internalizadas. Gérard Vincent tem uma tese interessante a respeito:

> Se se crê — e tal é nossa convicção — que a história vivida não se explica pela vontade da Providência, nem pelo papel determinante de tal ou qual personagem carismática, nem pelas decisões e medidas de uma pequena oligarquia, nem pela ação transformadora das instituições, nem pelo messianismo do proletariado e de todos os oprimidos, e sim pela soma/subtração (o saldo) das volições de uma multidão de indivíduos que interiorizaram uma ética — digamos

um acordo entre normas e valores —, é certamente o estudo da vida privada que nos permite esperar um acesso ao conhecimento do sujeito social.*

Um "acordo entre normas e valores" corresponde ao jogo permanente entre regras e convicções, entre ética e moral pensadas e difundidas, de um lado, e ética e moral impostas de outro. O problema do "acesso ao conhecimento do sujeito social" é que a história (tanto faz se de vida privada ou pública) só ensina o que cada um quer aprender a fim de propor seu próprio devir à história futura. Por outro lado, para nossa sorte, ideias são como vírus: evoluem na direção de atenuar seus efeitos, pois puras matariam o infectado e se autoextinguiriam.

O Sermão da Montanha é um vírus que vem atenuado de origem, pois Jesus, visionário (Deus tem essa vantagem, a onisciência), já previa que poucos passariam pela porta estreita da internalização da ética cristã. A porta larga, sob o manto do nominalismo, foi mais frequentada, já o demonstrei aqui no capítulo 6. O vírus da absoluta transparência, que permitiria a "perfeita legibilidade social", criado no laboratório de Rousseau, talvez por ter nascido artificialmente, é demasiado peçonhento, mas o sistema imunológico dos indivíduos ocidentais já se preparara para enfrentá-lo e conseguirá resistir a ele, pelo menos até o advento do nazismo. Sobre esse advento convém que eu me estenda nessa parábola sanitária.

O idealismo alemão, desde Lutero e Thomas Müntzer, causara no povo sucessivas infecções, sempre atacando no indivíduo o mesmo "órgão": o bom senso. Ninguém melhor do que um alemão, Nietzsche, ele próprio inoculado, tendo manifestado o delírio do "super-homem", para contar sobre essas contaminações sucessivas:

> O pastor protestante é avô da filosofia alemã e o próprio protestantismo é o seu *peccatum originale*. Definição do protestantismo: hemiplegia (paralisia) do cristianismo — e da razão... [...] Os suábios são os melhores embusteiros da Alemanha, mentem inocentemente: donde provinha, pois, o júbilo que, com o aparecimento de Kant, atravessou o mundo letrado alemão que, nas suas três quartas partes, é constituído por filhos de pastores e mestres-escolas? Donde provinha a convicção alemã, que ainda hoje encontra eco, de que com Kant se iniciara uma viragem para algo de melhor? O instinto teológico do letrado alemão adivinhava o que era de novo possível... Abria-se um caminho secreto para um antigo ideal, o conceito de "mundo verdadeiro" e o conceito de moral como essência do mundo (os dois erros mais malignos que existem!) eram agora de novo, senão demonstráveis, pelo menos impossíveis de refutar, graças a um ceticismo velhaco e astuto... A razão, o direito da razão não vai tão longe... Fizera-se da realidade uma "aparência"; transformara-se em realidade um mundo completamente inventado, o da essência... O êxito de Kant é apenas um êxito de teólogo; tal como Lutero, como Leibniz, Kant foi mais um travão na já pouco sólida probidade alemã.[5]

Leibniz bem merece a condição de exceção, tanto que foi enterrado "como um ladrão" em seu país e terá sido a academia francesa a lhe reconhecer os méritos. Quando Nietzsche menciona "protestantismo", deve-se ler "luteranos". Nesse caso, eu o endosso e bastará ver o exemplo da Suécia para constatar como um movimento "cristão" pode pulverizar o cristianismo a ponto de o pensamento original cristão não deixar vestígios.

Lutero pregou o extermínio dos judeus, inventando que eles haviam matado Jesus. E veja que ele defendia a tese da *sola scriputura*. Nas Escrituras, está evidente: os romanos mataram Jesus, com apoio do sinédrio, no qual mandavam os saduceus, absolutamente minoritários entre os judeus. Lutero arrependeu-se ainda em vida, mas as ideias divulgadas são como sinos badalados: não dá para voltar atrás. Em *Mein Kampf*, Hitler citaria Lutero apropriadamente. Müntzer queria matar todos os intelectuais e quem quer que não se contasse na categoria de pobre correspondente à velha lenda camponesa romana (a lenda que dá conta de serem os camponeses rudes naturalmente bons e felizes). Inspirados nele, depredaram as obras de arte de Chartres. Antes elas do que gente, mas por aí se tem uma boa amostra das consequências práticas do idealismo.

Antes de Hegel, de Marx, de Schopenhauer e do próprio Nietzsche, todos idealistas, "gente muito séria", eis que a Alemanha gesta Kant. Tinha tudo para ser outro Leibniz, brincalhão, boa-praça, leitor dos bons ingleses e escoceses...

Quem conhece um pouco de medicina sanitária sabe que vírus latentes podem ser ativados quando o organismo é infectado com uma cepa alienígena do mesmo vírus. Eis que, aos 38 anos de idade, nosso querido Immanuel é atingido pela cepa artificial e alienígena do vírus da transparência e da fé idealista no homem disparado por Jean-Jacques, o iluminista que se achava iluminado.

O primeiro efeito do vírus rousseauniano em Kant foi a *Crítica da razão pura*. Livro elogiadíssimo pelos filósofos acadêmicos, talvez por lançar mão da velha e bem-sucedida tática do falso ceticismo. E o que é o falso ceticismo? É bem fácil de entender. O falso cético se apresenta ao debate e anuncia preliminarmente: "Sou cético. Tudo que foi dito ou pensado até aqui não me convence, partiu de premissas erradas para chegar a conclusões absurdas." Eis Kant invalidando tanto o empirismo britânico quanto a metafísica greco-romana-cristã. Se não fui eu que pensei antes, não presta.

Lutero já havia ensinado antes o truque, chamando a filosofia de "prostituta". Ou seja, o que os filósofos disseram era uma coleção de falácias. O que ele, Lutero, tinha a dizer não era filosofia, era Revelação, com inicial maiúscula. Como dirá Voltaire com ironia: "A filosofia não vale nada diante da Revelação."

Marx, aproveitando-se de que a falácia de tal truque não havia sido ainda denunciada (os pós-modernos a usam até hoje, tirem por Bauman e John Gray), cunhará a expressão "a miséria da filosofia". Para Marx, toda filosofia é inútil. A verdade "científica" (materialismo científico) está na história, no sentido da história revelado pela inteligência incomparável de Marx (pelo amor de Deus, entendam que estou sendo irônico, vai que haja um leitor tão crédulo quanto Kant...). A história aconteceu exatamente como aconteceu para o profeta visionário nascido em Trier, a mais antiga cidade alemã, revelar toda a sua lógica inescapável.

Após fazer terra arrasada da razão pura, derrubar estátuas de Santo Agostinho, São Tomás, Leibniz e Descartes, eis que Kant emenda com a *Crítica da razão prática* e a *Crítica da faculdade do juízo estético* e põe em pé o mais pretensioso edifício filosófico já construído. Não há espaço aqui para 1% da verborragia kantiana para provar que:

1. Deus existe, mas Ele não é o Criador do Universo, não é o Pai de Jesus. Aliás, o homem não existe porque Ele existe. Dá-se o contrário com o Deus de Kant: Ele existe porque o homem existe e é bom. A bondade do homem, esse ser que age por

meios desinteressados para atingir fins benfazejos, merece ser recompensada por um Deus escravo dos homens e disposto a tudo fazer, inclusive prover vida eterna, pelo sapientíssimo bípede terráqueo. O conceito de "alma imortal" de Kant, que ele parece tomar emprestado do doido varrido Swendenborg (em questões metafísicas, não nas *hard sciences*, fique claro), a quem admirava, repete a velha ladainha crédula védica na evolução espiritual pela purificação.

2. O autointeresse é pecado mortal. O homem que age por autointeresse não presta. Como dirá o esquizofrênico de Balzac: "Os anjos são brancos." Na versão de Rousseau, "transparentes". A "perfeita legibilidade social" não pode conviver com o autointeresse. Kant, por insuficiência lógica, não previu que a "perfeita legibilidade social" também não pode conviver com a dissidência.

3. Não se pode mentir em hipótese nenhuma, nem omitir, nem defender o direito ao próprio sigilo, nem mentir em legítima defesa. Jesus provoca polêmica, a propósito, com seu comportamento no Evangelho em João (7:8-10) (alguns filósofos defendem que Ele mentiu aqui, os teólogos negam; que o leitor faça seu julgamento). Em outras ocasiões, manda omitir. Ele não repreende a samaritana do poço por mentir, antes a desmente com elegância para não a acusar de ter mentido. (João, 4:17-19) Se alguma denominação cristã manda que seus fiéis não mintam em hipótese nenhuma, está ordenando que se siga Kant, não Jesus.

4. Os princípios morais humanos devem ter origem teleológica, devem se espelhar na natureza. Teleologia é a teoria que explica os seres pelo fim a que aparentemente são destinados. Não bastasse a fé no homem, fé também na natureza, daí a

condenação de Kant da homossexualidade, por exemplo, pois os animais não a praticariam (mal sabendo ele que praticam, sim). Será Sade a perguntar com ironia e santa ira aos iluministas: "Vocês já pararam para observar a natureza???!!!" Sade seria preso pelos iluministas no poder na França por conta dessa pergunta.

5. O novo Evangelho (Boa-Nova), o imperativo categórico kantiano: "Age apenas segundo uma máxima tal que possas querer ao mesmo tempo que se torne lei universal." É uma perífrase da regra de ouro ("faças ao outro o que queres que façam a ti"), como bem apontado depois por Schopenhauer. A regra de ouro, ironicamente invalidada pelo próprio Kant (se não foi ele quem disse, não presta, lembram-se?), nada mais é que a lei de talião ("olho por olho, dente por dente") piorada, porque universalizada. Kant também invalida a regra de prata ("não faças ao outro o que não queres que façam a ti"), tradicionalmente atribuída a Confúcio, utilizando bons argumentos e outros falaciosos. Não importa, a regra de prata é, de fato, uma bobagem em termos lógicos, não vou me alongar aqui para explicar o óbvio. Note o leitor a incrível presença do advérbio "apenas" na frase basilar do evangelho kantiano. Que o imperativo categórico de Kant seja apresentado em nossas escolas hoje como exemplo de sabedoria desperta em mim a vontade de me demitir da humanidade. Pode-se admitir que a fé em Deus (o de Leibniz, de Jesus e de Pascal) é uma crença sem evidências conclusivas. Então se deve utilizar a razão de uma criança de sete anos para se admitir que a fé no imperativo categórico kantiano, a fé irrestrita na capacidade de julgamento humano, é uma crença com abundantes, redundantes e conclusivas evidências em contrário.

Eis um brevíssimo resumo dos delírios idealistas kantianos. Seria cômico, não tivessem se acumulado pelo menos 60 milhões de cadáveres por crimes de consciência de Kant para cá. Foram executados pelo marxismo (historicismo), pelo nazismo (nacional-socialismo), pelo positivismo (fé na "razão"), edifícios teóricos que tiveram o projeto de Kant, historicista, revolucionário e racional, como modelo.

Para Kant, se o homem for bom, o mundo será bom. E, para ser bom, basta eleger bons fins e pautar seus atos com vistas a esses fins, universalmente bons. Ora, o que pode ser melhor do que a máxima finalística do comunismo "De cada um, conforme sua capacidade; para cada um, conforme sua necessidade", paz, harmonia e fraternidade entre todos os homens?

O problema desse fim, como de qualquer outro que envolva engenharia social, é o autointeresse de quem decide qual o melhor fim. Quanto mais sublime o fim, quanto mais parecer a própria expressão do "bem", mais justos parecerão os meios para atingi-lo, por mais cruéis que sejam.

"É para o seu bem", diz o torturador. "É para o bem de todos", diz o assassino vestido com o uniforme oficial da pátria. A ação a partir do imperativo categórico é meio e como meio é sentida e tem efeito, por mais que vise a "bons" fins. É para o bem de todos que se mata o judeu ou o dissidente do socialismo. Não, não é, pois ao fim nunca se chega, só os meios são reais, e não se deve matar em nenhuma circunstância, endossa Jesus a lei mosaica.

O idealismo alemão ou cambojano, que o seja (Comte era italiano; Rousseau, suíço; Che Guevara, argentino), é uma árvore que produz como frutos cadáveres de consciência em nome da razão, do combate a "superstições". O idealismo começa por não tolerar a divergência para em seguida não tolerar o segredo, o privado, terminando por não tolerar a timidez no entusiasmo pela causa, pelos fins que devem se tornar "lei universal", conforme Kant.

Lutero se disse contra queimar hereges na fogueira. Preferia enforcá-los. Decerto lhe parecia um método mais cristão. Eichmann, o criminoso nazista, preferia as câmaras de gás. Decerto lhe parecia mais racional, mais compatível com o imperativo categórico. Pode-se lhe acusar de tudo, menos de não ter cumprido rigorosamente o imperativo categórico de Kant, como nos conta Hannah Arendt:

> Nem perverso nem sádico, ele se julga fiel aos princípios morais de Kant. [...] Certamente não assassinaria seu superior para tomar seu lugar. [...] Ele jamais se deu conta do que fazia. [...] Nisso consiste a banalidade do mal.[6]

No caso de Eichmann, obediência devida como carrasco ou livrar o mundo da "raça de víboras" para o bem da "lei universal", tanto faz, ambos os motivos não são incompatíveis com o imperativo categórico. Na Alemanha, os professores aderem em massa ao nazismo. Querem ocupar as vagas deixadas pelos judeus. Eles ensinam Kant nas escolas.

Che Guevara preferia o fuzilamento, decerto por lhe parecer mais divertido, tanto que fazia questão de matar um de cada vez, pessoalmente. Uma "honrosa" exceção, pois idealistas evitam sujar as próprias mãos, talvez inspirados pelo teólogo espanhol do século XVI, Francisco Pena, que teorizava sobre a tortura na Inquisição:

> O direito não especifica o tipo de suplício que deve ser infligido: a escolha, portanto, fica ao arbítrio do juiz. [...] Não têm faltado os juízes que imaginam inúmeros tipos de torturas. [...] Quanto

a mim, se quiserdes minha opinião, dir-vos-ei que esse tipo de erudição me parece derivar mais do trabalho dos carrascos do que do trabalho dos juristas e teólogos, que somos nós.[7]

Somos nós. Há padres negando o Holocausto. Há socialistas negando o *gulag* ou o justificando. As evidências não obrigam ninguém a nada. As evidências apontam para o homem, nisso a maior parte da filosofia cristã tem razão, como se lê em Marguerite Duras sobre um sobrevivente do Holocausto: "[...] Robert L. não acusou ninguém, nenhuma raça, nenhum povo, acusou o homem."

Devemos nos culpar pela história? Não. Os filhos não carregam as culpas dos pais, não devem carregar. Culpar nossos pais? Não. Há entre nós gente militando para acontecer de novo e muito poucos entre nós irá agir para evitar o horror, como muito poucos agiram no passado. Nem sequer acusamos os que entre nós pregam a repetição do Holocausto. Não é conosco. Se não agirmos, sempre poderemos nos justificar. Hitler não seguiu Lutero devidamente sobre os judeus? Lutero não seguiu Jesus? Eichmann não seguiu Kant? Che Guevara não seguiu Marx?

Devemos concluir que nossa moral é inútil, que é insuficiente ou, pior, constatar que boa parte, senão a maior parte, dos que entre nós se ocupam da moral está baseada em ideologias tendentes a repetir os horrores do século XX? A filosofia tem respostas? Deus tem respostas? Pode até ter, mas, como nos lembra Karl Popper sobre moral transcendente, nós elegemos os profetas.

Não há como não dar ao homem a tarefa de legislar moral. Se o homem exercer tal tarefa a partir de seu próprio conceito de imperativo categórico, de uma regra de ouro, a moral tenderá à tirania, pois o orgulho humano presumirá um ordenamento positivo a partir de suas próprias convicções, sejam elas quais forem, pois cada um se imagina justo, misericordioso e sábio, e agirá, em seu próprio interesse, para convencer os outros disso.

Negando validade ao otimismo exagerado de Kant, uma fé no homem que suplanta com folga a fé de Leibniz em Deus, deve-se partir do pressuposto do autointeresse do legislador moral como inevitável, deve-se desconfiar de suas intenções, de suas convicções, de sua justiça, misericórdia e sabedoria, pois não passam de pontos de vista emanados de autointeresse, em si legítimo, mas que não deve obrigar terceiro a fazer ou deixar de fazer algo. Assim, o ordenamento moral ideal deve ser negativo, não positivo, e deve ser negativo especialmente na delegação dada ao legislador moral. Deve-se eleger o profeta desconfiando que, tal como cada um de nós, também ele é movido por autointeresse e não há garantia alguma de que, na beleza sedutora de seu discurso, residam a justiça, a misericórdia e a sabedoria.

O princípio negativo para a moral impõe reconhecer que a moral deve servir, é sua utilidade lógica, para limitar o poder de cada homem, incluindo o legislador, o profeta eleito, de limitar o poder de outro homem, de lhe tirar a vida ou os bens que tenha conquistado, de lhe impedir seu devir próprio lícito.

Os homens são naturalmente levados pela dor e pelo desejo a se enganar, e não há nada no homem, nem alma, nem parte do Logos, muito menos um pendor natural para o bem que o incline a bem julgar. Então é melhor que elejamos nossos profetas entre os que já morreram e não podem se mover mais por autointeresse, e entre estes aquele que menos tenha imposto mandamentos morais positivos. A beleza dos mandamentos da lei mosaica, tirando a parte anódina e folclórica das prescrições de como glorificar a Deus, é que são exemplos de moral negativa, sendo a única prescrição positiva o dever de empatia (amar o próximo como a si mesmo), que na essência é um respeito pelo devir do outro, assim como se deseja ter seu devir respeitado.

Immanuel Kant morreu a pouco mais de dois meses de completar 80 anos, em Königsberg (atual Kaliningrado), sua cidade natal e da qual raramente se ausentou. Antes de partir, condenou a Revolução Francesa. Não chegou a pedir que esquecessem tudo que disse, mas observou, contrariamente à fé iluminista, que a moral do cristianismo, e não sua própria moral, jamais deveria ser descartada:

> Se acontecesse um dia chegar o cristianismo a não ser mais digno de amor, então o pensamento dominante dos homens deveria tomar a forma de rejeição e de oposição contra ele; e o anticristo [...] inauguraria o seu regime, mesmo que breve (baseado presumivelmente sobre o medo e o egoísmo). Em seguida, porém, visto que o cristianismo, embora destinado a ser a religião universal, de fato não teria sido ajudado pelo destino a sê-lo, poderia verificar-se, sob o aspecto moral, o fim (perverso) de todas as coisas.[8]

9

Não separe o homem o que Deus uniu

Um lugar, um momento e três indivíduos simbolizam o surgimento do Ocidente moderno, em seus primórdios já avançados. O lugar é o Santuário da Santa Casa de Loreto, o momento é o final do ano de 1580, e os indivíduos são Françoise de La Chassaigne, então aos 35 anos, belíssima, de hábitos refinados e devotada ao marido, Léonore (aos 9 anos, filha de Michel e Françoise) e Michel de Montaigne.

Montaigne inaugura a filosofia moderna, retomando o hábito agostiniano da reflexão íntima, do ponto de vista subjetivo sobre os conhecimentos caros ao debater filosófico. Não é isso, porém, o centro do que importava em Loreto, naquele momento. Os três membros da família de Montaigne ajoelham-se aos pés da Virgem, essa "Deusa-mãe" evocatória de uma cultura global e cosmopolita, e ali depositam um ex-voto, agradecimento por suprema graça alcançada, uma escultura de prata com as figuras daqueles três seres a traduzir o amor de uma família monogâmica, mononuclear e feliz.

As três graças do Ocidente após os descobrimentos e consequente conquista do mundo são:

1. A lenta evolução de costumes na direção de igualar a mulher ao homem em direitos e oportunidades pela primeira vez na história de uma sociedade complexa.
2. O sucesso do manual de civilidade de Erasmo de Rotterdam, que inspirará tanto a edição de outros manuais quanto, mais tarde, a universalização do ensino regular.
3. O triunfo, no século XIX, de uma guerra contínua, movida pela Igreja, a favor da internalização do ideal do casamento monogâmico, mononuclear, indissolúvel e, senão feliz, povoado de amizade e deveres de auxílio mútuo que fornecerão uma base de confiança ao indivíduo para que ele possa enfrentar melhor seus desafios.

Montaigne seria um devoto sincero da Virgem Maria e um amigo mais ou menos presente da esposa, da filha e de suas amantes. Soube, portanto, traduzir em atos o ideal estoico da perfeita amizade entre homem e mulher, principalmente no casal. Por outro lado, era misógino e dormia em quarto separado. Ser ao mesmo tempo um filósofo e dispor de uma linda e fiel esposa (doze anos mais nova que ele), de uma filha saudável, de uma família harmônica, era um presente raríssimo da Providência, coisa para um ou dois em cada cem filósofos importantes na história do Ocidente. Daí a gratidão devida à imagem de Nossa Senhora em Loreto.

Montaigne também discorreria filosoficamente sobre a civilidade erasmina e sobre o casamento. Essas reflexões, bem como alguns aspectos de sua biografia, ficam para o final do capítulo. Por ora, vamos tratar desses três temas, começando pelo casamento.

No tempo e lugar de Jesus, a cultura judia e a religião judaica impunham o casamento mononuclear. José e Maria, os pais de Jesus, são um bom exemplo. No entanto, a lei da Bíblia permitia o divórcio. No mais das vezes, os maridos o demandavam para se livrar das esposas envelhecidas, incapazes de lhes dar mais filhos e de lhes atiçar o desejo. Não havia naquele tempo a obrigação de pensioná-la em caso de abandono. Era criar uma justificativa qualquer e mandá-la embora de casa, rumo no mais das vezes a uma velhice miserável.

Como Jesus demonstrasse, pelo texto do Evangelho, não ser misógino, cultivar amizades com mulheres, Ele advogará contra a dureza dos corações desses homens que se aproveitam da permissão ao divórcio para fins utilitários, interditando-o:

> Chegaram os fariseus e perguntaram-Lhe, para o pôr à prova, se era permitido ao homem repudiar sua mulher. Ele respondeu-lhes: "Que vos ordenou Moisés?" Eles responderam: "Moisés permitiu escrever carta de divórcio e despedir a mulher." Continuou Jesus: "Foi devido à dureza do vosso coração que ele vos deu essa lei; mas, no princípio da criação, Deus os fez homem e mulher. Por isso, deixará o homem pai e mãe e se unirá à sua mulher; e os dois não serão senão uma só carne. Assim, já não são dois, mas uma só carne. Não separe, pois, o homem o que Deus uniu." Em casa, os discípulos fizeram-Lhe perguntas sobre o mesmo assunto. E Ele disse-lhes: "Quem repudia sua mulher e se casa com outra, comete adultério contra a primeira. E, se a mulher repudia o marido e se casa com outro, comete adultério."
> (Marcos, 10:2-12)

Se não é Deus a unir, talvez seja a Providência, como se vê no caso de Montaigne. Dá na mesma. A graça de uma união benfazeja será ameaçada pelo divórcio, a menos que o mandamento evangélico prevaleça e o casal opte por seguir em frente, superando o aparentemente insuperável, o desamor e as desavenças, em nome da amizade, como defendiam, em tempos imediatamente posteriores aos de Jesus, os estoicos romanos.

Na capital do Império Romano, o divórcio no século I era corriqueiro e não exigia nenhuma justificativa. Como se dá na atualidade, as mulheres eram folgada maioria entre os demandantes da separação, pois por lei o dote a elas pertencia e seguia com elas no imediato à ruptura do casamento. Os filósofos romanos viam as mulheres como ligeiramente inferiores ou crianças crescidas, com suas manhas e caprichos, capazes de seduzir bons homens. Não seriam, porém, tão caprichosas quanto as mulheres judias, alguém como Herodíades, esposa do rei Herodes Antipas, conforme a seguinte passagem do Evangelho:

O rei Herodes ouviu falar de Jesus, cujo nome se tornara célebre. Dizia-se: "João Batista ressurgiu dos mortos e por isso o poder de fazer milagres opera nele." Uns afirmavam: "É Elias!" Diziam outros: "É um profeta como qualquer outro." Ouvindo isso, Herodes repetia: "É João, a quem mandei decapitar. Ele ressuscitou!" Pois o próprio Herodes mandara prender João e acorrentá-lo no cárcere, por causa de Herodíades, mulher de seu irmão Filipe, com a qual ele se tinha casado. João tinha dito a Herodes: "Não te é permitido ter a mulher de teu irmão." Por isso Herodíades o odiava e queria matá-lo, não o conseguindo, porém. Pois Herodes respeitava João, sabendo que era um homem justo e santo; protegia-o e, quando o ouvia, sentia-se embaraçado. Mas, mesmo assim, de boa mente o ouvia. Chegou, porém, um dia favorável em que Herodes, por ocasião do seu natalício, deu um banquete aos grandes de sua corte, aos seus oficiais e aos principais da Galileia. A filha de Herodíades apresentou-se e pôs-se a dançar, com grande satisfação de Herodes e dos seus convivas. Disse o rei à moça: "Pedes-me o que quiseres e eu te darei." E jurou-lhe: "Tudo o que me pedires te darei, ainda que seja a metade do meu reino." Ela saiu e perguntou à sua mãe: "Que hei de pedir?" E a mãe respondeu: "A cabeça de João Batista." Tornando logo a entrar apressadamente à presença do rei, exprimiu-lhe seu desejo: "Quero que sem demora me dês a cabeça de João Batista." O rei entristeceu-se; todavia, por causa da sua promessa e dos convivas, não quis recusar. Sem tardar, enviou um carrasco com a ordem de trazer a cabeça de João. Ele foi, decapitou João no cárcere, trouxe a sua cabeça num prato e a deu à moça, e esta a entregou à sua mãe. (Marcos, 6:14-28)

Herodíades e Herodes Antipas são personagens históricos, que acabariam depostos pelo imperador e exilados para a Hispânia. Já o relato evangélico no mínimo parece exagerado, sob medida para ressaltar o quanto a mulher pode ser caprichosa e má, aproveitando-se de seu poder de sedução sobre o homem para levá-lo a más atitudes, para desviá-lo do caminho da razão. É um alento que não se trate de palavras de Jesus, mas o Evangelho bem poderia ter sido escrito sem pregar tal pecha numa mulher.

A noção de apropriação de uma carne, da carne feminina pelo homem através do casamento, cara aos gregos, aos judeus, aos chineses e à maior parte das culturas do globo, era um tanto estranha aos romanos. Era comum emprestar a esposa a um amigo. Eventuais (corriqueiras) escapadas da esposa não punham um carimbo de "cornudo" na testa dos maridos. Não dariam vez a mexericos ou piadas.

Catão, César e Pompeu teriam sido cornudos ilustres, não apenas traídos como abandonados pelas esposas, se isso parecesse ao povo um demérito deles ou uma imoralidade de parte de suas mulheres.

Não, era um fato da vida como qualquer outro. Acontecia, como poderia não acontecer e aí sim constituir um mérito feminino: ser esposa de um homem só a vida toda, independentemente de ser mulher de um homem só. Aliás, os homens, secretamente, seguem admirando aquelas capazes, como eles, de separar sexo e casamento, ou seja, de não pensar em divórcio só por experimentar uma cópula adúltera.

Alguns romanos do século I se queixavam do "vício" das esposas, caso de Nero em relação a Otávia. Não poderia, porém, passar da queixa a alguma represália concreta, pois a lei protegia a liberdade dela e, mais importante, seu dote. Tudo isso mudará no século II.

Então a concórdia e a união do bom casamento passaram a ser cobradas como espelho da harmonia social. Os filósofos exigem do casal a virtude exemplar. Plutarco, filósofo platônico, no início dessa era, como que a preparando, escreve a obra *Preceitos conjugais*. Nela, orienta o marido a ser o filósofo da esposa, convencendo-a a se conformar ao modelo social masculino em voga, relegando a sexualidade a fins reprodutivos. No íntimo familiar, a benevolência (*eunoia*) e a doçura (*praotes*) devem prevalecer.

Essa apologia da harmonia no lar substitui a antiga imagem do homem como único ser socialmente reconhecido pela do casal socialmente exposto. Fazendo da mulher sua semelhante em virtude, o homem pode apresentá-la com honra para a sociedade. Não em pé de igualdade, mas com um papel social relevante a cumprir. Na moralidade sexual e familiar se tem aqui um antes e depois determinante, tal o efeito dessa pregação nas mentalidades.

Plutarco não era cristão, era sacerdote de Apolo. Ele deplorava o apego do homem ao material, pois Deus é razão. Em sua infinita razão, criou o mundo como obra divina, mas o homem, com o que mais tarde Santo Agostinho chamaria concupiscência, prendeu-se à matéria, desviou-se da alma divina do mundo, decaiu. Para Plutarco, o caminho para a salvação passa por acreditar em Deus e, em consequência, bem agir, viver de acordo com a Razão divina. Não é de estranhar que Plutarco e cristãos cultivassem os mesmos preceitos morais. É dele a frase: "Um homem que se divorcia de sua esposa admite que não é capaz nem de governar uma mulher." São valores que coincidirão no exato momento em que o mandamento evangélico da monogamia indissolúvel torna-se também uma disposição filosófica e legal em Roma.

A ampla classe média romana, cristã ou pagã, representará a vanguarda da defesa da nova moral do casamento, em que o adultério, mesmo o masculino, não tinha mais lugar e a indissolubilidade exercia a função de garantir estabilidade e confiança ao casal sócio e amigo em busca de prosperidade. Comerciantes e prestadores de serviço autônomos, eles coincidem com os franceses do campo e das pequenas cidades do século XIX e os comerciantes ingleses do século XVIII na necessidade de cooperação de marido e mulher no trabalho. Colegas, amigos e sócios, a fórmula para uma conjugalidade ética, marcada pela lealdade estrita. Note-se que nessas três classes médias, de três épocas e lugares, é que se verificará a mais profunda interiorização de uma moral restrita entre os cônjuges.

Há filósofos que vão ainda mais longe no moralismo aplicado ao casal. Sêneca postula não tratar a esposa como amante, ou seja, praticar um sexo muito contido. Será seguido por São Jerônimo e pela Igreja do Ocidente até a atualidade; porém, aqui, o sucesso da pregação será restrito. Não teria cabimento interditar o exercício da sexualidade pelos cônjuges entre quatro paredes. Ou teria?

São João Crisóstomo, de resto um moralista severo, acreditava nos médicos bizantinos, que prescreviam o prazer nas relações sexuais entre marido e mulher para garantir uma gravidez saudável, uma ótima reprodução.

No final da Antiguidade, postos de acordo filósofos cristãos e pagãos, imperadores e senadores, quanto ao que Michel Foucault chama de conjugalidade moderada, Roma se rende aos germânicos e suas noções arcaizantes sobre sexualidade e casamento. A descivilização representada pelo domínio bárbaro responderá também a um imperativo demográfico. Como a mortalidade é muito alta, especialmente entre os homens, é preciso aproveitar o ventre das mulheres jovens o quanto antes, de qualquer jeito.

A linhagem, ou clã, forma de organização tribal predominante entre os germânicos, encarrega-se de administrar a atividade reprodutiva, fundamental para a expansão da tribo ou mesmo para sua continuidade. As moças, tão logo atingem a puberdade, devem receber um marido escolhido pela parentela. Ela lhe deverá fidelidade estrita, sendo o adultério feminino crime grave. Ele, para dar conta do desequilíbrio entre homens e mulheres em idade reprodutiva, provavelmente terá concubinas ou acabará engravidando as moças que não arranjaram casamento, mas dormem na mesma habitação comunal.

A Igreja, herdeira da moral romana, como já foi dito no capítulo 6, operará continuamente para impor o ideal de casamento monogâmico e indissolúvel, associado à família mononuclear, separada da parentela. Levará muitos séculos para ser bem-sucedida, mas nas prósperas cidades comerciais italianas, habitadas por larga faixa de classe média, o quadro, se não reproduz a Roma do século IV, é menos desalentador do que o antigo caos tribal germânico. Há, porém, uma novidade a atuar a favor do casal cristão, especialmente no quesito que gerava mais resistência aos ditames do clero: a livre escolha do cônjuge. A novidade era a difusão da literatura do amor cortês, surgida no século XI, em parte encampada pelos humanistas italianos.

Se os germânicos eram tribalistas e violentos, eram também emotivos. Nenhum povo terá demonstrado tanta sensibilidade, tanta vocação para os arroubos passionais, para o choro e a vibração intensos, para se entregar às paixões até as últimas consequências. É uma bipolaridade à flor da pele. Praticamente nenhum filósofo aprovaria tal vocação, antiestoica e anticristã por definição, exceto talvez Nietzsche. Schopenhauer, séculos depois, mas às voltas com o romantismo, legítimo herdeiro do amor cortês, descreveria muito parcialmente, e traindo toda a sua aguda misoginia, esse fenômeno tipicamente ocidental:

> Existia então, pode-se ter por certo, uma estreita aliança entre feudalismo e fanatismo, e em seu comboio abominável ignorância; [..] quanto à forma de amizade, cavalheirismo, composta de selvageria e loucura, com seu sistema pedante de fingimentos ridículos levados ao extremo, sua superstição degradante e ridícula veneração por mulheres. A galantaria é o resíduo dessa veneração, merecidamente retribuída como o é pela arrogância feminina; fornecendo constantemente material para o riso de todos os asiáticos, aos quais os gregos teriam se unido. Na fase áurea da Idade Média, essa prática desenvolveu-se em um constante e metódico serviço às mulheres; impunha atos de heroísmo, *cours d'amour*, músicas bombásticas de trovadores etc. Devemos observar que essas últimas bufonarias, as quais tinham um lado intelectual, estavam principalmente na França; por outro lado, entre os materialistas e preguiçosos alemães, os cavaleiros distinguiam-se

bebendo e roubando; eram bons em se embebedar e encher seus castelos de pilhagem; apesar de que nos cortejos certamente não faltavam canções de amor insípidas. O que causou essa profunda transformação? Migração e cristianismo.[1]

Nem migração nem cristianismo. Schopenhauer erra no diagnóstico, traído por sua própria etnicidade alemã, àquela altura domada pelo fenômeno da civilidade ensinada e imposta, contraveneno aos excessos emotivos dos germânicos, excessos que contaminaram os italianos do final da Idade Média. O cristianismo recepcionara os jogos corteses, de início adúlteros, como mais uma esquisitice germânica, e só concederá ao amor cortês efetivamente no século XVI, quando cristianizará os rituais correspondentes até onde podiam ser cristianizados, pois, mesmo no século XVIII, as alcovas adúlteras dominariam a paisagem, inspiradas na paixão.

Os dados da administração tributária na Itália, no século XIV, registram não mais que quatro habitantes por lar em Bolonha, Toscana, Siena, Florença ou Luca. No entanto, isso vale para as cidades mais abastadas. Em San Gimignano, na Toscana, na mesma época, seis pessoas em média se acotovelam na mesma casa e com frequência há mais de uma família dividindo o lar. Segundo levantamento de Christiane Klapisch e David Herlihy, a família mononuclear é predominante na região da Toscana (54,8% das casas), mas muitos vivem sós (13,5%), antecipando a modernidade. Nas cidades, só 12% dos lares comportam famílias conjugais múltiplas. Os velhos são numerosos e a faixa acima dos 65 anos chega a incríveis 9% nos campos toscanos. Censo toscano de 1427 (em consideração ao número de lares): 13% vivem sós, dos quais a metade é constituída de viúvas. Vivem em grupos, sem verticalidade conjugal, 2% da população, a maioria grupos de irmãos. Famílias conjugais simples constituem 54%, soma de 36% de casais com filhos, 10% de casais sem filhos, 2% de viúvos com filhos e 6% de viúvas com filhos. Além disso, 21% são casas com família conjugal ampliada, 11% são casas verticais com dois núcleos, 2% com três núcleos ou mais, 3,55% horizontais com dois núcleos, 1,69% horizontais com três ou mais núcleos.

No interior desses lares mononucleares, um marido em média doze anos mais velho do que a esposa é um bom modelo de pai e de esposo. O casal, não dando a mínima para os moralistas cristãos do tempo, como Santo Antonino e São Bernardino de Siena, pratica a sodomia como método anticoncepcional ou por puro prazer, entre outras modalidades não convencionais, "proibidas" pelas prescrições da Igreja.

Eles se amam no mais das vezes e não cogitam o divórcio. Há queixas, pela infidelidade deles, amargor delas, embora em alguns poucos casos se desse o contrário, devidamente absorvido no interior do casal para evitar o escândalo público. Até onde uma família poderia ser feliz, as famílias italianas desse tempo o eram, presentes ali princípios tanto cristãos quanto cortesãos: livre escolha do cônjuge prévia ao casamento, indissolubilidade espontânea, gestão compartilhada na educação dos filhos, carinho, afeto e sexo sem muitas limitações. O modelo não encontrava nenhum paralelo fora da Europa naquele tempo, exceto em Bizâncio.

No Império Romano do Oriente, o adultério é punido com a mutilação do nariz (dela e do amante). A mulher é mandada para um convento, tendo o marido o prazo de dois anos para perdoar-lhe e resgatá-la. Na prática, a punição é pouquíssimo aplicada. Por mais que a sociedade greco-romana fosse se tornando mais moralista por influência tanto estoica quanto cristã, o velho princípio de que o adultério não é um crime gravíssimo permanecia.

Cecaumenos, no século XI, conta de sedução às mulheres casadas, aconselhando os maridos a tomar alguns cuidados. Dá como caso real um marido da capital que se ausenta para exercer alto cargo e só retorna três anos depois, encontrando um homem em sua casa que se apresenta como parente de sua esposa. Seus amigos não acreditam e ele é lançado em desonra. "Quanto ao jovem, vangloriou-se disso como de um dos trabalhos de Hércules."[2]

Thomaïs de Lesbos, do século X, é exemplo peculiar de santa. Ela preferia a virgindade, mas aceita o casamento. O marido a cobre de pancadas. Ela não terá filhos, talvez tenha permanecido virgem. Será considerada santa por devoção popular, milagres lhe são atribuídos, até pelas prostitutas de Bizâncio, que se lhe tornam devotas. As vidas de santas bizantinas, literatura incentivada pela Igreja e difundida popularmente, associam o casamento a horrores. Por uma regra aplicável aos casos de mulheres inocentes de faltas graves que abandonam o casamento para se livrar do cônjuge incômodo ou violento, o marido tem seis meses para convencer uma esposa refugiada do casamento num convento a voltar para ele. Pode visitá-la, tentar convencê-la por palavras e presentes, mas sem violência. A monja acompanha os encontros.[3]

O termo "amor", quando ligado à relação sexualmente intencionada entre homens e mulheres, não terá para os filósofos um sentido positivo. Será uma paixão sensual, irracional, destrutiva. O padre católico e o pastor luterano falarão de amor nas bênçãos aos casais no futuro, mas o cristianismo terá então percorrido um longo caminho entre "não separe o homem o que Deus uniu" e a ideia de que o amor une esse casal, não o separa, como é frequente acontecer.

Como, afinal, foi percorrido esse caminho? O papa Inocêncio I (411-417) chamou o sentimento que une o casal de *charitas con-*

jungali, misto de ternura e amizade, graça e caridade. Jonas de Orleans, filósofo, bispo e conselheiro real no século IX, repete o termo *caritas* para falar no amor conjugal, que comporta uma honesta *copulatio*, sexo comedido, fidelidade e dedicação sensível e desinteressada.

O "amor" que pede beijos, abraços, carícias e alívio físico é para os romanos, como para os cristãos, subversivo, senão satânico. Para os germânicos, originalmente, é sentimento divino e só a literatura do Ocidente irá traduzir a profundidade dessa diferença de mentalidade, que dobrará a Igreja antes de ser dobrada por ela. A Igreja obrigará os germânicos a escolher uma só. Em troca, os germânicos imporão: a escolha será movida por um sentimento perigoso, indomável, sentimento que o cristianismo não previra e preferiria não ter de abrigar no campo do sagrado.

O amor, por seu egoísmo, por sua possessividade, é o contrário da caridade. Os padres e pastores falarão de caridade quando mencionarem amor, mas poucos entenderão assim. O que Santo Agostinho chamava concupiscência, os germânicos chamarão libido. É própria da mulher. Ela é propriedade do cosmo, força infernal e noturna, pois, como a Lua, tem um ciclo de 28 dias.

Para Georges Duby, a promiscuidade sexual no castelo senhorial é um fato e todos os amores podiam ter vez. O senhor da casa delegava a sua dama o poder de escolher o melhor, de fazê-lo se destacar na igualdade de vassalos. O amor cortês é a expressão desse jogo, que devia permanecer secreto, discreto. A ninguém ocorriam as interdições do Evangelho ao adultério.

O Evangelho só será eficaz na repressão ao sexo no pós-reforma e pós-jansenismo. O ideal do casal que se une na juventude e passa a vida junto, tolerando-se as escapadas à prostituição ou avulsas, especialmente de parte do homem, mas não só, terá sucesso como ideal burguês ou, especialmente no campo, como resultado da pregação puritana, pietista ou jansenista, todas as três fortemente embasadas no Evangelho.

A religião pode não explicar o caso. É a emergência do indivíduo, essa esplêndida maravilha ocidental, que irá transformar em ideal íntimo o "até que a morte nos separe", desejo de significativa parte, senão da maioria, de homens e mulheres. Pode-se debater se o homem ou a mulher têm tendência à monogamia fiel ou a variar seus parceiros íntimos e me inclino a acreditar na segunda hipótese, mas a sensação de segurança e o gozo constante de um sexo satisfatório, ainda que não contemple o orgasmo, mas apenas o apelo do fetiche, são fatores que, ao alcance do mais comum dos homens, para muitos vale uma vida e não há como condená-los por eleger essa possibilidade entre outras.

O gozo desse "incesto" marital, recompensado com reconhecimento social (o casal segue admirado), unidade econômica, próspera ou não, e obediência inescapável dos filhos, acessível a pobres e ricos, altos e baixos, feios e belos, passa a ter forte apelo a partir do rompimento do domínio das linhagens para a emergência do indivíduo, como tivera em Roma em outros tempos. Nelson Rodrigues dirá, repetindo os moralistas cristãos desde pelo menos São Jerônimo: "Não há nada mais abjeto que um homem desejar a mãe de seus próprios filhos." Essa intimidade entre sócios, companheiros sociais e de labuta, guardiões da mesma casa, acrescenta um tempero de perversão ao sexo naturalmente desejável, quanto mais se acompanhado de "parafilias": oral, anal, posições criativas, fetichistas.

A interdição religiosa ao vale-tudo "entre quatro paredes" penetra no íntimo do casal? Na Europa, pouco se sabe, exceto pela Grã-Bretanha, que comporta uma resposta mais positiva à pergunta, ainda que os resultados de análises históricas apresentem-se mistos. Nos Estados Unidos, como iriam revelar os relatórios Kinsey e Hite, no século XX, a penetração é forte e as mulheres se queixam de uma relação mecânica e pouco prazerosa, obediência a um marido que, enquanto exigindo o débito conjugal, descuida-se de proporcionar o clima erótico. Há, porém, que se fazerem duas objeções aos resultados de tais pesquisas: a amostragem não era científica (quem tinha problemas a relatar provavelmente respondia mais aos questionários do que os satisfeitos) e estamos já no século XX, a individualidade ganhara a batalha pelas consciências e interiorizá-la na forma de uma responsabilidade pessoal pela moralidade intraconjugal passa a ser um resultado lógico antes de qualquer evidência estatística. O amor cortês requeria o desejo. O amor cristão, o comedimento. O primeiro terá vencido por larga margem.

Voltando um pouco no tempo, a ascensão da utopia corresponde à ascensão da exaltação de um novo modelo amor-paixão, o romantismo, do século XVIII para o século XIX. São utopias análogas, promessas de redenção, reações às incertezas de um mundo em rápida transformação, em que as possibilidades de ascensão social apontam tanto para o sucesso quanto para a terrível possibilidade, do ponto de vista da honra, de fracasso.

Ambas contêm propostas para o público e para o privado, ambas partem de uma aposta otimista no homem e na mulher, de quem se espera a lealdade própria da anulação do eu em nome do nós. São parusias, esperas pelo advento do paraíso do casal ou da ágora, ambas evocadoras do Éden que encima o imaginário judaico-cristão e está em todos os discursos desde o século IV.

Há uma diferença, porém. O campo do amor-paixão intencionado, do par, está centrado na ideia de que a fortaleza do lar pode se contrapor ao caos do mundo competitivo situado além da cerca da casa. Há uma aceitação desse caos próspero e criativo. Anula-se a história íntima, condenada a uma consolidação definitiva e forçada pelo amor, a um juramento inquebrantável, para tolerar o seguimento da história econômica geral, social.

O campo da utopia social quer mais: quer a abolição do caos por uma consolidação definitiva e forçada pelo amor, a um juramento inquebrantável entre todos os homens, que devem se amar, pois a natureza impõe esse amor. O Evangelho dá razão explícita à primeira forma e inspira a segunda pela parusia do Juízo Final e da vida eterna através do vínculo do amor. A utopia quer então sociedades eternas pelo vínculo do amor. O discurso evangélico da fé cega e do amor submisso ao outro, ao próximo, qualquer próximo, é um gerador de paixões individuais e coletivas, uma fábrica de ilusões que parecem sensatas, porque sagradas. Nas palavras de Gérard Vincent, referindo-se especificamente à intelectualidade francesa socialista: "Fruto de milênios de judeu-cristianismo, ela continuava à espera de uma nova parusia."

A propósito, em meados do século XX, entre os comunistas franceses, o casamento dispensa o papel passado, mas não a fidelidade estrita e a proibição do divórcio, salvo se o traído ou deixado não seja adepto do comunismo. A vida privada do militante é severamente vigiada pelo Partido Comunista e comportamentos desviantes, como a promiscuidade ou a paixão pela pessoa errada, são corrigidos com reprimendas ou ordens de transferência de cidade. A União Soviética e a China comunista serão extremamente moralistas e, na prática, dificultarão o divórcio.

O amor intencionado nasce da pulsão violenta. O amor social exaltado da utopia nasce da mesma pulsão. Reduzir o outro ao compromisso amoroso, violentando seu ego para permitir a fusão das vontades em nome de um terceiro sagrado: o casal ou o Estado total em praça pública. Quem não ama? A nostalgia do paraíso é perene em nós. A história é um acidente, imprevisto e indesejado. A família nuclear do Ocidente emerge penosamente do sistema familiar mais amplo e reencontra o ideal romano do casal, reforçando-o pela sensibilidade emotiva e pela interdição do divórcio. Hegel e Kant a defendem, o primeiro como abandono da nefasta instituição feudal da linhagem, o segundo como a conservação contra o "apelo do distante e das florestas bárbaras". Tocqueville também vê na família a chave da felicidade individual e do bem público. Proudhon, anarquista, por motivos outros, preza a castidade sobre a sensualidade, o trabalho sobre o prazer. Para ele, a família conjugal é a célula viva de um privado que devia absorver o público e extinguir o Estado.

A mulher pensa no amor, essa conquista europeia mais completa que a da matriz romana. O termo paixão, ligado à passividade, tão somente associado ao sofrer na Antiguidade, transforma-se em paixão do amor na literatura cortesã. E se quer sofrer e se sofre. Madame de Maintenon (Françoise d'Aubigné), aqui já apresentada, mantenedora de uma escola para meninas, diz a uma filha:

> *Mademoiselle*, tereis vosso marido para cuidar e então tereis um amo [...], talvez lhe desagradeis; talvez ele vos desagrade; é quase impossível que vossos gostos sejam idênticos; ele pode querer arruinar-vos, pode ser avaro e recusar-vos tudo; eu seria enfadonha se vos dissesse o que é o casamento.[4]

O casamento existe para outros fins, ensinavam todas as culturas de alhures ou de antes. Não na Europa, em que é um ideal político: Romeu e Julieta representam a força do amor intencionado na quebra das rusgas estúpidas linhagem × linhagem. Fará mais sofrer do que cumprir as muitas promessas do amor, mas dará certo como modelo de sociedade, pois faz parte da responsabilização pessoal.

Nada é mais educativo do que fazer alguém responder por seus atos. O casamento, antes, era uma escolha de terceiros; o cônjuge não era culpado por seu fracasso, apenas vítima de uma circunstância. A livre escolha não necessariamente melhora a escolha, erra-se mais do que se acerta. A culpa por eventual fracasso, porém, é toda dos cônjuges. Naturalmente, um tenderá a apontar o dedo para o outro e o divórcio voltará a tentar as almas autoindulgentes.

Retornado, após longa ausência, no século XX católico, bem antes no território da Reforma, o divórcio traz consigo muitos problemas, como as quebras de patrimônios e as perdas na educação dos filhos. Novas uniões de divorciados serão "o triunfo da esperança sobre a experiência" (Samuel Johnson), renovado esforço de acertar na escolha, aqui e ali (sejamos muito otimistas), dar-se conta da própria responsabilidade por elas.

De qualquer forma, o fim da indissolubilidade obriga o interessado na sequência da relação a sair da zona de conforto, a não se acomodar. Os moralistas dizem "trocam de cônjuge como trocam de marca preferida no supermercado". E se for? Se a finalidade do casamento é a perpetuação da espécie, esta não corre perigo porque se reforça a responsabilidade pessoal nas escolhas. Trocar de marca favorita também envolve decisão autônoma e riscos. Assumi-los é crescer.

O amor no casamento ganha ainda o discurso de "perfeita amizade". Se é burguês, acrescente-se o conceito de "perfeita sociedade". Ambos são compatíveis com o amor divino e o sexo no interior do lar é um não assunto. No casal, não há contradições entre paixão e razão, e amor é o mesmo que atenção. Luteranos e alguns protestantes britânicos passam a divinizar esse amor matrimonial serenamente voltado à amizade. Mas não se fale de sexo.

Em *Lascívia conjugal ou prostituição matrimonial*, de 1727, Daniel Defoe quer um casamento centrado em Deus, livre de egoísmos, traduzidos especialmente pelo desejo sexual no interior do lar. Felizmente, tal pregação não é levada a sério. À razão desses moralistas escapa o óbvio: o ressentimento pode vir de qualquer lugar (falta de atenção, sexo ruim, infidelidade, fealdade, insultos, violências) e contamina tudo. Sublimar o sexo não contribui para reforçar a lealdade, pelo contrário. É preciso sublimar o ressentimento, fundamentado ou não.

O casal velho, feliz e unido, a andar sereno de mãos dadas, terá descoberto o valor da amizade no sentido filosófico romano ou da mútua caridade no sentido paulino. Chamará isso de amor e talvez fosse isso a receber o nome de amor no Evangelho, não a paixão, perigosa má conselheira. Mas, se o que começa em paixão vence as tentações possíveis a inclinar para o divórcio, haverá o fruto da perfeita amizade a colher quando os ânimos serenam e se nota que Deus uniu o casal, por linhas tortas, mas eficazes. Deus ou a Providência, tanto faz, não separe o homem.

Flaubert: "Celibatários: todos egoístas e depravados. Deviam ser obrigados a se casar. Preparam para si uma velhice triste." A dor do envelhecimento e da morte pede, como consolo, uma testemunha íntima. E se essa testemunha deseja essa morte? Pelo menos não se morre em vão. A morte do solitário não interessa a ninguém. O solitário morre mais. A propósito, todas as pesquisas em nosso tempo comprovam maior longevidade e melhor qualidade de vida nos que permanecem casados. Por larga margem, pode-se afirmar como sábias as palavras de Jesus contra a "dureza de nossos corações".

Se a família uninuclear é uma das melhores marcas do Ocidente, o gosto, a moda, as regras de civilidade e de convivência social são um complemento necessário.

Em Roma, já se pregava civilidade. Na Idade Média, tanto os humanistas quanto os filósofos cristãos insistem no tema. Bem comportar-se, respeitar o próximo, uma lição evangélica a ser transformada em prática. Aqui, há um antes e depois de Erasmo de Rotterdam e seu *A civilidade pueril*, publicado para ensinar bons modos às crianças, atingindo imprevistamente os adultos.

O manual de Erasmo, publicado originalmente em 1530, reimpresso muitas vezes, foi lido em todos os cantos da Europa e do Novo Mundo. Inspirado em tratados da literatura clássica com "conselhos para os jovens" da Baixa Idade Média, o filósofo de Rotterdam diz: "Os olhos são a sede da alma." Transformou-se numa vulgata, com passagens edificantes como esta:

> Aqueles que a sorte fez plebeus, pessoas de condição humilde, camponeses mesmo, devem esforçar-se para compensar pelas boas maneiras as vantagens que o acaso lhes recusou. Ninguém escolhe seu país ou seu pai; todos podem adquirir qualidades e maneiras.[5]

Vasto projeto de ascensão social, que o Ocidente provaria ser o melhor caminho: a educação. Não seria posto em prática universalmente e de imediato, mas, se me fosse dado escolher entre a influência de Erasmo ou de Calvino sobre o Ocidente moderno, diria, em primeiro lugar, que os dois projetos são complementares, de modo algum incompatíveis, mas a marca do primeiro será mais reconhecida. Ambos são cristãos e partem do Evangelho.

Jesus não ensina a maneira correta de assoar o nariz e isso, às vezes, pode ser mais necessário, certamente mais urgente, do que a salvação. Saber se portar em sociedade, objetivo facilitado pela padronização de comportamento, torna o homem seu próprio amo. Sêneca exultaria com esse triunfo estoico, quanto mais pela condenação dos excessos, tão bem enfatizada por Erasmo, que igualmente restringe atitudes tendentes a enganar os outros, a trapaça tão praticada pelos romanos comuns quanto condenada pelos filósofos do mesmo tempo. A norma não é encarada como uma segunda natureza, mas como a natureza social enfim revelada

Civilidade será cada vez mais sinônimo de polidez, uma polidez universal, embora mais bem expressada pelas elites políticas, econômicas e intelectuais. Numa palavra: diplomacia. Voltaire acredita que a polidez é natural (engano muito otimista), enquanto credita à civilidade de origem erasmina um caráter arbitrário. Pascal diz que a civilidade "só deve ser observada porque é um costume, não porque é razoável ou justa". Sim, um modo ensaiado de se portar pode ser arbitrário, mas outro surgido eventualmente de ponderações acerca de razoabilidade e justiça não será menos arbitrário.

Há de se arbitrar comportamentos, é isso ou pode tudo. Por outro lado, quando a regra de civilidade fere a liberdade de expressão ou de crença, a revolta do pensador reveste-se de indiscutível razão de civilidade quando essa palavra remete a suas raízes romanas. Não que houvesse liberdade ampla de manifestação ou crença em Roma, mas o espírito do tempo assim o determinava. O Iluminismo, tomado como um todo, é contraditório na defesa dessa liberdade de dizer, pois, quando a possibilidade da sinceridade está em jogo, defenda-se o direito à sinceridade; mas, quando a sinceridade é um dever, a intimidade é devassada e a expressão individual acaba suprimida.

Impor máscaras sociais sob a forma de manuais de civilidade é uma forma de autoritarismo, com boas intenções, é verdade, para promover a paz, a concórdia e a educação, mas o caráter de imposição torna-a um fardo e induz à falsidade. O extremo contrário é pior. Além de autoritário, suprime toda a liberdade pessoal e pretende que todos sigam até o fundo de suas almas um modelo imposto por quem tem poder discricionário de impô-lo. Se Rousseau ou Robespierre acharem que alguém deve intimamente pensar de uma forma e agir sinceramente daquela forma, a tirania não tem limites. De modo equilibrado, os moralistas da Idade Moderna reconhecem uma distinção entre a civilidade cristã, com boas intenções, e a destinada a enganar o outro, própria dos manuais mais utilitaristas.

A linguagem corporal, não verbal, passa por uma valorização no século XVI. Os europeus tinham contatos com povos desconhecidos comunicando-se assim, era uma necessidade nova a se apresentar. Mas o fundamental vem da arte, da representação realista nos retratos e demais pinturas e esculturas, e dos manuais de boas maneiras, como o de Erasmo. O resultado parece ser o mesmo dos contatos com ameríndios, africanos e asiáticos: reconhecimento. Enxergar o outro como um livro denso de expressões corporais. Essa capacidade redescoberta tem como reação natural o pudor. Se o outro me devassa sem que eu nada diga, apenas pelo visto em meu corpo, escondo o corpo. As normas da civilidade também o impõem, mas correspondem à exteriorização de um pressuposto interior. Na direção eventual do outro, outro desejado, o corpo se enfeita para seduzir. Sempre o fizera, não nessa intensidade.

Do gosto, outra marca da Idade Moderna, chega-se à moda. Como os gostos são variados e mutantes, as modas também o serão. Daí ser o surgimento da afirmação do gosto, saída não está claro de onde, pois é mais causa que consequência da diversificação e da liberdade dada ao comércio, o salto teórico para a valorização da vontade individual para uma autarcia (autonomia individual) possível. Autarcia que, se não é um princípio evangélico, o é da filosofia predominante em seu tempo: o estoicismo. Se não influencia o Evangelho, influencia o cristianismo, especialmente a Reforma, nela o calvinismo. A moda é resultado de servidão voluntária? De modo nenhum, pois se o fosse não seria variada e mutante. Os servos vestem uniformes.

Autores católicos, como La Salle, farão obras a partir de *A civilidade pueril* sem lhe alterar o sentido. Os jesuítas, embora impedidos de reverenciar Erasmo, são dotados do mesmo otimismo. Eles apostarão na educação das crianças, e Molina possivelmente terá bebido em sua fonte para elaborar sua tese sobre o livre-arbítrio.

Norbert Elias atribui o sucesso de *A civilidade pueril* ao fato de ser o espírito de uma época, um projeto coletivo, do qual Erasmo, com sua escrita acessível e ao mesmo tempo genial, fora o melhor tradutor. Por mais que o autor tivesse sido inspirado por uma sincera razão evangélica, havia uma Europa pronta a amadurecer, depois de ter descoberto crianças novas fora do continente, sobre as quais se impunha uma vocação paternal. Uma Europa empenhada em educar suas próprias crianças para que, uma vez adultas, pudessem exercer com dignidade a posição de senhoras do mundo. Os modos rudes seriam desculpáveis nos selvagens da América do Sul ou do Congo, mas, se mostrassem a esses povos a mesma rudeza deles, que autoridade paterna poderiam invocar?

Era providencial ter um livro de razões elevadas, de tolerância e amor racional, o Evangelho, para os recém-apresentados, assim como seria embaraçoso apresentar um comportamento em tudo diferente do pregado em tal obra. Leigos, humanistas, reformados ou membros do clero católico, qualquer um que conhecesse os europeus comuns do início do século XVI não tinha como reconhecer neles seguidores de Jesus. Jansênio, Lutero, Calvino, Erasmo, Armínio e Inácio de Loyola, cada um a seu modo, apresentariam projetos para transformá-los. Nenhum deles, contudo, inova radicalmente na interpretação do Evangelho. Lamentam que pouco seja lido e até menos seja seguido. Não estamos ainda numa revolução filosófica quanto à forma de pensar o Evangelho. Será preciso esperar os filósofos e líderes religiosos do século XVIII, quando o projeto de tornar o Evangelho lido tiver triunfado e muitos mais estarão prontos a segui-lo ou seguir uma paródia dele.

Os pedagogos da área reformada, embora desejem seguir pelo caminho aberto por Erasmo e educar as crianças, não comungam do mesmo otimismo do filósofo. Para eles, as crianças são naturalmente más e precisam de correição para se tornar, como as crianças do Evangelho, puras e sãs. Já não se trata de uma pedagogia de bons conselhos, mas de imposição. Cinco anos antes de *A civilidade pueril*, o monge alemão Otto Brunfels, professor reformado em Estrasburgo, publicara *Da disciplina e instrução das crianças*. Sua obra, que circulava junto com a de Erasmo, era um complemento severíssimo destinado a regular o tempo da criança na integralidade, orações, estudo, outras atividades, sem espaço para laxidão de qualquer espécie.

Se Erasmo previa um preceptor para auxiliar os pais na tarefa de educar os pequenos, os pedagogos reformados, assim como os jesuítas, confiavam mais na disciplina administrada na escola. *As regras do decoro e da civilidade cristã*, publicadas pelo educador católico Jean-Baptiste de La Salle em 1703, são minuciosas e ainda mais rígidas que as de Otto Brunfels e muito se reportam a Erasmo. Haverá 126 edições até 1875.

O original de Erasmo não é posto de lado. É transformado em catecismo, lido nas escolas do norte e do sul, decorado obrigatoriamente pelas crianças. Em 1833, *A civilidade pueril* segue generalizadamente empregado nas escolas francesas, segundo o relatório Guizot. Antes já se tornara regra dos adultos. No final do século XVII, o dicionário da Academia Francesa diz: "De um homem que falta para com os deveres mais comuns diz-se proverbialmente que não leu *A civilidade pueril*."

Os esforços de civilidade perdem o brilho no final do século XVIII. Há outro discurso, paralelo ao do "bom selvagem", a defender a natureza, comportar-se conforme a natureza. Rousseau é seu maior expoente, mas não o único. A reação contra o artificialismo de certos costumes, identificados com cortes monárquicas luxuosas e insensíveis, ganha o pensamento, pelo menos nas cidades.

A Europa, tal qual a Roma do século V, está exausta de seus hábitos. Sinal de barbárie à vista, os bárbaros são uma solução, como constataria muito depois Konstantinos Kaváfis. Da mesma forma, parecerá aos alemães e franceses mais, aos ingleses e italianos menos, que os mantras rituais das igrejas cristãs não são mais que a expressão de uma fé vazia. A intelectualidade europeia do século XV, incluindo alguns santos católicos, achava o mesmo, e Reforma e Contrarreforma parecerão ter resolvido o problema no século XVI.

A Revolução não abandona a pedagogia da civilidade, apenas substitui o Deus cristão das fórmulas de La Salle pelo Ser Supremo de Robespierre, como mais adiante o socialismo substituirá Jesus por Marx, o crucifixo pela foto do sábio de barba densa. Nada mais diferente de um cristão perseguido, minoritário e contestador do que um cristão no poder. Nada mais diferente de um socialista revolucionário do que um socialista no poder.

Na França, passada a ruptura revolucionária, foram retomadas as versões canônicas dos manuais de civilidade e pedagogia, mas alguns terão descoberto nesse meio-tempo que as regras valem para os dois lados e que a única maneira de conquistar alguma liberdade é fazê-lo por um caminho individual, que obedeça às regras, mas, ao mesmo tempo, como Pascal, não acredite rigorosamente nelas, pois são arbitrárias, ou, como dizia São Paulo, Deus não chama para a lei, mas para a liberdade. De todo modo, a civilidade não se mostrará incompatível com o triunfo do indivíduo e de sua irredutível espontaneidade, pois liberdade e responsabilidade para com o outro são complementos, não adversários.

O lado bom no surgimento da utopia ateia talvez tenha sido preservar o cristianismo do choque da chegada do tempo de amplo domínio do homem sobre a natureza, resultado da evolução da técnica. O casamento desse domínio com a consecução da utopia ateia demonstrou o horror que pode surgir se Deus for descartado como seguro para a moral. Se Stalin e Hitler, ceifeiros das sementes plantadas pelos utópicos ateus, não tivessem existido, talvez Deus tivesse se tornado irrelevante por desnecessário. Se a fé em homens como juízes absolutos não tivesse demonstrado seu poder de destruição, o conservadorismo político talvez tivesse perdido sua principal razão de ser: evitar o mal.

Último tema deste capítulo: o Evangelho, o cristianismo e a mulher. O Ocidente é a primeira sociedade histórica (com registro escrito) a igualar mulheres e homens em direitos legais. Em todas as demais, há predomínio de mando e de propriedade masculinos. O Evangelho não é de todo machista, mas Jesus é homem, seus apóstolos também. Era o espírito do tempo na Judeia e na Galileia. Seria anacronismo imaginar que pudesse ser diferente. A Bíblia é machista no geral, mas há muitas personagens femininas importantes no Antigo Testamento, destacando-se em posições de liderança e em inteligência. O cristianismo, em seus inícios, chegou a ser criticado por misturar mulheres e homens nas celebrações, por permitir às mulheres um papel ativo na condução da nova religião.

A partir de Constantino, porém, nenhuma vertente do cristianismo deixará de ser conduzida por homens, as mulheres de modo geral submissas a um patriarcado mais ou menos obedecido. A etnóloga Susan Carol Rogers, após pesquisas conduzidas numa comunidade da Lorena, encontrou famílias em que as mulheres decidem tudo. Para todos os efeitos, eles seguem na posição formal de "patrões", chefes da casa, líderes da comunidade. O equilíbrio entre esse "decidir tudo" e o poder masculino formal marcara muitas famílias ou mesmo linhagens do Ocidente desde o início do amálgama latino-germânico.

Após o triunfo da família uninuclear, nela a mulher se vê numa posição equivalente à da mulher romana. Via de regra, terá voz ativa, tanto mais se trabalha lado a lado com o marido, na agricultura, no artesanato, no comércio. Os padres e pastores pregam uma submissão bíblica, ele deve mandar, mas nem sempre era assim na prática. De qualquer forma, não há como negar uma distribuição de poder externo desigual em prol do homem durante todo o curso da história ocidental até meados do século XX.

Se a igualdade entre mulheres e homens deve algo ao Evangelho ou ao cristianismo, essa dívida é relativamente muito pequena. Foram a industrialização massiva e o comércio livre os responsáveis pela chamada emancipação feminina, além, é claro, dos movimentos feministas; fazer barulho costuma ter efeitos. Para o comércio, a mulher tanto é uma boa vendedora como uma excelente consumidora. Para a indústria, ela é uma trabalhadora preferencial em diversas atividades. O mesmo se dá no setor privado de serviços.

No século XIX, o jurista e antropólogo suíço Johann Jakob Bachofen, após ampla pesquisa envolvendo deusas-mães, concluiu por uma relação entre o lugar dessas divindades em sociedades pré-históricas e o predomínio do matriarcado, ou seja, quando e onde imperassem deusas-mães, as mulheres teriam o comando das sociedades. Pequenas comunidades matriarcais eram conhecidas na China e na Indonésia.

Pesquisas posteriores concluíram que cultuar deusas é absolutamente compatível com sociedades patriarcais, o Egito e a Grécia nos dão provas inequívocas com Ísis, Vênus e Diana. A questão da existência de sociedades matriarcais na Pré-História seguiu em aberto, inconclusiva. Se chegarmos a uma conclusão, numa direção ou noutra, isso nada deve mudar no julgamento do Ocidente cristão sob esse prisma. O Ocidente só pode ser avaliado em confronto com seus pares mais próximos em evolução histórica, como a China, a Índia e o Irã, por exemplo. Nessas comparações, não se destaca por excesso de machismo, pelo contrário.

O cristianismo, ou pelo menos o catolicismo, tem sua "deusa--mãe", digamos assim. A Mãe de Deus, Maria, na definição oficial da Igreja de Roma. Sua presença no Evangelho não justifica por si só a extensão da devoção mariana. Dela não parte nenhuma doutrina, a ela não se atribui nenhum milagre, não há sequer diálogos importantes entre ela e Jesus registrados.

O sucesso das deusas em geral na cultura greco-romana e, antes, na egípcia ou suméria, indica uma influência cultural determinante. Não me arrisco a dizer qual é. Não deve ser tão decisiva assim, pois os calvinistas e arminianos deixaram Maria de lado e cresceram mais que o catolicismo. Alguns protestantes e não cristãos insistem em implicar com as origens pagãs da devoção mariana, denunciando uma idolatria indevida de parte dos católicos. Acusam o culto a Maria como seguimento do culto à deusa greco-romana Diana. Começo por um breve resumo dos atributos dessa deusa.

Diana, na mitologia, era a deusa da Lua e da caça, poderosa e forte, mais conhecida como deusa pura. Era ciosa de sua virgindade. Na mais famosa de suas aventuras, transformou em um cervo o caçador Acteão, que a viu nua durante o banho. Indiferente ao amor e caçadora infatigável, Diana era cultuada em templos rústicos nas florestas, em que os caçadores lhe ofereciam sacrifícios. Ela era deusa também dos animais selvagens e domésticos. Filha de Júpiter e Latona, irmã gêmea de Febo, obteve do pai permissão para não se casar e se manter sempre casta. Júpiter forneceu-lhe um séquito de sessenta oceânidas e vinte ninfas que, como ela, renunciaram ao casamento. Diana foi cedo identificada com a deusa grega Ártemis e depois absorveu a identificação de Ártemis com Selene (Lua) e Hécate (ou Trívia).

Tirando a virgindade, característica de muitas deusas-mãe mundo afora, nenhuma identidade especial. Ocorre que os romanos faziam procissões para Diana, e só para ela. Quando o cristianismo se tornou oficial, diz-se que alguns devotos das procissões de Diana apenas fizeram trocar de deusa-mãe favorita, mantendo a procissão, agora em homenagem a Santa Maria Mãe de Deus. Se foi isso mesmo, ninguém sabe, ninguém viu e não terá sido nenhuma exceção na mudança forçada do paganismo ao cristianismo no século IV. Deus morto, deus posto. Não será o caso de Vênus, que seguirá adorada no Ocidente como uma espécie de resistência da cultura greco-romana, não propriamente de sua religião. A ninguém ocorrerá associar Vênus a Maria.

Ora, acusar os católicos de paganismo pela devoção mariana, com base em uma identidade com Diana, é simplesmente absurdo, pois inspiração não é o mesmo que sincretismo. A Maria dos católicos não é a deusa Diana dos pagãos. Os católicos não estão venerando Diana, mas sim prestando homenagem àquela que os

Evangelhos declaram ter carregado Jesus em seu ventre e o seguido em algumas de suas pregações. Diga-se a um protestante antimariolatrista que Jesus como salvador é uma profecia de Zoroastro e isso não deverá abalar sua fé no Cristo dos Evangelhos como Salvador. Descobrir uma linha de transmissão entre Zoroastro e Jesus não transforma o crente de uma igreja reformada cristã em zoroastrista, como o caso das correspondências de Maria (também com Ísis, deusa egípcia) nem de longe transforma o católico em adorador da deusa Diana.

A devoção mariana já foi teorizada por alguns filósofos como uma suavização do cristianismo através de uma crença próxima da imanência por estar a mulher ligada aos ciclos de fertilidade, razão de ser provável das deusas-mães na Pré-História. É possível, como também é possível uma evocação simbólica da figura da mãe, atenuante do que Freud classifica como devoção ao Pai associada inevitavelmente ao cristianismo. Como é possível ainda, e me inclino nessa direção, pois também devoto mariano, que cada devoto tenha suas razões particulares, como as curas de Lourdes, por exemplo, e que nenhuma tese geral se aplique.

Diante do Evangelho, não faz muito sentido uma opção preferencial por Maria. Por outro lado, está longe de ser uma heresia, uma afronta à mensagem de Jesus, pois este nasceu de uma mulher, conviveu bem com mulheres, perdoou a mulher adúltera, não afirmou diretamente nenhuma regra de subordinação da mulher em relação ao homem. Maria também pode simbolizar, sintetizar, essa atitude amistosa do Evangelho (exceto pela narrativa de Herodíades) para com as mulheres. O cristianismo, tendo como base o Evangelho, não precisa ser uma religião machista. Quem decide qual o viés são os cristãos. Como dizia Santo Agostinho, *Populus est coetus multitudinis rationalis rerum quas diligit concordi communione sociatus*. Povo é o conjunto de múltiplos seres racionais associados na concordante comunhão das coisas que amam. Temos amores em comum? Sempre haverá, basta buscar.

Familiae laude atque splendore et propriis uirtutum meritis dignissimus (a honra de sua família brilha; suas virtudes são dignas de mérito). O senado da cidade de Roma concede nesses termos a cidadania romana a Michel de Montaigne. É uma feliz coincidência que um filósofo com uma visão crítica da família simbolize a era da família mononuclear indissolúvel. É feliz porque essa mesma família será constantemente crítica em relação a si mesma. O Ocidente nunca se acomoda, questiona-se, reinventa-se. A cada geração, a família adquire novos hábitos e deixa outros no caminho. Só assim pode ser efetivamente a base sólida de confiança para impulsionar os indivíduos a fazer prosperar suas sociedades.

Montaigne tem uma visão crítica do matrimônio. Compara-o a uma jaula: "Quem está fora, quer entrar; quem está dentro, quer sair." Admira Françoise pelo estoicismo (tolera todas as excentricidades do filósofo e administra as propriedades), mas passará a maior parte de seus últimos anos isolado dela, numa torre de seu castelo. Por vezes, terá sido rude com ela. Noutras, conta reservar bom e agradável tempo para brincar com Françoise e a filha.

São Jerônimo dizia:

Adúltero é o amoroso demasiado ardente com sua mulher. [...] Que o homem domine o arrebatamento da volúpia e não se deixe levar com precipitação à cópula. Não há nada mais infame do que amar uma esposa como uma amante.[6]

Sobre o santo compilador da Bíblia (editor da Vulgata, primeira edição completa da Bíblia em latim), vivendo no século IV, Montaigne tinha a vantagem da experiência prática. Nem por isso deixou de concordar com o velho moralista, recomendando a seus leitores (escrevia em forma de autoajuda, dando conselhos) tirar da esposa "um prazer contido, sério e mesclado a certa severidade, pois nossas mulheres estão sempre bastante despertas para nossa necessidade".

Para Montaigne, as mulheres são culpadas pelos casamentos que não dão certo. Elas não têm nem a "suficiência" nem "a alma bastante firme para sustentar o enlace de um nó tão cerrado e tão duradouro". Mas, mediante um bom processo educativo, ela pode tornar-se "um amor que termina em amizade". Os filósofos seguem uma tradição misógina. Não apenas ocidental. Em se tratando de filosofia, universal.

Primeiro filho de Pierre, militar descendente de comerciantes, e de Antoinette, de família de judeus convertidos espanhóis, o pequeno Michel de Montaigne foi mandado a passar os primeiros três anos de vida na casa de uma família simples das redondezas do castelo Montaigne. A ideia partira do pai, um intelectual dado a excentricidades lógicas. Se o sucessor haveria de ser senhor das propriedades da família um dia, aprendesse logo como viviam os súditos. Quando filósofo, Michel elogiaria o pai por tal decisão, recomendando-a aos leitores.

Outras práticas incomuns de Pierre na educação familiar foram a ausência de castigos corporais aos filhos e o hábito de despertá-los com um instrumento musical de sonoridade suave, associando o acordar a um estímulo agradável. Pierre acreditava nos princípios liberais e humanistas da filosofia italiana de seu tempo.

Michel nem por isso fora mimado. Quando jovem, em tudo parecia um homem normal, sem excentricidades comportamentais tão comuns nos filósofos. Sua escrita, segundo alguns críticos, remete a essa normalidade, é sem floreios, pensando as grandes questões da filosofia a partir de episódios banais da vida. Manteve-se solteiro até os 32 anos, cultivando o reiterado hábito de se entregar ao sexo com suas muitas amantes. Rico, belo e dotado de boa conversa, dobrava com facilidade eventuais resistências do sexo oposto.

Montaigne faz um contraponto sobre as regras de civilidade: "Gosto de observá-las, mas não tão covardemente que dominem minha vida." Ao contrário de Erasmo, ele defende uma civilidade local e de ofício. As regras dominaram sua vida externa. Terá se comportado exemplarmente do castelo para fora, como homem público. Sua objeção à civilidade tem a ver com a objeção à vida pública. Por isso, busca se recolher na maior parte do tempo. Como dirá Carlos Drummond de Andrade, "O intelectual é alguém em permanente estado de demissão diante da vida".

No "tolo projeto de pintar a si mesmo", como define Pascal a obsessão narcísica de Montaigne, o filósofo se afirma sincero. Pode ser, se não perdermos de vista que sinceridade e verdade não são a mesma coisa; uma é subjetiva, a outra, objetiva. O mundo do pensamento é o mundo das idealizações. Pretender mesmo uma "sinceridade artística", como definiu André Gide, é uma quimera soberba. O mesmo se aplica a Montaigne; a crítica que Pascal lhe faz é justa nesse sentido. Expressar-se sinceramente é, na melhor das hipóteses, e tendo a duvidar mesmo dessa hipótese, ser fiel às próprias impressões, a correlações que não apenas carecem de verdade como tendem a evitá-la. Por isso, diz Gérard Vincent, "Não dispomos de nenhuma narrativa biográfica exaustiva de homem algum".

Não que Montaigne, em outros momentos, não tivesse autocrítica. Ele legou ainda um belo registro sobre a sina que persegue os filósofos:

> Há pouco tempo retirei-me a minha casa, decidido, na medida do possível, a não fazer outra coisa senão passar em repouso e no isolamento o pouco de vida que me resta: parecia-me impossível fazer maior favor a meu espírito que deixá-lo em plena ociosidade, conversando consigo mesmo [...]. Mas percebo que, ao contrário, como o cavalo que escapa, ele dá a si mesmo cem vezes mais trabalho do que assumia em relação a outrem; e me engendra tantas quimeras e monstros fantásticos, uns após outros, sem ordem e sem propósito, que para contemplar à vontade sua inépcia e sua estranheza comecei a arrolá-las, esperando com o tempo infundir-lhes vergonha.[7]

Aos 36, estivera próximo de perder a vida. A experiência, segundo ele, o fez descobrir que a morte é um "devaneio sem sentido". Não há como se preparar para ela. Passou os tempos imediatamente seguintes lendo e refletindo sobre a morte. "Morrer é fluir, deixar-se ir", concluiu, jurando ter perdido boa parte do medo da morte, mas por outro motivo: deixar seu pensamento registrado, fazer-se imortal pelo escrito.

Ele morreria efetivamente em 13 de setembro de 1592, aos 59 anos, cercado pela esposa, criados e amigos. Doente havia muitos anos de cálculo renal, não resistiu a uma infecção aguda causada pela doença, complicada por uma amigdalite. Dores de um parto para a eternidade.

Montaigne seria lembrado em outro hábito dos tempos modernos: o diário íntimo. Os autores dos diários, das adolescentes puritanas do interior da Inglaterra aos grandes negociantes de Antuérpia, muito citaram o filósofo como inspirador da forma de descrever as próprias emoções e experiências.

A verdadeira heroína dessa história é Françoise de La Chassaigne. Se tudo indica que não teve do esposo a merecida atenção e o correspondente amor, não descansou após a morte de Michel enquanto não fez publicar o conjunto de sua obra. Para tanto, não evitou procurar em Paris a ajuda de Marie de Gournay, sabida amante de seu marido, vinte anos mais jovem do que a própria Françoise. A propósito, Marie, também escritora, se tornaria líder feminista no século XVII, atacando a misoginia do falecido amante. Sinais das graças dos novos tempos do Ocidente.

10

A formosa moça

Duas mulheres, uma de cada lado, puxam o rapazote de 15 anos para si, quase arrancando seus braços. Luciano, o jovem, exorta-as a trocar aquela disputa de força bruta, cuja vítima maior era ele próprio ("pouco faltou para que me despedaçassem"), pelo diálogo. Seria de uma das duas, concedia, mas queria decidir por argumentos.

A primeira a lhe falar chama-se Escultura. É-lhe familiar. O tio materno, assim como o avô, era exímio no ofício de extrair do mármore as mais belas formas. Luciano mesmo gostava de moldar bonecos de cera. A moça promete-lhe uma vida sã e livre de preocupações se ele optar por ficar com ela. Seu discurso logo se encerra. Não é de muitas palavras.

A segunda a discursar e tentar convencê-lo chama-se Cultura, é prolixa. Lá pelo meio de sua fala, descreve o caminho das virtudes mais caras:

> Se, porém, me deres ouvidos, antes de mais, revelar-te-ei as numerosas obras dos antigos, falar-te-ei dos seus feitos admiráveis e dos seus escritos, tornar-te-ei um perito em, por assim dizer,

todas as ciências. E, quanto ao teu espírito — que é, afinal, o que mais importa —, ornamentá-lo-ei com as mais variadas e belas virtudes: sabedoria, justiça, piedade, doçura, benevolência, inteligência, fortaleza, o amor do Belo e a paixão do sublime. Sim, que tais virtudes é que constituem verdadeiramente as incorruptíveis joias da alma.[1]

Luciano já então não se deixava enganar por discursos. As palavras de uma e de outra acabam por não influenciar muito sua decisão. Escolhe Cultura por sua beleza física e por estar mais bem trajada.

Estamos em Samósata (atual Samsat, Turquia), então capital do reino de Comagena, no provável ano de 140. As moças descritas por Luciano apareceram-lhe em sonho, sonho que o fez decidir pela carreira das letras, iniciando por exercer o bem remunerado ofício de advogado, na Grécia, na Itália e na Gália.

Sabendo que fazia má escolha, Luciano de Samósata, como ficou conhecido, perdeu boa parte do tempo que poderia dedicar ao direito para se entregar à filosofia, em diálogos, obras ficcionais, especialmente em narrativas críticas sobre personagens de seu tempo.

Notabiliza-se pelo humor corrosivo, um Voltaire da Antiguidade, porém menos crédulo e ingênuo do que o francês. Luciano é inimigo declarado de todo e qualquer dogmatismo, metafísico ou filosófico, das seitas "racionais" às práticas das religiões de mistério. Denuncia os farsantes, as falácias dos filósofos, o servilismo e a tendência à bajulação dos historiadores. Mas o faz sem granjear inimigos. Acabará a vida, na casa dos 65 anos, como bem remunerado funcionário público da administração romana no Egito. Do ponto de vista financeiro, valeu a pena escolher a moça Cultura em vez de Escultura.

O EVANGELHO SEGUNDO A FILOSOFIA 275

Numa de suas obras, biografa Peregrino Proteu, grego da Mísia que Luciano viu suicidar-se nos Jogos Olímpicos de 165, aos 70 anos, precipitando-se sobre uma pira funerária. Entre muitas peripécias vividas por esse personagem de historicidade comprovada, tendo sido professor do ilustre juiz Aulo Gélio, esteve uma passagem pela Palestina. Peregrino Proteu viveu entre os cristãos. Nesse período, caracterizava-se como típico filósofo andarilho do tempo: cabelos longos, bastão, alforje e manto sujo. Chegou a ser preso pelo governador da Síria e foi tido e havido como sábio na comunidade dos seguidores do "sofista crucificado", como Luciano de Samósata descreve Jesus. Para os objetivos deste livro, é preciso o breve depoimento de Luciano sobre a então nascente religião cristã:

> Os pobres desgraçados se convenceram, em primeiro lugar, de que eles estão indo para uma vida imortal onde viverão eternamente. Em consequência disso desprezam a morte e até mesmo, de bom grado, a maioria deles, se dá sob custódia. Além disso, o primeiro legislador dos cristãos os persuadiu de que todos eles seriam irmãos uns dos outros, após terem finalmente cometido o pecado de negar os deuses gregos, adorar o sofista crucificado e viver de acordo com as leis que ele deixou.[2]

De um modo geral, as referências de Luciano aos cristãos são positivas: pessoas ordeiras, que trabalham e se mobilizam por causas comuns, apoiam-se e compreendem uns aos outros. Porém, aponta como defeito a ingenuidade crédula daquela gente, capaz de se deixar enganar e dar muito dinheiro a charlatães como Peregrino Proteu, que acabaria abandonando o cristianismo. Seguiriam uma tradição oral, o que é coerente com a muito restrita circulação dos Evangelhos e demais textos do Novo Testamento ainda em meados do século II.

Uma crença "sem fundamento" e "sem evidência concreta", com base nos ensinamentos de um mestre palestino, sofista que fora crucificado. O termo "sofista", empregado por Luciano, refere-se à chamada segunda sofística, própria de sua época. A sofística original, datada do século V a.C., havia sido depreciada por Platão e Aristóteles dado seu relativismo amoral. Nunca chegou a ser uma seita filosófica clássica.

No tempo de Luciano, a sofística era arte retórica e dizia-se "sofista" para um professor de retórica ou, aplicado especialmente à corrente chamada asianista, a um orador público popular, que, entre outros métodos, se utilizava fartamente de metáforas. "Sofista", no caso, estava quase que em oposição a "filósofo". Não que Luciano tivesse os filósofos em alta conta e tendo exercido a advocacia certamente valeu-se de sofismas, próprios à retórica forense. Mas parece evidente, no caso específico, ter-lhe chamado atenção o farto uso de metáforas, algumas na forma de parábolas, pelo "crucificado".

Nada indica que Luciano tivesse tido acesso a uma versão escrita de qualquer Evangelho. Aliás, ele é explícito ao mencionar "tradição oral" dos cristãos. Para que chegasse a "sofista crucificado", essa tradição deveria incluir algumas das parábolas do Evangelho, que devem ter parecido a ele, Luciano, criativas ou originais, mas pobres de conteúdo filosófico, tanto que não merecem dele nenhum comentário específico.

Jesus prega, por parábolas, simples metáforas ou frases diretas, de modo a ser compreendido não necessariamente por qualquer homem, mas certamente pelos ministros de suas palavras, os líderes das primeiras comunidades, os padres e pastores do futuro. O conteúdo todo, porém, não apresenta uniformidade. Há, num extremo, ditos que qualquer um pode compreender, histórias muito simples ou mandamentos insofismáveis. Noutro extremo, como vimos no capítulo 8 sobre o Sermão da Montanha, em nome da harmonia evangélica, há frases e comparações que requerem do intérprete conhecimentos avançados não de mera retórica, mas de filosofia.

Os teólogos, como o calvinista Robert Charles Sproul, alertam para os estragos que uma decupagem palavra por palavra pelos filósofos, especialmente das parábolas mais difíceis, pode causar ao "significado central", ou moral da história, de cada parábola. Os teólogos, em geral pertencentes a determinada corrente do cristianismo, estão em seu papel de estabelecer uma harmonia evangélica conforme o "significado central" de sua corrente ou denominação. Porém, o Evangelho é de domínio público e os filósofos são livres para entender o "sofista" Jesus como quiserem.

Os primeiros filósofos cristãos enriqueceram a mensagem evangélica com suas interpretações mais ou menos livres. Foi um trabalho fundamental para transformar o cristianismo numa obra completa, capaz de convencer tanto a elite cultural de cada época quanto falar de perto às grandes massas.

Algumas parábolas já foram analisadas neste livro. Outras não o serão, ou porque sejam anódinas; ou por ter conteúdo explícito; ou, ainda, porque há muitos livros especializados em exegese de parábolas. Uma delas, aparentemente banal, é um verdadeiro achado por si mesmo e, como se verá logo em seguida, ainda mais rica quando desvendada pela filosofia:

> Se alguém de vós tiver um amigo e for procurá-lo à meia-noite e lhe disser "Amigo, empresta-me três pães, pois um amigo meu acaba de chegar à minha casa, de uma viagem, e não tenho nada para lhe oferecer"; e se ele responder lá de dentro "Não me incomodes;

a porta já está fechada, meus filhos e eu estamos deitados; não posso levantar-me para te dar os pães"; eu vos digo: no caso de não se levantar para lhe dar os pães por ser seu amigo, certamente por causa da sua importunação se levantará e lhe dará quantos pães necessitar. E eu vos digo: pedi e dar-se-vos-á; buscai e achareis; batei e abrir-se-vos-á. Pois todo aquele que pede recebe; aquele que procura acha; e ao que bater se lhe abrirá. (Lucas, 11:5-10)

Um filósofo derrisório e dado a um moderado ceticismo, como Luciano de Samósata, diria que a parábola é mais um exemplo do quanto a amizade é um laço interesseiro, facilmente quebrantável, e que convém escolher bem os amigos para não ter entre eles importunos como esse que vai à meia-noite atrapalhar o sono do outro.

Santo Agostinho considerava a Bíblia um livro difícil. Era preciso buscar sentidos místicos em passagens como essa. Nada do que está no Evangelho pode ser gratuito, banal, sujeito a uma interpretação derrisória ou crua. Para o santo filósofo, os três pães da parábola podem representar as três pessoas da Trindade: o Pai Eterno, o Filho coeterno, o Espírito Santo coeterno. Eles são o pão da vida, alimento eterno.

O próprio Santo Agostinho propõe uma interpretação adicional para os pães. Eles seriam: fé, caridade e esperança, os três dons de Deus. Quanto à fé, não há dúvida, ela só pode ser provida por Deus, nisso estarão de acordo São Tomás, Luis de Molina, Calvino e Armínio, representando as principais correntes do cristianismo ocidental.

Sobre a caridade, gosto de unir num só pensamento as lições de São João Crisóstomo e Mestre Eckhart. O santo bizantino diz: "Não olhe para o céu, olhe para o pobre que lhe estende a mão, pedindo." Mestre Eckhart, em resumo, diz que Deus está no outro, em prestar atenção no outro, em amar o próximo. Ora, todo aquele que estende a mão, pedindo ajuda, está na situação do pobre, por mais que some haveres contabilizáveis como tais. Pois a carência de ser compreendido pelo outro não é contabilizável. É evidente que é mais provável alguém olhar para o rico carente de compreensão do que para o pobre com a mesma carência ou simplesmente de uma esmola para a próxima refeição ou a próxima bebida. "Dinheiro compra tudo, até amor verdadeiro", dizia o filósofo ao mesmo tempo cristão e derrisório, que deve tanto a Luciano de Samósata quanto a Santo Agostinho, o brasileiro Nelson Rodrigues.

Eu não duvido do poder dos haveres, mas eles não livram ninguém da incompreensão. Santo Agostinho diz que dos três pães o maior é a caridade. Se há algo que compreendi de importante é a escala de valor desse magnífico filósofo. Como cristão, embora eu não tenha alcançado a fé, pois Deus ainda não a concedeu a mim (Ele costuma se manifestar aos pequenos, não aos filósofos, já alertava Jesus), pude compreender o que é verdadeiramente a caridade. Em consequência, tomo como verdade a mim: para falar com Deus, não olho para o céu, olho para o outro que me estende a mão ou o olhar em busca de carinho, apoio, compreensão e, eventualmente, ajuda material.

Se a regra de ouro, a regra de prata e o imperativo categórico são falácias, pois partem de uma absurda presunção de sabedoria, o "dá a quem pede" será a melhor forma, quiçá a única, de usarmos bem a parte que nos cabe de livre-arbítrio. Não se será complacente com o abuso, evidentemente, mas não se julgue quem pede ajuda antes de fazer todo o possível para tentar compreendê-lo. O que nos faz lembrar outra passagem do Evangelho:

> Dou-vos um novo mandamento: Amai-vos uns aos outros. Como eu vos tenho amado, assim também vós deveis amar-vos uns aos outros. Nisso todos conhecerão que sois meus discípulos, se vos amardes uns aos outros. (João, 13:34-35)

Amar é parar de olhar para o céu, para os próprios haveres, para o quer que seja, e atender à mão estendida ou ao olhar de súplica do outro. É desarmar-se das próprias razões para tentar compreender as razões e carências do outro. Por mais que não esteja em nosso poder supri-las, está em nosso poder não as ignorar, respeitá-las.

Por fim, a esperança. O cristianismo popular, assim como o milenarista, terá compreendido muito mal o significado de "esperança". Esperança não deve ser interpretada como um deus-dará, coisas como chuva, boas colheitas, bens materiais, sem um correspondente esforço do crente. Também não se aplica a uma antecipação do Juízo Final (milenarismo), tanto menos à implantação de um Reino de Deus na terra, um paraíso aqui e agora, que, aliás, nem sequer foi prometido no Evangelho.

Esperança, no cristianismo, tem um significado maior, que é a eleição pela graça divina para a vida eterna; e um significado mais direto, que é a confiança, o erguer sua casa "sobre sólidos alicerces", como diz o Evangelho. Quem confia e, assentado na confiança, investe e trabalha, terá justa esperança e provavelmente receberá. Nesse sentido, o dom da esperança de Deus é aquele que empresta ao fiel pedinte a confiança para esperar pelas recompensas. Não é mero "toma lá, dá cá", mas um "buscai e achareis", como está na parábola.

Devemos dar à esperança ainda um significado imprevisto por Santo Agostinho, mas que deve a ele e ao Evangelho muito. Preciso discorrer sobre alguns pressupostos antes de explicar do que se trata.

Espero ter deixado mais ou menos claro que o Evangelho e, mais do que o Evangelho, o cristianismo devem à filosofia greco-romana pelo menos tanto quanto devem à tradição judaica. Mesmo esta terá sofrido influência daquela. A meu ver, Heráclito e os estoicos — o primeiro com os conceitos de Logos e de devir permanente, os segundos com os conceitos de Uno (uma ideia monista sobre divindade), de autarcia (independência) e de ataraxia (o coração simples, o desapego, a imperturbabilidade) — muito contribuíram para as ideias religiosas e filosóficas do tempo e do ambiente de Jesus.

Também procurei historiar o efeito do Evangelho e de toda a pregação cristã não tanto sobre a filosofia propriamente dita, mas sobre as mentalidades, sobre o pensar e agir das gentes, especificamente de Bizâncio e do Ocidente.

Voltando agora à esperança segundo Santo Agostinho. O Ocidente foi capaz de criar três novidades na história global: ciência, democracia e capitalismo. Outros povos tinham invenções a mostrar, assim como havia comércio e esboços de propriedade privada. Ciência sistemática, contínua, com método, porém, é criação ocidental. A democracia o é sem dúvida. A regulamentação da propriedade privada e a proteção a ela pela lei, o desenvolvimento de um complexo sistema bancário e de contabilidade e os descobrimentos permitiram uma forma superior de capitalismo, capaz de gerar riquezas e inovações numa velocidade nem ao menos imaginada antes por povo algum.

Essas três inovações fundamentais e entrecruzadas são cristãs? Como já disse antes, não, ou teriam acontecido em Bizâncio, na Armênia, na Etiópia. De um tipo especial de cristianismo? Sim, mas...

Socorro-me no pensamento de Alain Peyrefitte: "Fé e confiança são os pares, religioso e laico, da mesma raiz."[3]

Para ele, a confiança na confiança permitiu o que chama de "milagre do Ocidente". No sentido dado por Santo Agostinho, em que "fé" tem a ver com graça, eu substituiria sem medo de errar "fé" por "esperança". Portanto, esperança e confiança, mais do que um par, são sinônimos do que se consegue quando se aplica algo que Luciano de Samósata viu nas primitivas comunidades cristãs e Santo Agostinho propunha como "Cidade de Deus": uns confiam nos outros.

Nos mosteiros do Ocidente, no contínuo exercício da filosofia, no obrar sem descanso da Igreja em prol da ciência (criação das universidades) e de estabelecer sociedades mais pacíficas e mais colaborativas, plantaram-se as bases que permitiram fazer brotar, crescer e frutificar o par, como se queira, esperança-confiança.

Portanto, o Ocidente e seus "milagres", notáveis milagres, reconheça-se, não devem diretamente ao Evangelho ou à Bíblia. Devem ao que em nome do Evangelho, em nome da religião baseada em Jesus Cristo, mas também na razão greco-romana, na fé na razão de Cícero, Santo Agostinho, Pedro Abelardo e tantos outros, operou-se nos campos da filosofia, diplomacia, comércio, propriedade privada, organização social.

Penso que devem também ao amor cortês. Aqui discordo frontalmente de Schopenhauer. Não se trata de um amontoado de atos ridículos para bajular as mulheres. É antes a eleição do mérito como pressuposto da conquista. O germânico, sensível, sensual e impetuoso, motiva-se pelo ideário cortês a adotar linguagem e postura heroicas, uma noção de devir interiorizada, individual e, como nada é perfeito, idealista.

Numa representação popular na França católica do século XIX, o camponês fica horas na pequena igreja e declara, simplesmente: "Eu O vejo, Ele me vê." Volta para casa, muitas vezes um humilde casebre, e tem com a esposa momentos de floreios românticos, já então vistos como naturais e espalhados por toda a Europa, hoje por todo o mundo. Essa internalização de um desejo por um contato íntimo com Deus e com o outro eleito terá sido obra desse conjunto de fatores que terá bebido em fontes evangélicas, cristãs, a partir do desenvolvimento filosófico que Evangelho e cristianismo experimentam no Ocidente, apenas no Ocidente.

A utopia, por sua vez, não é um fenômeno exclusivamente ocidental. Os tupis, entre muitos outros povos, imaginavam esse paraíso terreno perdido ou possível. É no Ocidente, porém, que a utopia experimentará um desenvolvimento de extensas consequências práticas. Terá no milenarismo cristão uma inspiração sempre presente.

Os bogomilos, em Bizâncio, causaram problemas, infiltraram-se no clero, mas acabaram dominados. Não terão sido eles os responsáveis pela queda final de Constantinopla, de resto ocorrida mais de quatro séculos depois. Há quem diga que inspiraram os cátaros, milenaristas ocidentais que se aliaram a nobres locais para se opor à hierarquia cristã, espalhando uma mensagem ao mesmo tempo evangélica (eles, como Marcião, só aceitavam o Evangelho) e de fé no homem, com seus *perfectos* e *perfectas*.

Jan Huss, filósofo checo, bebia de uma fonte racional: o reformista inglês John Wycliffe. Huss tornou-se um tanto mais radical que seu inspirador, mas não se pode acusá-lo de milenarismo. Como foi mesmo assim queimado na fogueira pela Inquisição, acabou inspirando seitas que fugiram do controle e espalharam o germe milenarista pela Europa Central.

Thomas Müntzer, pouco tempo depois do extermínio de todas as seitas hussitas, inspira e em parte lidera a Revolta dos Camponeses do século XVI, a partir não de um milenarismo clássico, como o dos cátaros ou de algumas seitas gnósticas do cristianismo primitivo. Seu milenarismo, focado no livro do Apocalipse tanto quanto no que via como mensagem social do Evangelho, pela primeira vez na história funde-se com ideias socialistas que os próprios marxistas definirão como cosmopolitas, ou seja, um projeto global de poder político para efetivamente implantar o Reino de Deus na terra.

Após Müntzer, virá a multiplicação da literatura utópica, quase toda baseada em interpretações etnográficas a partir da divulgação na Europa de hábitos dos povos contatados ao redor do globo. Nascerá disso o mito do "bom selvagem" (que com esse nome não é de Rousseau, embora nele a ideia esteja presente), o culto à natureza e a associação entre um culto à razão, ao homem transparente, e a revolução política. A inspiração não é mais declaradamente evangélica, mas a matriz evidentemente ocidental do pensamento utópico tal como se desenvolve na Europa aponta para uma paródia do Evangelho.

O positivismo assumirá Jesus como um herói popular, despido de sobrenatural, todavia. Marx, para parecer científico, declara a religião o "ópio do povo". Raymond Aron identificará mais tarde o marxismo como o "ópio dos intelectuais". O marxismo, aliás, não passa de uma codificação supostamente rigorosa da utopia. O fascismo é um desenvolvimento do positivismo, um "culto à razão", sem romper explicitamente com o catolicismo, até porque este se curva obedientemente. Por fim, o nazismo, baseado numa utopia racista batizada "arianismo", misturando também socialismo (Partido Nacional-Socialista), patriotismo, mitologia nórdica e a evocação de Lutero para justificar de modo cristão o extermínio judeu.

A tudo isso resiste o cristianismo e até acaba se fortalecendo como contraponto, caso da Polônia e da Lituânia. Permanece com grande influência nas mentalidades nas Américas e em parte da África, e se expande notavelmente na Ásia. Como para o cristianismo vale o número absoluto de fiéis, não o poder econômico deles, um Vietnã vale mais do que uma França. Pode-se estimar que, para cada cristão praticante perdido na França nos dias de hoje, dois vietnamitas são ganhos.

Os coreanos, que importaram a ciência, a democracia e o capitalismo do Ocidente e se transformaram de um país absolutamente miserável em potência econômica de primeira grandeza no espaço de duas gerações, por via das dúvidas resolveram importar também o cristianismo.

Mesmo na Europa, se há menor frequência a reuniões, cultos e missas, generaliza-se um cristianismo individual, bastante focado no Evangelho, livro que, muito mais do que a Bíblia, está vocacionado a conviver bem com valores cosmopolitas e mesmo politicamente corretos. As mensagens de paz, amor ao próximo, de empatia, enfim, presentes no Evangelho parecem ter triunfado no Ocidente, excluindo-se um tanto os imigrantes da parte da empatia, justamente porque muitos deles negam esses valores.

Em resumo, a versão ocidental do cristianismo é de longe o mais importante e bem-sucedido desenvolvimento da mensagem evangélica original. Se perdeu adeptos aqui e ali, ganhou acolá. Não acredito que irá acabar tão cedo, se é que acabará. Torço para que não acabe e se fortaleça, não por ser cristão, mas porque ciência, democracia e capitalismo, esses três milagres que transformaram para melhor a vida humana global, se talvez não precisem mais do cristianismo, talvez ainda venham a precisar. Como disse Kant no fim da vida, se a moral cristã for descartada, não espere boa coisa.

Ciência, capitalismo e democracia precisam também do complemento moral e até hoje não vislumbrei regras morais melhores do que as presentes no Evangelho e, por extensão, na lei mosaica. Seguem atualíssimas.

Uma amiga, Liane o nome dela, quando soube que eu estava escrevendo este livro, candidamente me perguntou:

— Aurélio, você que estudou o Evangelho e a filosofia, me diga: o que fazer?

Queria conselhos práticos, orientações para a vida. Na hora, fiquei um tanto embaraçado com a pergunta. Em primeiro lugar, porque, como já disse, não sei o que é a verdade, policio meus pressupostos tanto quanto os dos outros. Adicionalmente, nunca pensei nesta obra como uma forma de autoajuda, mas depois elaborei respostas, porque se espera do Evangelho um guia moral, portanto um manual de como se portar nas relações de reciprocidade, e da filosofia uma reflexão sobre os problemas da vida. Direi apenas sobre aquilo que seguramente mal não faz.

A primeira resposta é evangélica, mas custou a pegar na Europa. Só pegou por insistência da Igreja e com a ajuda da literatura cortesão-romântica. Hoje todas as pesquisas da psicologia experimental e mesmo médicas confirmam seus excelentes efeitos, tanto sobre a longevidade quanto sobre a felicidade:

— Case-se. Se já for casado, mantenha-se casado.

A menos que seja o caso, raro, de comum acordo entre os cônjuges, a dissolução do pacto conjugal, embora absolutamente livre hoje em termos legais, lega a mágoa a um e possivelmente legará o remorso a quem, muitas vezes por falta de empatia, resolveu quebrar o pacto unilateralmente. Os casais de velhinhos que passaram por essa tentação e resistiram a ela via de regra contam que valeu a pena — reforçaram a confiança um no outro, amparam-se e, o mais importante, sabem que terão uma testemunha íntima até o fim. O solitário morre mais.

A segunda resposta eu já antecipei neste mesmo capítulo quando discorri sobre a caridade segundo Santo Agostinho, São João Crisóstomo e Mestre Eckhart: empatia. Não é o caso de usar empatia com quem não quer ser desvendado, compreendido, ajudado, apoiado. O segredo é sagrado, eis outro bom legado do Ocidente. Mas a quem lhe dá a oportunidade de poder ajudar a partir da empatia, ou seja, da aceitação das razões e desejos de quem pede ou permite a ajuda, convém praticar a caridade. Fará bem a ambos. Se a empatia fosse um princípio universalmente internalizado, haveria mais cooperação voluntária, menos violência, menos guerras. É um palpite meu, não tenho como provar, mas experimente. Mal não fará, isso é certo. Apenas no casal há que se respeitar o espaço do não dito. Ou como dizia Benjamin Franklin: "Abra bem os olhos antes de casar; mantenha-os semicerrados depois."

Entendi também que Liane queria uma resposta às questões espirituais, às dúvidas metafísicas (sobre Deus, existência, vida após a morte), aos problemas profundos d'alma.

Começo por duas preliminares: ser cristão de verdade é repudiar crendices. Não considero aceitável, depois de todas as provas em contrário, que se siga acreditando em superstições pseudocientíficas — astrologia, por exemplo. Deve-se repudiar igualmente crenças messiânicas ligadas à utopia e ao milenarismo. Qualquer tentativa de implantar o paraíso na terra é certeza de contratar o inferno. Não há um único exemplo em contrário. Todas as tentativas produziram miséria, totalitarismo e, em alguns casos, extermínios em massa.

Quanto às denominações, já dei minha opinião sobre o luteranismo, mas isso não quer dizer que um luterano não possa ser um bom cristão. Conheço alguns e espero que sigam onde estão, é seguro e condizente com boas práticas éticas e morais, além de corresponder à graça da fé. Já os cristianismos chamados "de fronteira", como testemunhas de Jeová e mórmons, não me atraem pessoalmente, mas têm minha simpatia.

Não gosto de quem faz do criacionismo a primeira bandeira de batalha na arena política. A evolução é absolutamente compatível com o cristianismo e com a própria Bíblia. Qualquer tentativa de ler as Escrituras apenas literalmente, sem exegese ou hermenêutica filosófica, leva a choques com o princípio filosófico da não contradição. A Igreja católica, entre outras, já reconhece isso há bom tempo. De resto, a Bíblia não foi escrita para invalidar leis de evidência. Se em alguns pontos aponta uma cosmologia cientificamente inválida, por exemplo, só pode ser mantida como texto sagrado, inspirado por Deus, Todo-poderoso, Criador do Universo e onisciente, se entendermos a mensagem como mais adequada à leitura da época em que seus livros foram escritos. De outra forma, há que se abrir mão da racionalidade no cristianismo, o que é um absurdo à luz do desenvolvimento ocidental dessa religião.

Espiritualmente, em termos tanto místicos como de comunhão com Deus, e de moral, não hesito em recomendar:

Ore como calvinista, sabendo que a graça não depende de você, mas você é responsável por seus atos; trabalhe como arminiano, como se tudo ou pelo menos uma parte dos desígnios divinos dependesse de sua colaboração; e ame como católico, para morrer ou ver morrer seu par chorando de amor.

Ah, esqueça esse negócio de essência. Use para tanto as palavras de Voltaire:

> A máxima "Conhece-te a ti mesmo" é um excelente preceito, mas preceito que só Deus pode praticar; pois que mortal pode compreender sua própria essência?[*]

Por fim, lembre-se de que talento é aquilo que se descobre ter quando se obra esforço. Não há talento que prescinda de esforço. Isso quem ensina não é o Evangelho nem a filosofia, mas a história conhecida de cada homem.

Moro na ponta de uma península voltada para o sul. De minha varanda, não vejo construções. Contemplo o mar, o horizonte infinito, a variar conforme os ventos e a movimentação das nuvens. No pedacinho de terra entre minha varanda e o oceano, vejo pássaros a acasalar, coqueiros a produzir frutos, um após o outro, a grama a crescer e se renovar. Escrevi toda esta obra tendo essa paisagem como cenário, ou seja, escrevi do Éden, de um dos melhores retratos possíveis do Reino de Deus, da Existência. Da varanda para dentro, porém, digito num notebook, obra humana admirável, habito paredes retas, planejadas e executadas por homens. Quando faz calor, ligo o ar-condicionado, maravilha técnica humana.

O que vejo da varanda é produto da Criação, ou simplesmente a Existência, a dar fé a Espinosa. Mas o melhor dos mundos possíveis, dando razão a Leibniz, é a combinação do que vejo da varanda com o que usufruo da varanda para dentro, produto indiretamente da Existência, produto direto da história, de o homem ter provado do fruto da árvore do conhecimento. Contemplo, portanto, Deus e Logos, Logos e Deus me contemplam e me velam em minha existência efêmera que eu gostaria de estender infinitamente. Embora eu não acredite em vida eterna, bem esse conto evangélico da salvação poderia ser verdadeiro, e essa minha comunhão natural com Deus e com o Logos, com o Éden e com a história, durar infinitamente.

A formosa moça Cultura prometeu a Luciano de Samósata: sabedoria, justiça, piedade, doçura, benevolência, inteligência, fortaleza, o amor do Belo e a paixão do sublime. Não há como saber se ele alcançou tudo isso. Em parte, provavelmente. Foi um homem bem-sucedido. Morreu no Egito, no exercício do cargo público por ele desejado e que exercia bastante satisfeito. Porém, como oito dos dez filósofos e filósofas aqui apresentados encimando capítulos, faltou-lhe uma testemunha íntima no momento final.

Ah, formosa moça Cultura, dê-me tudo que prometeu a Luciano de Samósata, mais a sorte conjugal de Montaigne (ao contrário dele, serei estritamente fiel) e peça a Deus por mim a graça da vida eterna. Eu poderia pedir pessoalmente, mas Ele não gosta de falar com filósofos. Já com moças formosas...

Posfácio

Havia uma dúvida quanto ao título desta obra. Seria o *Evangelho segundo a filosofia* ou o *Evangelho segundo as mentalidades?* O leitor que entender "filosofia" no sentido mais acadêmico do termo, como uma disciplina, poderá corretamente argumentar pela maior fidedignidade da segunda opção. Ou seja, trata-se aqui mais de inventariar o efeito do Evangelho (e, por decorrência, do cristianismo) sobre as mentalidades do que sobre os filósofos de referência da história da filosofia.

Optei pelo primeiro título porque a ideia nasceu em mim a partir da vontade de aplicar princípios hermenêuticos e dialéticos próprios do exercício filosófico tanto ao Evangelho em si como às filosofias e circunstâncias históricas que o inspiraram ou precederam e como ao que se sucedeu no Ocidente e em Bizâncio como decorrência da aplicação de tais princípios ao Evangelho e da expansão e consolidação do cristianismo.

Adicionalmente, pode-se traduzir "mentalidades" por "filosofia popular" ou a forma pela qual cada um interioriza ideias gerais e preceitos filosóficos referentes à ética ou à moral. Creio ser mais relevante ligar uma análise do Evangelho ao que se sabe sobre essa interiorização do que às manifestações políticas do clero e dos mais destacados filósofos/teólogos da cristandade ou contra o cristianismo, sem perder de vista as interações e mal-entendidos entre uns e outros.

A bibliografia focada na evolução das mentalidades individuais é relativamente escassa. Servi-me, em especial, da série *História da vida privada*, editada originalmente na França em 1985, dirigida por Philippe Ariès e Georges Duby, e contando com a participação de autores fundamentais para a compreensão das pontes entre agires cotidianos e pregação de matriz cristã, como Paul Veyne, Peter Brown, Évelyne Patlagean, Gérard Vincent e Michel Rouche. Isso não representa de modo algum um comprometimento com as conclusões desses autores. Recomendo, porém, vivamente ao leitor que queira se aprofundar sobre a história do cristianismo e do Ocidente a leitura dessa coleção.

A edição da Bíblia utilizada nesta obra foi, por norma, a Bíblia Ave-Maria, em versão em português publicada pela primeira vez em 1959 no Brasil. A edição católica prima pelo uso de sinônimos atuais, facilitando a compreensão do público em geral. Excepcionalmente, para situações em que o rigor se fazia mais importante, utilizei a Bíblia Sagrada editada pela Sociedade Bíblica Brasileira (2ª edição, revista e atualizada — 1993) a partir da clássica tradução de João Ferreira de Almeida para o português (completa em 1694). Para fins de exegese específica do Evangelho, porém, consultei originais em grego, disponíveis em portais confiáveis da internet.

Apesar de minha adesão ao cristianismo, procurei sinceramente compreender os pontos de vista de autores anticristãos ou agnósticos. Minha simpatia, digamos assim, pelo cristianismo, não se estende ao milenarismo cristão, à crença no criacionismo nem a propostas teocráticas de caráter autoritário.

Para finalizar, registro os devidos agradecimentos, não todos, mas alguns selecionados para manter a brevidade. Em primeiro lugar, à editora Record, em especial ao editor Carlos Andreazza, pela confiança depositada no projeto e pela liberdade a mim concedida na expressão de pensamentos que afrontam crenças pessoais e ideias consolidadas.

Aos filhos, Marco Aurélio, Marco Túlio, Sofia e Caio, os três primeiros meus colaboradores diretos, o último um incentivador por sua presença, seu amor e seu carinho. Aos amigos Afonso Henrique Soares Júnior, Araken Vaz Galvão, Emmanuel Mirdad, Liane Dittberner, Marcos Cruz Teixeira, a meu pai, Nilson, e a minha irmã, Paula, pelo precioso apoio com questionamentos, observações, apontamentos e críticas. Aos amigos Leandro Narloch e Douglas Cavalheiro, pelas orientações prévias e incentivo.

Aos meus leitores e admiradores recentes ou antigos, que me acompanham e são a razão de ser de minha dedicação à escrita.

Notas

1. No princípio, era o Verbo

1. Gottfried Leibniz in Nicholas Jolley (1995), p. 18 — tradução livre.
2. Stephen Hawking, 1994, p. 77.
3. Santo Agostinho, 1996, p. 322.
4. Voltaire, 2000, p. 10.
5. Voltaire, 2011, p. 75.
6. Mestre Eckhart, por Girardi, 2015, p. 12.
7. Friedrich Nietzsche, 1997, p. 16.
8. Gottfried Leibniz, 1977, p. 9.

2. E o Verbo se fez carne

1. John Dominic Crossan, 1991, p. xxxiv — tradução livre.
2. Jack David Eller in John W. Loftus, 2011, p. 25.
3. Delfim Moreira Leão in José Augusto Ramos et al., 2012, p. 103.
4. Jaco Gericke in Jonh W. Loftus, 2011, p. 128.
5. Friedrich Nietzsche, 1997, p. 14-15.
6. Paul Veyne, 2011, p. 17.
7. Idem, p. 72.

3. A economia da salvação

1. Gonçalo M. Tavares, 2008, p. 86-87.
2. Friedrich Nietzsche in Marx Horkheimer, 2008, p. 115.
3. Blaise Pascal [sem data], p. 24.
4. Gérard Vincent in Philippe Ariès e Georges Duby, 2009, vol. 5, p. 311.
5. Arthur Schopenhauer, 2007, p. 71 — tradução livre.
6. Voltaire, 1824, p. 174 — tradução livre.
7. André Dumas in Elisabeth Beck-Gernsheim e Ulrich Beck, 2005, p. 154.
8. Voltaire, 1824, p. 175 — tradução livre.
9. David Hume in Diego Amaral da Costa, 2009, p. 262.
10. Paul Veyne in Philippe Ariès e Georges Duby, 2009, vol. 1, p. 157.

4. Jamais se viu tal coisa

1. Paul Veyne in Philippe Ariès e Georges Duby, 2009, vol. 1, p. 193.
2. Idem, p. 191.
3. Paul Veyne, 2011, p. 30.
4. Hipócrates in Carlos Sherman, 2009, p. 125.
5. Évelyne Patlagean in Philippe Ariès e Georges Duby, 2009, vol. 1, p. 601.
6. Idem, p. 603.
7. Peter Brown in Philippe Ariès e Georges Duby, 2009, vol. 1, p. 253.
8. Michel Rouche in Philippe Ariès e Georges Duby, 2009, vol. 1, p. 472.
9. Idem, p. 484.
10. Idem, p. 480.
11. Idem, p. 504.
12. Idem, p. 507.
13. Ibidem.
14. Idem, p. 444.

15. Idem, p. 445.
16. Idem, p. 492.
17. Charles de La Roncière in Philippe Ariès e Georges Duby, 2009, vol. 2, p. 306.
18. Rousseau in Padre Cantera, p. 152.
19. Edward Larson e Larry Whitam, revista *Nature* (1997), vol. 386 — p. 435-437.
20. Francis Bacon, 2003, p. 17-18.

5. O livre-arbítrio

1. Paul Veyne in Philippe Ariès e Georges Duby, 2009, vol. 1, p. 40.
2. Luis de Molina in Alejandro Chafuen, 2013, p. 3.
3. Blaise Pascal in Ricardo Vinícius Ibañez Mantovani, 2014, p. 141.

6. A luz do mundo

1. Michel Rouche in Philippe Ariès e Georges Duby, 2009, vol. 1, p. 433.
2. Idem, p. 474.
3. Idem, p. 480.
4. Georges Duby, 2009, vol. 2, p. 532.
5. Santa Catarina de Siena in Maria Cecília Barreto Amorim Pilla, 2013, p. 7.
6. Edward Grant in Thomas Woods Jr., 2008, p. 62.

7. Perdoai-nos os nossos pecados

1. Miguel du Bay in Bernard Sesboüe, 2003, p. 211.
2. François Lebrun in Philippe Ariès e Georges Duby, 2009, vol. 3, p. 87.
3. Arthur Schopenhauer, 1993, p. 51.
4. Georges Duby, 2009, vol. 2, p. 551-552.
5. Sigmund Freud in Veridiana Canezin Guimarães, 2010, p. 156.

6. Diderot in Fabiana Tamizari, 2014, p. 117.
7. Gérard Vincent in Philippe Ariès e Georges Duby, 2009, vol. 5, p. 332.
8. Idem, p. 334.
9. Gerard Lebrun, 1983, p. 81.
10. Blaise Pascal in Ricardo Vinícius Ibañez Mantovani, 2014, p. 145.
11. Sigmund Freud, 1978, p. 139.
12. Roudinesco e Plon, 1998, p. 589.

8. O próximo como a si mesmo

1. Bertrand Russel, 1972, p. 13.
2. Friedrich Nietzsche, 1997, p. 29.
3. Depoimento pessoal ao autor.
4. Gérard Vincent in Philippe Ariès e Georges Duby, 2009, vol. 5, p. 178.
5. Friedrich Nietzsche, 1997, p. 9.
6. Gérard Vincent in Philippe Ariès e Georges Duby, 2009, vol. 5, p. 204.
7. Idem, p. 206.
8. Immanuel Kant, 2013, p. 15.

9. Não separe o homem o que Deus uniu

1. Arthur Schopenhauer, 1891, p. 38 — tradução livre.
2. Évelyne Patlagean in Philippe Ariès e Georges Duby, 2009, vol. 1, p. 579.
3. Idem, p. 573.
4. Yves Castan in Philippe Ariès e Georges Duby, 2009, vol. 3, p. 67.
5. Erasmo de Rotterdam in Erika Rummel, 1990, p. 120.
6. Gérard Vincent in Philippe Ariès e Georges Duby, 2009, vol. 5, p. 325.
7. Michel Montaigne, 1965, p. 21 — tradução livre.

10. A formosa moça

1. Luciano de Samósata, 2012, p. 16.
2. Luciano de Samósata, 1962, p. 15 — tradução livre.
3. Alain Peyrefitte, 1995, p. 44 — tradução livre.
4. Voltaire, 1824, p. 179 — tradução livre.

Referências

AGOSTINHO, Santo, Bispo de Hipona, 354-430. *A graça*. São Paulo: Paulus, 1999. 2v.

_____. *A natureza e a graça*. In: _____. *A graça*. São Paulo: Paulus, 1999. v. 1.

_____. *A predestinação dos santos*. In: _____. *A graça*. São Paulo: Paulus, 1999. v. 1.

_____. *O livre-arbítrio*. 2. ed. São Paulo: Paulus, 1995.

_____. *Confissões*. São Paulo: Nova Cultural, 1996.

ARIÈS, Philippe. *História social da criança e da família*. Rio de Janeiro: Editora Guanabara, 1981.

_____. DUBY, Georges (org.). *História da vida privada*. São Paulo: Companhia das Letras, 2009. v. 1-5.

ASLAN, Reza. *Zelota:* a vida e a época de Jesus de Nazaré. Rio de Janeiro: Jorge Zahar Editor, 2013.

BACON, Francis. *Novum Organum*. Pará de Minas: Virtualbooks, 2003.

BAUMAN, Zygmunt; DONSKIS, Leonidas. *Cegueira moral*. Rio de Janeiro: Jorge Zahar Editor, 2014.

BECK, Ulrich; BECK-GERNSHEIM, Elisabeth. *Individualization: Institutionalized Individualism and its Social and Political Consequences*. Londres: Sage Publications Ltd., 2005.

BOTTON, Alain de. *Religião para ateus*. Rio de Janeiro: Intrínseca, 2011.

BRIDGER, David. *The new Jewish encyclopedia*. West Orange: Bherman House, 1976.

CALVINO, João. *As institutas da religião cristã*. Tradução de Odayr Olivetti. São Paulo: Cultura Cristã, 2006. v. 1-4. (Edição especial com notas para estudo e pesquisa.)

CAMPA, Riccardo (org.). *Las filosofías de la crisis:* Epicureísmo y estoicismo. Madri: Editorial Sindéresis, 2014.

CANTERA, Eugênio. *Jesus Cristo e os filósofos*. São Paulo: Companhia Melhoramentos, 1938. (Tradução padre Antônio d'Almeida Moraes Júnior.)

CHAFUEN, Alejandro. *Fé e liberdade — O pensamento econômico da Escolástica Tardia*. Rio de Janeiro: Instituto Liberal, 2013 — publicação eletrônica — tradução: Roberto Fendt.

COSTA, Diego Amaral da. *Humanidade: Mitos, desejos, sonhos e esperanças*. Joinville: Clube de Autores, 2009.

COSTANZA, José Roberto da Silva. As raízes históricas do liberalismo teológico. *Fides Reformata*, São Paulo, Centro Presbiteriano de Pós-Graduação Andrew Jumper, v. X, n. 1, 2005.

CRAIG, William Lane. *Divine foreknowledge and human freedom*. Londres: E. J. Brill, 1990.

CROSSAN, John Dominic. *The Historical Jesus: The Life of a Mediterranean Jewish Peasan*. São Francisco: Harper Collins, 1991.

CULMANN, Oscar. *The early church*. Norwich: Hymns Ancient & Modern Ltd., 2012.

_____. *A formação do Novo Testamento*. São Leopoldo: Sinodal, 2008.

DAWKINS, Richard. *Deus:* um delírio. São Paulo: Companhia das Letras, 2007.

DUBY, Georges. *O cavaleiro, a mulher e o padre*. Lisboa: Publicações Dom Quixote, 1988.

EHRMAN, Bart D. *Como Jesus se tornou Deus*. São Paulo: Leya, 2014.

ELLER, Jack David. *Introducing anthropology of religion:* culture to the ultimate. Nova York: Routledge, 2007.

ELLER, Jack David. In: LOFTUS, John W. *The end of christianity*. Nova York: Prometheus Books, 2011.

ENRIQUEZ, Eugène. *Da horda ao Estado:* psicanálise do vínculo social. Rio de Janeiro: Jorge Zahar Editor, 1990.

FERREIRA, Vergílio. *Reencontrar Marco Aurélio*. Coimbra: Hvmanitas; Universidade de Coimbra, 1995. v. XLVII.

FOUCAULT, Michel. *História da sexualidade*. 13. ed. São Paulo: Edições Graal, 1999. v. 1.

_____. *História da sexualidade*. 8. ed. São Paulo: Edições Graal, 1998. v. 2.

_____. *História da sexualidade*. 8. ed. São Paulo: Edições Graal, 2005. v. 3.

FRANCO, Manuela. *A democracia judaica*. Óbidos: Instituto Português de Relações Internacionais, 2007. [Texto de apoio.]

FREUD, S. *O mal-estar na civilização*. (Tradução de José Octávio de Aguiar Abreu. São Paulo: Abril Cultural, 1978. p.129-194).

FREDRIKSEN, Paula. *Pecado, a história primitiva de uma ideia*. Petrópolis: Editora Vozes, 2014.

GERICKE, Jaco. *The Hebrew Bible and philosophy and religion*. Atlanta: Society of Biblical Literature, 2012.

_____. In: LOFTUS, John W. *The end of cristianity*. Nova York: Prometheus Books, 2011.

GIRARDI, João Ivo. "Filósofos – Idade Média". Florianópolis: JB News, Informativo nº 1.774, 2015, p. 8-12.

GUIMARÃES, Veridiana Canezin. *Eros na psicanálise freudiana:* Um destino culturante da pulsão. Tese (Doutorado em psicologia clínica e cultura) — Programa de Doutorado em Psicologia Clínica e Cultura, Universidade de Brasília, Brasília, 2010.

HAWKING, Stephen. *Uma breve história do tempo*. Rio de Janeiro: Ediouro, 1994.

HENDRIKSEN, William. *A vida futura segundo a Bíblia*. São Paulo: Editora Cultura Cristã, 2004.

HORKHEIMER, Max. *O pensamento de Schopenhauer em relação à ciência e à religião*. Cadernos de Filosofia Alemã; Universidade São Paulo, 2008, p. 115-128. (Tradução de Fernando Costa Mattos.)

IGREJA CATÓLICA. PAPA (2005-2013: Bento XVI). *Exortação apostólica pós-sinodal verbum domini:* Exortação Apostólica sobre a Palavra de Deus na vida e na missão da Igreja. São Paulo: Paulinas, 2010. (A Voz do Papa.)

JOLLEY, Nicholas. The *Cambridge Companion to Leibniz.* Cambridge: Cambridge University Press, 1995.

KANT, Immanuel. *O fim de todas as coisas.* Covilhã: Lusosofia, 2013. (Tradução de Artur Morão.)

LARSON, Edward; WHITAM, Larry. *Scientists still keeping the faith.* Nature 386: 435-437, 1997.

LAZZARI Jr., Julio Cesar. *A religião racionalista de Voltaire.* Dissertação (Mestrado em Filosofia) — Programa de Pós-graduação em Filosofia, Universidade São Judas Tadeu, São Paulo, 2011.

LEBRUN, François. *Etre chrétien en France sous l'Ancien Régime, 1516-1790.* Paris: Seuil, 1996.

LEBRUN, Gerard. *Blaise Pascal.* São Paulo: Brasiliense, 1983.

LEIBNIZ, Gottfried. *Princípios da natureza e da graça.* Covilhã: Lusosofia, 1977. (Tradução de Artur Morão.)

MACCOBY, Hyam. *The mythmaker:* Paul and the invention of Christianity. Nova York: HarperCollins, 1987.

MANTOVANI, Ricardo Vinícius Ibañez. *Limites epistemológicos da apologética de Blaise Pascal.* Dissertação (Mestrado em Filosofia) — Programa de Pós-graduação em Filosofia, Universidade de São Paulo, São Paulo, 2014.

MELO, José Joaquim Pereira. "Sêneca e o cristianismo." In: ASSOCIAÇÃO NACIONAL DE HISTÓRIA (ANPUH), 24, 1997, São Leopoldo. *Anais...* São Leopoldo: ANPUH, 2007.

MELLO, Maria Lúcia; CACCIOLA, Oliveira. *Schopenhauer e a questão do dogmatismo.* São Paulo: Edusp, 1994.

MONTAIGNE, Michel. *The Complete Essays of Montaigne.* Stanford: Stanford University Press, 1965.

MOSS, Candida. *The myth of persecution.* Nova York: HarperCollins, 2014

NARLOCH, Leandro. *Guia politicamente incorreto da história do mundo.* São Paulo: Leya, 2013.

NIETZSCHE, Friedrich. *O Anticristo.* Covilhã: Lusosofia, 1997. (Tradução de Artur Morão.)

OLIVEIRA, Paulo Eduardo de (org.). *Ensaios sobre o pensamento de Karl Popper.* Curitiba: Ciclo de Estudos Bandeirantes, 2012.

ORLANDIS, José. *Historia del reino visigodo español.* Madri: Ediciones Rialp, 2011.

PASCAL, Blaise. Pensamentos. São Paulo: monergismo.com, sem data.

PERROT, Charles. *Jesus.* Porto Alegre: L&PM, 2010.

PERSAUD, Raj. "Where scientists are looking for God". *The Daily Telegraph*, Londres: 16.01.2002.

PEYREFITTE, Alain. *Du "miracle" en économie — leçons au collège de France.* Paris: Editions Odile Jacob, 1995.

PILLA, Maria Cecília Barreto Amorim. *Catarina de Siena: mística e intercessora pela unidade da Igreja católica durante o grande cisma 1347-1380.* Florianópolis: Seminário Internacional Fazendo Gênero 10, 2013.

POWER, Eileen. *Medieval people.* Mineola: Dover Publication, 2000.

RAMOS, José Augusto et al. (coords.). *Paulo de Tarso, grego, romano, judeu e cristão.* Coimbra: Centro de Estudos Clássicos e Humanísticos da Universidade de Coimbra; Centro de História da Universidade de Lisboa; Centro de Estudos Clássicos da Universidade de Lisboa, 2012.

ROUDINESCO, Elisabeth; PLON, Michel. *Dicionário de psicanálise.* Rio de Janeiro: Jorge Zahar Editor, 1998.

RUMMEL, Erika. *The Erasmus Reader.* Toronto: University of Toronto Press, Scholarly Publishing Division, 1990.

RUSSEL, Bertrand. *Porque não sou cristão e outros ensaios sobre religião e assuntos correlatos.* São Paulo: Livraria Exposição do Livro, 1972. (Tradução de Brenno Silveira.)

SAGAN, Carl. O mundo assombrado pelos demônios. São Paulo: Companhia das Letras, 1996.

SALVIANO, Jarlee. *A metafísica da morte de Schopenhauer. ethic@;* Universidade Federal de Santa Catarina, Florianópolis: 2012, p. 187-197.

SAMÓSATA, Luciano de. *The complete works of Lucian of Samosata.* Estados Unidos: Kindle Edition, 2012.

_____. *Luciano I.* Coimbra: Imprensa da Universidade de Coimbra, 2012.

_____. *Lucian V.* Cambridge, Massachusetts: Harvard University Press, 1962.

SCHÖNDORF, Harald. "Arthur Schopenhauer, um ateu religioso." (Tradução de Maria Alves Muller.) *Revista Cultura e Fé*, Porto Alegre, n. 133, abr./jun. 2011.

SCHOPENHAUER, Arthur. *Religion: A Dialogue and Other Essays.* Nova York: Cosimo, 2007.

_____. *A vontade de amar.* Rio de Janeiro: Ediouro, 1993.

_____. *Religion: A Dialogue, and Other Essays.* Londres: S. Sonnenschein & Company, 1891.

SCRUTON, Roger. *Kant:* A very short introduction. Oxford: Oxford University Press, 2001.

SESBOÜÉ, Bernard (org.). *História dos dogmas:* o homem e sua salvação. São Paulo: Edições Loyola, 2003. tomo 2. (Tradução de Orlando Soares Moreira.)

SHERMAN, Carlos. *Eva.* Joinville: Clube de Autores, 2009.

STARK, Rodney. *The victory of reason:* how christianity led to freedom, capitalism, and western success. Nova York: Random House, 2005.

STEWART, Matthew. *The courtier and the heretic:* Leibniz, Spinoza, and the fate of God in the modern world. Nova York: W.W. Norton & Company, 2006.

TAMIZARI, Fabiana. *A mulher na concepção materialista de Diderot.* Dissertação (Mestrado em Filosofia) — Programa de Pós-graduação em Filosofia, Universidade de São Paulo, São Paulo, 2014.

TATIÁN, Diego. *Filosofía como meditación de la vida. Lá Lâmpara de Diógenes*; Benemérita Universidad Autónoma de Puebla: 2006, p. 194.201.

_____.FOSTER, Ricardo. *Mesianismo, Nihilismo y Redención. De Abraham a Spinoza. De Marx a Benjamin.* Buenos Aires: Editorial Altamira, 2005.

TAVARES, Gonçalo M. *Aprender a rezar na era da técnica.* São Paulo: Companhia das Letras, 2008.

TOVINO, Stacey A. *Hospital Chaplaincy Under the HIPAA Privacy Rule: Health Care or "Just Visiting the Sick?".* Las Vegas: University of Nevada, 2005.

VEYNE, Paul. *Quando nosso mundo se tornou cristão.* Rio de Janeiro: Civilização Brasileira, 2011.

VILLANOVA, Marcelo Gross. *Hobbes e a reciprocidade:* uma investigação sobre a relevância da regra de ouro das leis naturais na teoria política hobbesiana. 2010. Tese (Doutorado em Filosofia) — Faculdade de Filosofia, Letras e Ciências Humanas, Universidade de São Paulo, São Paulo, 2010.

VOLTAIRE. *Cândido ou o otimismo.* Porto Alegre: L&PM Pocket, 2011. (Tradução de Roberto Gomes.)

_____. *Philosophical Dictionary.* Londres: John and Henry L. Hunt, 1824.

_____. *Animu.* Pará de Minas: Virtualbooks, 2000.

WITHERINGTON III, Ben. *New Testament History.* Grand Rapids: Baker Academic, 2001.

WOODS JR., Thomas. *Como a Igreja católica construiu a Civilização Ocidental.* São Paulo: Quadrante, 2008.

YOUNG, Julian. *Friedrich Nietzsche:* a philosophical biography. Nova York: Cambridge University Press, 2010.

Este livro foi composto na tipologia Bell MT
Std, em corpo 12/17, e impresso em
papel off-white no Sistema Cameron da
Divisão Gráfica da Distribuidora Record.